중국의 근대적 정치학의 탄생

정치학이란 무엇인가

중국의 근대적 정치학의 탄생

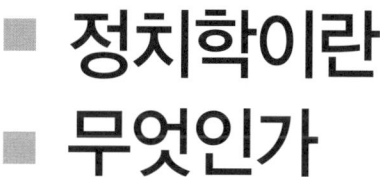

정치학이란
무엇인가

옌푸 지음 ǀ 양일모 역주

동아시아자료총서 02

성균관대학교
출판부

차례

일러두기

* 이 책은 1906년 상하이 상무인서관에서 간행된 『政治講義』(초판 : 光緒三十二年二月)를 저본으로 하여 한국어로 번역하였으며, 상무인서관 재판(光緒三十二年四月), 상하이 금마서당(金馬書堂, 1930), 『嚴幾道先生遺著』(南洋學會, 1959)에 수록된 <政治講義 八篇>, 『嚴復集』(王栻 주편, 中華書局, 1986) 제5책에 수록된 <政治講義> 등의 판본을 참조하였다.
* 각 회의 제목은 옮긴이가 내용을 토대로 새로 작성하였다.
* 문단의 구별은 상하이 상무인서관본을 토대로 하면서도 읽기에 편리하도록 옮긴이가 새로 구분하였다.
* 옌푸가 강의에 참고한 J. R. Seeley의 *Introduction to Political Science*는 서울대학교 구장도서관 소장본(1901년, 1923년 판)을 이용하였다.
* 각주는 독자의 편의를 위해 옮긴이가 붙인 것이다.
* 중국의 인명, 지명은 교육부 고시 외래어표기법에 따랐다. 단 민국시기 이전의 인물은 한자의 한국어 발음으로 표기하였다.
* 원문에서 ( )에 담긴 보충 설명은 앞뒤의 하이픈으로 처리하였다.
* 한자어를 병기할 경우 한국어와 동일한 발음은 ( ), 다른 때는 [ ]로 표기하였다.
* 부록에 실은 <중국어 - 영어 - 한국어 대조표>는 원문에 나오는 인명, 지명, 주요 용어를 중심으로 옮긴이가 선별한 것이다.
* 부록에 실은 원문은 상하이 상무인서관 초판을 저본으로 하고 그밖의 여러 판본들을 참조하였다.

지금으로부터 약 100여 년 전 상하이 와이탄의 번화가에 위치한 상하이기독교청년회(YMCA) 야간 학교에서는 매주 1회씩 8주에 걸쳐 정치학 강의라는 특별반이 개설되었다. 여기에 초빙된 강사는 중국에 최초로 사회진화론을 체계적으로 소개한, 당시 중국인 가운데 서양의 언어와 학문에 가장 정통했던 옌푸(嚴復)라는 50대 초반의 학자였다.『정치학이란 무엇인가[원제는 정치강의政治講義]』는 바로 이 강의를 위해 마련된 원고를 토대로 만들어진 책이었다. 이 책은 중국에서 최초로 강의된 정치학 과목의 교재였던 것이다.

옌푸는 청나라 말기와 중화민국 시대의 초기를 살았던 인물이다. 그는 중국의 군대를 근대화하기 위해 설립된 해군학교에 복무한 교육자였지만, 사회진화론뿐만 아니라 18·19세기 서양의 근대를 구축해 온 이론적 저작들을 중국어로 번역하고 소개한 지식인이기도 하였다. 또한 변법과 혁명으로 얼룩진 중국의 다난한 근대사 속에서 사회진화론과 자유주의를 무기로 변법과 개량의 당위성을 이론화한 논설을 신문과 잡지에 게재한 언론인이기도 하였다. 한국의 독자들에게는 같은 시대를 살았던 캉유웨이나 량치차오 만큼 잘 알려진 인물은 아니지만, 변법운동의 이론가로서 혹은 중국의 초기 사회진화론자로서 그의 이름은 어느 정도 알려져 있다. 다행히도 최근 그의 대표작인 『천연론(天演論)』이 한국어로 번역되었다.

　이 책은 옌푸의 저술 가운데 그동안 전문 연구자들에게도 자료 구입이나 분석의 어려움 등을 이유로 그다지 거론되지 않았던 텍스트이다. 이는 옌푸에 관한 연구가 주로 진화론적 사유가 역력하게 드러나 있는 초기의 논문이나 그의 번역서에 집중되어 왔기 때문일 것이다. 이에 비해 『정치학이란 무엇인가』는 그의 사상 역정 중에서 중기에 해당하는 작품으로서 유일한 단행본이라는 의미를 지니고 있다. 더구나 이 책이 씌어졌던 때는 청나라 조정에서 입헌국가의 실현을 꿈꾸고 있었고, 일본의 도쿄에서는 중국에서 망명한 정객들이 청조를 대체할 새로운 중국을 구상하면서 치열한 정치적 논쟁을 펼치고 있던 시기였다. 중국이 근대적 민족국가의 수립을 향해 열띤 공방을 전개하고 있던 시절에, 옌푸는 상하이의 조계에 위치한 YMCA라는 민간단체에서 젊은 학생들을 대상으로 정치학을 강의하면서 시대적으로 민감한 주제를 다루었다. 그의 강의는 현실 정치를 관조하면서 정치학이라는 학문적 차원에서 전개된 지적 탐구였으며, 중국에서 정치학이라는 근대적 학문을 정초하는 작업이었다. 그는 이 강의에서 정치학은 과학적 방법론에 의거하여 연구되어야 한다고 주장하면서 과학으로서의 정치학을 수립하려

하였다. 따라서 이 텍스트는 옌푸라는 한 개인의 인물 연구에서 차지하는 중요성뿐만 아니라, 중국을 비롯한 동아시아 지역에서 근대적 학문으로서의 정치학이 탄생하는 모습을 여실히 살펴볼 수 있는 자료이기도 하다.

한국의 근대는 서양 학문의 수용과 전개라는 동아시아 각 지역의 지적 탐구 속에서 지식 정보의 연쇄적 반응과 착종 과정을 거치면서 형성되었다. 그렇지만 이웃하는 중국에 관한 우리들의 이해는 때로는 피상적이며, 더구나 중국의 근대를 바라보는 시선 또한 중국 내의 정치적 변수에 따라 도식적인 수준에 머물렀다. 현재에도 중국에 관한 높은 관심과는 대조적으로 중국, 특히 중국의 현대를 정초한 근대 시기에 관한 지식은 놀랄 정도로 소략하다. 중국의 근대는 오늘날의 중국을 이해하기 위해서 뿐만 아니라, 한국을 비롯한 동아시아의 근대를 바로 보기 위해서도 보다 심층적으로 규명되어야 한다. 이러한 작업의 출발점은 근대라는 시기에 중국에서 산출된 텍스트에 관한 이해와 분석일 것이다. 이러한 텍스트가 중국의 근대를 형성해 가면서 동아시아의 지성 속에서 던져준 문제와 의미를 천착해내는 일이야말로 동아시아의 근대를 서술하기 위한 기초 작업이 될 것이다. 이번에 성균관대학교 동아시아 학술원이 기획한 <동아시아 자료총서> 시리즈는 중국의 근대

문헌이 한국어로 거의 번역되어 있지 않다는 현실을 고려할 때 한국의 학계와 사회에 기여하는 바가 매우 크다고 할 수 있을 것이다.

중국의 근대 시기에 나타난 문헌들은 고문에서 현대문으로 이행하는 과도기로서의 특징을 지니고 있기 때문에, 고전 한문에 관한 지식뿐만 아니라 근대기에 생성된 신조어에 대한 이해가 있어야만 독해가 가능한 경우가 적지 않다. 이러한 신조어는 동서양의 만남이라는 동아시아 근대기의 지리적, 문화적, 세계사적 특수성 속에서 탄생된 언어로서 한자어라는 형태를 지니면서도 중국의 고전과 서양의 언어를 동시에 자신의 내부에 숨기고 있다. 이 시기는 수많은 번역어와 신조어가 자신의 정당성을 확보하고자 운동하던 시대였다. 이 책 또한 중국의 고전과 서양 사조들로 구성된 합성물이며, 동서양의 만남 속에서 형성된 중국 근대 학문의 단면을 보여준다.

동서고금의 역사와 문학, 철학과 사상을 넘나드는 내용을 거론하고 있는 이 책을 한국어로 번역하는 일은 결코 쉽지 않았다. 일본에 유학하던 시절 사토 신이치(佐藤愼一) 교수(현재 도쿄대학 이사)는 누구보다도 일찍 이 책의 중요성을 일러주었으며, 졸업 후에도 도쿄대학의 대학원 세미나에서 몇 학기에 걸쳐 함께 강독하기도 하였다. 어려움에 부딪힐 때마다 도움을 마다하지 않았던 국내외의 선생님과 동학들을 일일이 거론할 수 없지만, 그 동안의 격려와 질정에 고마운 마음을 전하고 싶다. 무엇보다 근대 중국의 문헌 자료가 지니는 중요성을 간파하고 이러한 전문 서적의 번역을 기획하고 지원해 준 성균관대학교 동아시아학술원에 진심으로 감사드린다. 그리고 서투른 번역을 꼼꼼히 다듬어 준 성균관대학교 출판부 편집부의 정성을 잊을 수 없다. 마지막으로 사랑하는 부모님과 가족들에게 감사하고도 미안한 마음으로 이 책을 올린다.

2009년 만추
다인재에서
양 일 모 씀

옌푸(1854~1921)의 초상(肖像)

옌푸의 정치학 강의

1. 상하이YMCA의 야학

1905년 10월 10일(음력 광서 31년 9월 12일) 상하이에서 간행되던 최대의 일간지 『신보(申報)』에는 「청년회 정치학 보습반 개설」이라는 제목 아래 다음과 같은 광고 기사가 실렸다.

> 상하이중국청년회 야학교는 그 동안 문예와 실업 등의 과목을 개설하여 학생들에게 제공해왔다. 요즈음 일본의 입헌과 러시아의 전제가 초래한 결과를 거울삼아 정치학 전문 과정의 보습반을 새로 개설하고자 한다. 옌유링(嚴又陵) 선생에게 정치과학의 강의을 의뢰하여 입헌 국민을 준비하고자 한다. 강의는 관화(官話)를 사용하며 참고서는 중국어와 서양어를 함께 사용한다. 학생의 수강 정원을 늘려서 교육보급을 꾀하고자 한다. 본 회의 모든 사례를 다음에 간략히 기술한다.
> 강의 장소는 베이징로 15호 중국청년회. 강의 일자는 10월 13일(음력 9월 15일) 금요일 저녁 8시. 이 날 제1회 강의 시작, 이후 매주 금요일 저녁에 개강하며 제8회로 종강. 입장권은 한 사람 당 한 매로 비용은 2원, 단 본 회 회원은 1원으로 할인. 수강을 원하는 자는 속히 본 회 사무소로 들러 신청하여 구매하시오.

상하이중국청년회, 즉 상하이중국기독교청년회(YMCA)는 1900년 1월 6일 미국인 목사 루이스(Robert Ellsworth Lewis, 1869~?)의 주도로 창립되었다. 상하이의 중심지 와이탄(外灘)의 북쪽 박물원로(현재 후코우루 虎口路)에 있던 황가아주학회(皇家亞洲學會) 건물에 중국 선교의 둥지를 틀었다. 이곳은 당시 수저우허(蘇洲河)와 황푸강(黃埔江)이 교차하는 금융가였으며, 당시 영국과 미국의 공동조계지였다. 오른쪽으로는 영국영사관 건물이 있고, 그 다음 구역에는 중국에서 최초의 서양식 공원으로 만들어진 퍼블릭 파크(public park : 현재 황푸공원 黃浦公園)가 있었다. 상하이는 이미 이전의 중국과는 다른 도시로 변모해 가고 있었고, 각지로부터 많은 중국인들이 새로운 세계를 찾아 상하이로 모여들고 있었다. 상하이중국청년회는 바로 이러한 중국의 청년들을 위해 야학을 개설하여 새로운 시대를 준비하고자 했다.

이 신문의 기사가 나가기 달포 가량 전인 9월 5일 미국 뉴햄프셔주 포츠머스에서는 루스벨트 대통령의 주선으로 일본의 외무부장관 고무라 쥬타로(小村壽大郎)와 러시아 전권대사 비테 사이에 러일전쟁의 종결을 위한 강화조약이 맺어졌다. 한반도와 만주에서 주도권을 획득하기 위해 1904년 2월부터 러시아와 일본 사이에 전쟁이 시작되었고, 포츠머스조약은 이 전쟁에서 일본의 승리를 확인해 주는 것이었다. 일본은 대한제국을 보호국으로 삼았고 뤼순(旅順), 다렌(大連)의 조차권을 러시아로부터 넘겨받았다. 중국은 러일전쟁의 결과로 영토의 일부가 일본에게 넘어가게 되었지만, 황인종인 일본이 백인종의 러시아를 격파했다는 사실에 고무되기도 하였다. 아시아에 속한 일본이 러시아가 속한 유럽을 이겼다고 확대해서 해석하는 자도 있었다. 혹은 짧은 기간에 입헌제로 재무장한 일본이 전제체제로 남아 있던 러시아에 승리할 수밖에 없었다고 보는 자도 있었다.

상하이YMCA의 야학은 처음에는 문과(文科)와 예과(藝科)로 나뉘어져 있었는데, 문과에서는 영어, 프랑스어, 독일어, 일본어 등 주로 외국어를 가르쳤고, 예과에서는 산학, 부기, 은행과 상업용 약자 등 실용적 기술을 가르쳤다.

외국어와 실용적 지식을 가르치던 상하이YMCA에서는 종전의 강의 외에 보충학습반의 형식으로 정치학 강의를 별도로 개설한 것이다. 이는 러일전쟁의 결과를 귀감으로 삼아 입헌과 전제라는 정치체제의 문제를 중국인에게 깨우치고자 하는 염원에서 비롯된 것이라고 할 수 있을 것이다.

때는 여전히 중국의 천자가 천하를 지배하던 왕조의 시대였다. 왕조시대에 왕권의 정당성을 언급한다는 것은 대역부도한 일이었다. 그런데 상하이 YMCA와 같은 민간단체의 차원에서 군주제를 비롯한 정체(政體)를 비교하며 정치를 논의할 수 있는 시대가 다가왔다. 바야흐로 20세기 벽두의 중국에는 새로운 정치체제를 구상해 볼 수 있는 정치의 계절이 찾아온 것이다. 이에 앞서 1905년 7월 16일 광서제가 짜이쩌(載澤, 1876~1928) 등 다섯 명의 고위 대신을 일본, 유럽, 미국 등 해외에 파견하여 입헌국가의 실상을 시찰하고 오도록 하겠다는 상유를 발표한 것은 이러한 시대를 예고하는 조치였다. 이천여 년 동안 지속되어온 왕조체제가 내우외환을 맞이하면서 입헌군주제 국가의 실현을 위해 첫발을 내디딘 것이었다. 청말의 중국에서 입헌에 관한 논의가 본격적으로 시작한 것은 1906년 9월 1일 광서제가 입헌의 준비를 명령한 '예비 입헌'을 선포한 때부터이지만, 중국 사회의 일각에서는 이미 일 년 전부터 입헌을 둘러싼 정치적 논의가 싹트고 있었다. 한편 1905년 8월 20일에는 일본의 도쿄에서 쑨원을 중심으로 하는 중국동맹회가 성립되었으며, 만주족을 타도하고 공화국을 설립하려는 급진적 정치 집단이 등장하고 있었다.

이 해 9월 2일에는 중국의 유교적 사회를 지탱해온 과거제도가 마침내 폐지되었다. 근대적 학제로서 학당이 설립되었지만, 새로운 사회를 위한 교육의 여건은 제대로 갖추어지지 못했다. 상하이YMCA의 야학반은 20세기 초반 중국의 사회적 배경과 정치적 혼돈 속에서 근대적 도시로 변신하고 있던 상하이로 몰려오는 청년들을 위한 교육을 담당하고 있었다. 이러한 정치적 혼돈과 사회적 변화 속에서 상하이YMCA 야간학교의 보습반은 1905

년 10월 13일의 금요일부터 8주에 걸쳐 정치학을 강의했다. 『정치학이란 무엇인가[政治講義]』는 바로 이 강의의 원고를 토대로 만들어진 책이다.

2. 야학의 초빙 강사 옌푸

상하이YMCA가 개설한 정치학 강의의 강사로 초빙된 옌유링 선생은 다름 아닌 옌푸(嚴復, 1854~1921)라는 인물이었다. 그는 청나라 함풍제 3년 푸젠성(福建省) 푸저우시(福州市)에서 태어났으며, 유링(又陵), 지다오(幾道) 등의 자(字)를 사용하였다. 어린 시절 갑작스런 가세의 몰락으로 어쩔 수 없이 해군 항해사와 조선공을 양성하는 기술학교인 선정학당(船政學堂)에 입학하였으며,

여기에서 항해술과 영어, 그리고 항해술에 필요한 기초적인 자연과학을 익혔다. 1860년대 이래 양무운동의 일환으로 근대적 해군을 양성하기 위해 시행된 관비 유학생 정책에 힘입어, 그는 1877년부터 약 2년 반 동안 영국의 그리니치에 있는 왕립해군학교(The Royal Naval Academy)에 유학하여 항해술을 공부했다. 청말의 중국에 태어난 그는 중국인으로서는 최초로 영국에 유학한 경력을 지닌 특이한 인물이었다.

고국으로 돌아온 이후로 그

옌푸의 조각상

는 모교인 푸저우의 선정학당에서 교편을 잡았으며, 만 36세의 나이에 접어
든 1890년에는 리홍장(李鴻章, 1923~1901)이 설립한 톈진(天津)의 수사학당(水
師學堂)에서 교장의 직위까지 승진하였다. 그 사이에 해외 유학파 출신인 자신
이 과거 출신의 관료들보다 품계와 권력이 낮다는 생각에 틈틈이 과거 시험
에 응시해 보기도 하였지만 매번 낙방의 고배를 마실 뿐이었다. 동양 최고의
위용을 자랑하던 북양함대가 청일전쟁(1894~5)에서 일본 해군에 격멸되면
서, 옌푸는 조국의 현실과 자신의 삶을 되돌아보지 않을 수 없었다. 그는
중국의 명운이 서서히 쇠락해 가는 원인을 찾고자 했으며, 중국의 현실에
대한 진단을 논단에 발표하는 언론가로 변신해 갔다. 의화단사건(1900)을 계
기로 영국을 비롯한 8개국 연합군은 베이징을 침공하였으며, 이로 인해 옌푸
가 몸담고 있던 해군도 북양수사학당도 풍비박산이 났다. 그는 상하이로
도망하였으며, 거의 20여 년 동안 종사해왔던 해군의 임무를 마감하였다.
   상하이로 피신해 온 옌푸는 새로운 인생을 준비하지 않을 수 없었다. 자립
회(自立會)를 조직한 탕차이창(唐才常, 1867~1900)이 주도하는 정치적 모임에
발을 들여놓았다가, 탕차이창의 피살 사건으로 모든 것이 수포로 돌아가자
조계로 피신했다. 상하이의 조계에서는 명학회(名學會)를 조직하여 서양의 논
리학을 강의하면서, 밀(J. S. Mill, 1806~1873)의 『논리학 체계』(1859)를 중국어
로 번역하는 일에 나섰다. 한편으로는 순친왕의 시종이었던 장이(張翼)의 요
청으로 개평광무유한공사(開平鑛務局有限公司, Chinese Engineering Mining & Co.
Ltd.)의 석탄 채굴 사업에 손을 대기도 하였다. 1902년 6월부터 1904년 초까
지는 베이징의 경사대학당(京師大學堂, 베이징대학의 전신)에 부설된 역서국(譯書
局)을 관장하면서 외국의 서적을 번역하여 교재를 만드는 일에 종사했다.
1904년 말부터 1905년 초까지는 영국의 모어링공사(Bewick Moreing & Co.
Ltd.)와 합작 형식으로 운영되던 개평광무유한공사의 소송사건으로 말미암아
장이와 함께 런던고등법원에 출두하기도 하였다. 영국에서 일을 마치고 난
뒤 프랑스, 이탈리아, 스위스를 유람하고 중국으로 돌아왔다. 그 해 8월에는

천주교 신자인 마샹버(馬相伯, 1840~1939)가 주도한 푸단공학(復旦公學, 푸단대학의 전신)의 설립을 도와 학교의 이사를 맡았다.

상하이와 베이징을 오가면서 지내던 불안정한 생활 속에서 그가 새로운 삶을 위해 최대의 노력을 기울인 것은 서양 서적의 번역이었다. 청일전쟁이 종결될 무렵부터 그는 톈진에서 간행되던 『직보(直報)』에 「세계 변화의 빠름을 논함[論世變之亟]」, 「강함이란 무엇인가[原强]」 등의 정치 평론을 게재하면서 언론가로서 활동하기 시작하였는데, 그의 논설은 서양 사상에 대한 해박한 지식에 근거하여 중국 사회를 분석한 글이었다. 따라서 그의 논설은 쇠락의 운명에 처한 청나라의 현실에 대한 정치적 평론이었지만, 본질적으로는 중국이 서양의 부강과는 너무나 대조적으로 빈약의 상태에 빠지게 된 원인을 파헤치는 원리적 탐구였다. 그는 부강을 달성한 서양의 비밀을 파헤치는 작업에 매진했다. 그의 노력은 부강한 서양을 만들어낸 원동력을 탐구하고 서양을 이끌어간 사상을 학습하는 일이었다. 이러한 목표 아래 그는 서양 사상의 정수에 해당하는 작품을 찾아 중국어로 옮기는 번역가의 길을 찾아간 것이었다.

『천연론』의 속표지

청일전쟁에서 패한 충격으로 중국의 사대부들이 방황하고 있던 시기에 그는 영국의 사상가 헉슬리(Thomas Henry Huxley, 1825~1895)의 『진화와 윤리』(Evolution and Ethics, 1894)를 『천연론(天演論)』이란 제목으로 번역하면서 다윈의 생물학적 진화론뿐만 아니라 19세기 유럽을 풍미한 사회진화론을 중국에 체계적으로 소개했다. 'evolution'을 '천연(天演)'이라는 고색창연한 중국어로 번역한 이 책의 출판이 대성공을 거둠으로써 그는 번역의 대가로서 명성을 얻기 시작하였다. 이후로도 그는 서양의 학술 서적을 번역하는 작업에 혼신의 힘을 쏟았다. 아담 스미스(Adam Smith, 1723~1790)의 『국부론』(1776), 스펜서(Herbert Spencer, 1820~1903)의 『사회학 연구』(1873), 밀의 『자유론』(1859), 젠크스(Edward Jenks, 1861~1939)의 『정치학사』(1900), 몽테스키외(1689~1755)의 『법의 정신』(1748) 등 18, 9세기 유럽의 지적 산물을 각각 『원부(原富)』(1901~2), 『군학이언(群學肄言)』(1903), 『군기권계론(群己權界論)』(1903), 『사회통전(社會通詮)』(1904), 『법의(法意)』(1904~9), 『목륵명학(穆勒名學)』(1905)이라는 서명으로 번역하였다. 이처럼 유럽 사상의 정수를 중국어로 번역해 낸 그는 당시로서는 중국에서 서양의 학술과 사상에 관한 최고의 지식을 자랑하는 새로운 유형의 지식인이었다.

3. 근대적 정치학의 탄생

상하이YMCA 야간 학교의 강사로 특별히 초빙된 옌푸는 30대까지는 중국의 해군을 양성하는 일에 매진해 왔지만, 40대부터는 한편으로는 정치평론가로 또 한편으로는 서양 학문의 번역가로 활동한 인물이었다. 20세기 벽두는 그의 인생에서 가장 정력적으로 서양의 서적을 중국어로 번역하는 일에 집중한 시기였다. 그는 논리학과 철학, 윤리학, 경제학, 사회학, 정치학, 법학 등 인문학과 사회과학 분야를 망라하는 서양의 근대 학문을 중국에 소개하고자 했다. 이러한 그의 번역은 서양의 학문과 사상을 중국에 전달하는 데 그치지 않고, 철학, 경제학, 사회학 등과 같은 서양의 근대적 학제를 중국 사회에 정초하는 작업이기도 하였다. 상하이YMCA에서 강의한 『정치학이란 무엇인가』는 중국의 정치적 현실에 대한 처방이라기보다는 바로 정치학의 원리에 대한 탐구였으며, 동시에 치국평천하(治國平天下)와 같은 유교적 정치론과는 방법을 달리하는 근대적 학문으로서의 정치학을 구축하는 작업이었다.

상하이YMCA 야간 학교에서 개설할 정치학 특강의 안내를 실은 『신보』의 기사에는 다음과 같이 강의 계획이 소개되어 있었다.

> 제1회 역사학과 정치학 두 학문의 상관관계.
> 제2회 국가를 해석함, 정부를 해석함, 국가는 유기적 생물임을 논함, 각종 정체(政體)의 차이를 분석함.
> 제3회 문명이란 무엇인가, 국가사상이란 무엇인가, 종법사회, 종교정부, 국가와 종교의 상관관계.
> 제4회 지방자치 제도를 논함, 각종 정체에서 지방자치권력의 차이.
> 제5회 자유를 논함, 정치적 자유는 어떤 의미인가, 책임 정부와 무책임 정부의 차이는 무엇인가, 국민이 누리는 자유는 국가 형세의 안위와 비례함.
> 제6회 입헌을 논함, 독일 정치학자가 분류한 군사국가, 법률국가, 상업국가, 경찰국가, 문화국가라는 용어의 의미는 무엇인가.
> 제7회 자치, 다수 통치, 일인 통치, 다수결은 과연 공리에 합치하는가, 대표제는 언제 시작되었는가, 고대국가에는 왜 대표제가 없었는가, 대표제와 자치는 하나이며 둘이다.
> 제8회 의회를 논함, 군주와 민주에 대한 일상적 이해는 사용할 수 없음, 입법·행정·사법의 삼권분립은 어떤 학설인가, 의회가 하는 일은 입법에 그치지 않고 재상의 역할은 행정에 한정되지 않음을 어떻게 설명할 것인가, 입헌 왕실이 무너지지 않는 이치는 무엇인가, 8차례의 강의를 종합하여 정치에 관한 대원칙 12조목을 세움.

강의를 홍보하는 『신보』의 강의 계획은 강의가 시행되기 삼 일전의 기사이므로, 옌푸가 이미 이 강의를 위해 충실한 계획을 마련하고 있었다고 할 수 있다. 실제로 이 기사에 예고된 강의 내용은, 현재 남아 있는 강연 원고를 정리한 단행본과 비교해보면, 거의 계획대로 시행되었다. 이 강의 계획서는 중국이 입헌제를 위해 무엇을 어떻게 할 것인가 하는 문제를 다루는 것이 아니라, 오히려 '정치학이란 무엇인가'라는 물음에서 출발하여 '정치학을 어떻게 연구할 것인가' 하는 물음으로 이어지는, 이른바 정치학에 관한 원론적 내용을 제시하고 있다. 입헌군주제를 향한 청나라 조정의 움직임이 가시화되고, 한편으로는 혁명의 방법을 통해 군주제를 청산하고 공화제를 실시하자는 주장이 일각에서 제기되던 시대였다. 이러한 시대적 배경 속에서 옌푸는 입헌군주제인가 아니면 혁명인가 하는 정치적 선택에서 한 걸음 물러나 중국의 현실을 관조하는 견지에서 정치학의 원론을 강의하고자 한 것이다. 입헌이라는 중차대한 시대적 과제를 눈앞에 둔 상황에서 그는 중국의 젊은 학생들에게 정치학의 근본 원리를 충실히 학습해야 한다고 역설하였다.

옌푸는 젊은 학생들을 대상으로 국가, 정부, 문명, 자치, 자유, 입헌, 전제, 다수제, 대표제, 삼권분립, 의회 등과 같이 20세기를 전후하여 유행처럼 번져가고 있던 용어들을 정치학의 원론에 입각하여 엄밀하게 정의하면서 학문으로서의 정치학을 정초하고자 했다. 그는 첫 강의에서 "내가 강의하고자 하는 것은 정치의 학문[學]이며, 정치의 기술[術]이 아니다."라고 선언했다. 그의 설명에 따르면, 정치의 학문이라는 것은 대상을 파악하는 것으로서 격물궁리(格物窮理)의 탐구 과정이었다. 이에 비해 정치의 기술이란 어떤 일에 대하여 그 대처 방안을 묻는 것으로서 어떻게 할 것인가를 묻는 과정이었다. 이어서 그는 "정치학이라는 분야는 서양에서 이미 과학이 되어 있다."라고 강의의 서두에서 분명하게 밝히면서 과학으로서의 정치학을 제시하였다.

옌푸가 제기한 '과학'은 과학적 연구방법론이었다. 그는 두 번째 강의에서 "진화론적 방법, 역사적 방법, 비교적 방법, 귀납적 방법"에 의거하여 정치학을 과학적으로 연구해야 한다고 역설했다. 서양의 생물학적 진화론뿐만 아니라 사회진화론을 수용한 그는 정치와 사회를 다루는 학문 또한 과학적 방법론에 입각해야 한다고 주장하면서 중국에서 처음으로 정치학의 과학화를 제창한 것이다. 그는 자신이 번역한 헉슬리의 윤리학이나 스펜서의 사회학을 포함한 서양의 학문 자체가 과학에 뿌리를 두고 있다고 믿었으며, 이러한 과학적 방법과 태도에 의거한 탐구야말로 진정한 학문이라고 생각했다.

상하이YMCA에서 행한 옌푸의 강의는 과학적 정치학의 한 전형을 보여주고 있다. 그렇지만 그의 강의는 독창적으로 과학적 정치학의 영역을 개척한 것이 아니었다. 그가 이 강의를 위해 서양의 교과서를 충분히 활용하였다는 사실이 몇 년 전에 밝혀졌다(戚學民, 『嚴復＜政治講義＞研究 : 文本淵源, 言說對象及理論意義』, 淸華大學博士論文, 2002). 그가 이 강의를 위해 이용한 교재는 영국의 캠브리지대학 근대사 전공의 흠정 교수(Regius Professor)를 지낸 실리(Sir John Robert Seeley, 1834~1895)의 유고집인 『정치과학 입문*Introduction to Political Science*』(초판 : 1896)이었다. 실리의 저서는 1885년 가을(Michaelmas Term)과 1886년의 봄(Lent Term)학기에 각각 매주 한 번씩 8주에 걸쳐 강의했던 두 개의 강의 원고를 엮어 놓은 책이다. 옌푸는 실리의 첫 번째 강의 부분을 중국어로 강의한 것이었다.

오늘날 한국뿐만 아니라 중국에서도 실리라는 역사학자는 인간 예수를 강조한 『이 사람을 보라*Ecce Homo*』(1866)라는 저술이 종교학에서 가끔 인용되는 경우를 제외하면 거의 알려져 있지 않은 인물이다. 그렇지만 그는 인도를 비롯한 영국의 식민지 지배가 영국과 식민지 모두에게 유익하다고 주장하면서 제국의 식민지 경영을 옹호한 『영국 팽창사론*Expansion of England*』(1883)으로 인해 중급훈작사KCMG 작위를 받았을 정도로 당시 영국에서는 상당한 명망가였다. 1897년 캠브리지대학에서는 그의 업적을 기념하여 실리 역사도서관을 건립했을 정도이다. 한편 그는

INTRODUCTION
TO
POLITICAL SCIENCE

TWO SERIES OF LECTURES

BY

SIR J. R. SEELEY, K.C.M.G., LITT.D.

REGIUS PROFESSOR OF MODERN HISTORY IN THE UNIVERSITY OF CAMBRIDGE
FELLOW OF GONVILLE AND CAIUS COLLEGE | FELLOW OF THE ROYAL
HISTORICAL SOCIETY, AND HONORARY MEMBER OF THE
HISTORICAL SOCIETY OF MASSACHUSETTS

London
MACMILLAN AND CO., LIMITED
NEW YORK : THE MACMILLAN COMPANY
1896

All rights reserved

실리의 『정치과학 입문』의 속표지

도쿄대학 문학부를 졸업하고 영국에 유학한, 훗날 메이지 시대의 외교관으로 활약한 이나가키 만지로(稻垣萬次郎, 1861~1908)의 은사였으며, 따라서 당시로서는 동아시아 지식인에게도 낯선 인물이 아니었다.

제국의 식민지 경영을 정당화한 제국주의적 역사가로 평가될 수 있는 실리는 『정치과학 입문』에서 정치학을 폴리티컬 사이언스로 규정하면서 귀납적 연구와 역사적 연구를 강조하였다. 그는 "정치학이 없는 역사는 열매가 없고, 역사가 없는 정치학은 뿌리가 없다.(History without political science has no fruit: Political science without history has no root.)"(*Introduction to Political Science* p.4)라고 하면서 정치학의 역사화를 강조했다. 정치학 연구는 역사적 경험과 사실에서 출발해야 한다고 주장했던 그는 역사로서의 정치학을 제창한 것이다. 옌푸는 자신이 그때까지 학습했던 서양 학자들의 저술에 대한 지식을 바탕으로 실리가 제시한 역사로서의 정치학을 수용하면서 중국의 근대적 정치학을 만들어 내고자 하였다.

4. 『정치학이란 무엇인가[政治講義]』의 판본

『신보』의 기사에 따라 상하이YMCA에서 옌푸의 강의가 예정대로 진행되었다면, 그의 강의는 1905년 10월 13일의 금요일 오후 8시에 시작되어 같은 해 12월 1일까지 8주간 진행되었다고 할 수 있다. 그런데 상하이에서 등스(鄧實, 1877~1951)가 반월간으로 발행하던 잡지 『정예통보(政藝通報)』에 강의가 시작되기 보름 전부터 강의 내용이 연재되기 시작했다. 즉 이 잡지의 1905년 제16호(1905년 9월 29일)에서 제23호까지, 그리고 이듬해 제1호에서 8호(1906년 5월 23일)까지 모두 16회에 걸쳐 옌푸의 강의 원문이 실린 것이다. 이 강의는 강의가 시작된 이후 즈리성(直隸省)에서 간행된 『교육잡지』(제1년 제15기, 16기, 18기~20기, 1905년 10월 28일~1906년 1월 9일)에도 연재되었다. 강의

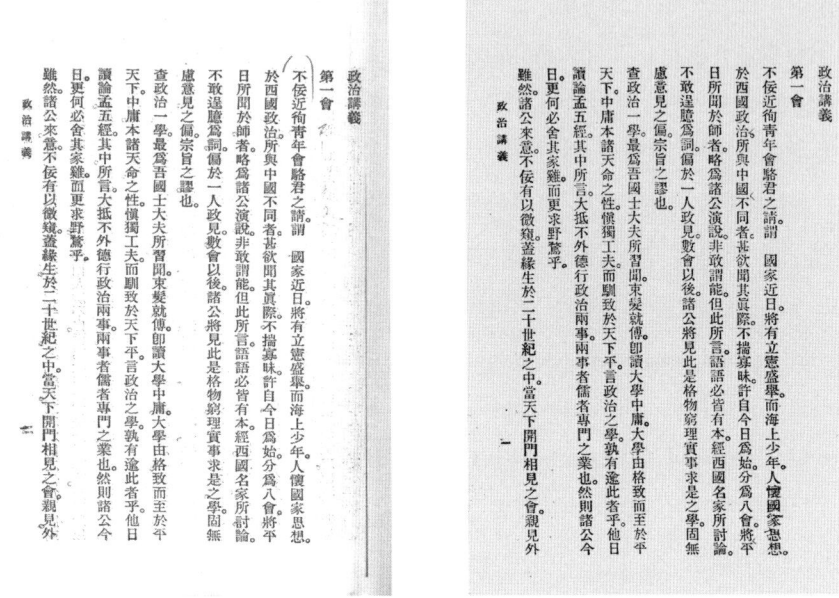

상무인서관에서 간행된 『정치강의』의 초판(좌)과 재판(우)의 첫 페이지

가 종료된 이후에는 스촨성(四川省) 충징(重慶)에서 간행되고 있던 『광익총보(廣益叢報)』(제93~제101호, 99호 제외, 1905년 12월 21일~1906년 4월 3일)에도 전재되었다. 이처럼 옌푸의 강의는 중국의 근대적 매체를 타고 전국적으로 전파되어 갔다.

이 강의 내용이 최초로 단행본으로 간행된 것은 강의가 끝난 이듬해였다. 옌푸가 이 강의 원고를 단행본으로 출간하기 위해 서문을 새로 추가한 것은 1906년 1월 20일(을사 12월 26일)이었다. 그의 강의는 상하이 상무인서관에서 『정치강의(政治講義)』라는 제목으로 초판(光緖三十二年二月, 정가 3角5分)이 발행되었으며, 두 달 만에 재판(光緖三十二年四月)이 나왔다. 그러나 그가 번역한 『천연론』이 상무인서관에서 간행되어 1927년까지 27판을 거듭하고 『군학이언』이 1919년까지 10판을 찍었던 것과는 대조적으로, 『정치강의』는 상무

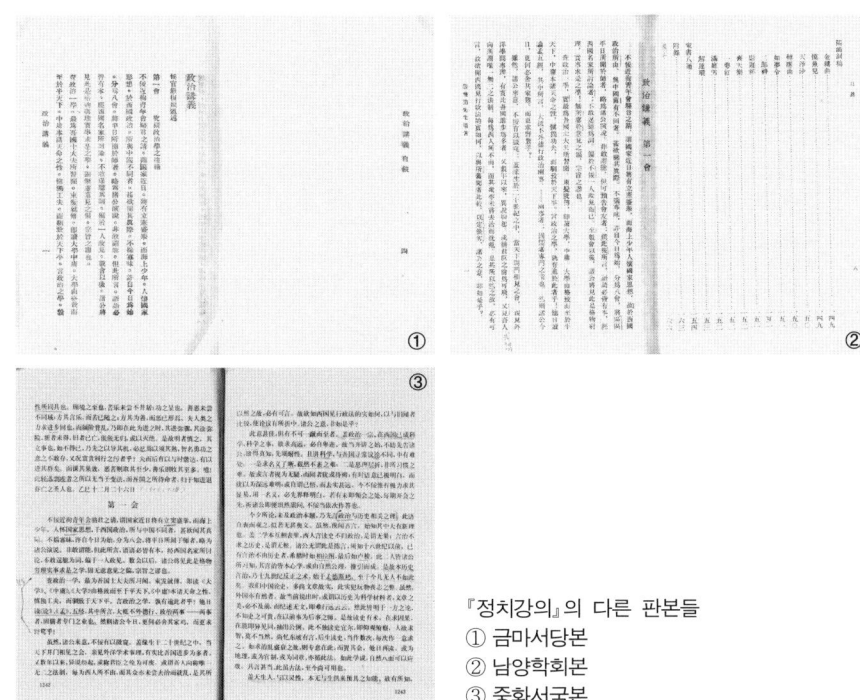

『정치강의』의 다른 판본들
① 금마서당본
② 남양학회본
③ 중화서국본

인서관에서 재판까지 발행되는 데 그쳤다. 그 이유는 분명하지 않지만, 아마도 이 책이 당시의 정치적 문제를 직접적으로 다루는 것이 아니라 이를 정치학적인 차원에서 원론적으로 탐구하고 있다는 점이 그 이유 중의 하나일 것이다. 그만큼 이 책은 당시의 중국인에게 낯설고 난해하게 보였을 것이다.

　『정치강의』는 이후 절판되었다가 1930년 7월 상하이의 금마서당(金馬書堂)에서 복간되었다. 이 판본은 옌푸의 맏아들인 옌취(嚴璩)가 금마서당에 판권을 양도하여 다시 간행한 것으로, 이전의 판본과 내용은 거의 동일하다. 다만이 책에는 각 회마다 소제목이 다음과 같이 달려 있다. 이 책은 옌푸의 사후에 간행되었으므로 여기에 달린 소제목은 출판사 측에서 작성한 것으로 추정된다.

제1회 정치학을 연구하는 방법

제2회 정치학이 논의하는 것은 정부이며 정부는 유기체이다.

제3회 국가의 분류

제4회 국가의 분류(속)

제5회 정치와 국민의 자유

제6회 정치와 국민의 자유(속)

제7회 자유를 통해 대표제의 정도와 소수에 대한 다수의 통치 제도를 논함

제8회 전제와 입헌의 차이 및 정치의 주요 원칙

이상의 두 판본과 다른 계열의 판본은 싱가포르의 화교단체인 남양학회(南洋學會)에서 간행한 『엄기도선생유저(嚴幾道先生遺著)』(1959년 12월)에 수록된 <정치강의 8편>이다. 이것은 옌푸의 넷째 아들인 옌솬(嚴璿)이 보관해 오던 원고를 간행한 것이다. 상무인서관본과 비교해 보면, 전체 자수는 약간 적고 글자가 다른 것이 많으며 옌푸의 「자서(自敍)」가 실려 있지 않다. 그리고 서양 인명이나 지명, 혹은 서양에서 기원한 새로운 중국어 어휘에는 원어에 해당하는 영어 표기가 비교적 상세하게 표기되어 있다. 이런 점에서 이 판본이 강의 원고에 가까운 것으로 추정된다.

오늘날 쉽게 접할 수 있는 판본은 남경대학 교수인 왕스(王栻)가 정리한 『옌푸집(嚴復集)』(中華書局, 1986) 제5책에 수록된 판본이다. 이 판본은 상무인서관본을 기초로 하고 남양학회 판본을 참고하여 교감한 것이지만, 여전히 적지 않은 오류가 남아 있다. 이 책의 부록으로 수록한 『정치강의』 원문은 상무인서관 초판본을 저본으로 하였으며, 이상에서 설명한 여러 판본들을 참조하면서 옮긴이가 교정한 것이다. 주석 부분에서는 필요한 경우에 한해서 남양학회본의 영어 표기를 덧붙였다.

옌푸의 글

옌푸의 서문

옌 선생은 다음과 같이 말했습니다. 내가 천문학을 공부해보니 명나라 때 폴란드인 코페르니쿠스는 지구가 정지해 있고 하늘이 움직인다는 옛날의 학설을 완전히 타파하고, 지구는 태양계[1]에 속하는 행성 중의 하나로서 여러 다른 행성이나 혜성과 함께 매년 태양의 주위를 정기적으로 순환한다는 것을 증명했습니다. 태양 또한 한 곳에 멈춰 있는 것이 아닙니다. 여러 별들이 무리지어 돌고 있는데 그 가운데 태양이 있으며 모두 하늘에 매달려서 어녀성[2]을 향해 나아갑니다. 순식간에 몇 천만리를 이동하는지 알 수 없습니다. "위대하구나, 과학이여!"라고 감탄합니다. 오대주에서 발생한 정치의 변화는 이에 근거한 것입니다.

자고로 인간 사회의 제도는 처음에는 자연을 본받았습니다. 그래서 『주역』에서는 하늘은 높고 땅은 낮다고 했습니다.[3] 지극히 높은 것은 위에서

. . . .

1 원문은 '日局'. 옌푸는 스펜서의 『사회학 연구(The Study of Sociology)』에 나오는 코페르니쿠스의 'Theory of the Solar System'을 '日局論'(『群學肄言』 「成章」 第十六)으로 번역하였다.
2 원문은 '御女'. 북극 가까이에 있는 별이름이며 여어성(女御星)이라고도 한다. 『성경(星經)』 상에서는 극성(極星)이라고 불리는 구진(鉤陳)의 북쪽에 4개의 어녀성이 있다고 한다.
3 『주역』 「계사전」 상 제1장에 나오는 말이다.

우리의 덮개가 되고, 지극히 낮은 것은 아래에서 우리의 발판이 됩니다. 이로 인해 귀천의 구분이 생겨나고 하늘과 땅[4]의 위치가 정해지는 것입니다. 이제 코페르니쿠스의 학설이 확실해지고 의심할 여지가 없게 되자, 사람들은 지금까지 서로 비교하여 엄격히 구분해 온 것이 실제 세계와 일치하지 않는다는 것을 알게 되었습니다. 저 푸르고 높은 하늘은 지극히 멀리 있으며 허(虛)가 쌓인 것일 뿐이므로 상하의 구별이란 있을 수 없습니다. 상하의 구분이 없기 때문에 지금까지 하늘이라고 불리던 것도 없어집니다. 하늘이라 불리던 것이 없다면, 어느 곳이나 모두 지극히 높다고 할 수 있습니다. 높고 낮음은 사람의 마음에 달린 것이지 저 자연에는 결코 이러한 구별이 있을 수 없습니다. 그러므로 귀천은 나눌 수 없고, 상하의 구분은 받아들일 수 없습니다.

삼백 수십여 년 동안 유럽에서는 사변이 일어나고 평등·자유[5]의 학설이

....

4 원문은 '天澤'. 위에는 하늘 아래에는 연못[上天下澤]으로 이루어진 『주역』의 이(履) 괘에서 유래한 말이다.
5 원문은 '自繇'. 남양학회본(이하 남양본)에서는 모두 '自由'로 표기되어 있다. 옌푸는 밀의

날로 확대되어 막을 수 없게 되었는데, 발단을 소급해 보면 이로 말미암은 일이 아니겠습니까? 그리고 진화[6]란 시간적으로 앞으로 나아간다는 의미입니다. 고대의 사람들은 이삼천년 전에 이러한 학설을 발견하였으며, 그들의 고찰은 중국과 서양의 서적에 기록되어 있습니다. 그렇지만 최근 백여 년 사이에 진화의 학설이 크게 성행하였고, 그 전에 제기된 평등·자유의 학설과 결합하게 되었습니다. 따라서 오대주에서 벌어지는 인간의 일은 모두 새로운 것을 꾀하자고 주장하였고, 옛 것을 따르고자 하는 생각은 줄어들게 되었습니다.

아, 세계가 변화하는 과정을 자연의 운행[7]이라고 하지만, 어찌 학술로 다룰

- - - - - - - - - - - - -

『자유론』을 중국어로 번역하면서 'liberty'를 '自繇'로 번역하였다. 이는 송래의 '自繇'라는 고전어에 포함된 부정적인 의미와 구별하기 위해서였다. 『群己權界論』 「譯凡例」 참조.

6 원문은 '天演'. 옌푸는 헉슬리의 『진화와 윤리(*Evolution and Ethics*)』(1894)를 『天演論』(1898)으로 번역하였다. 그는 "천연은 영어의 evolution이며, 스펜서가 최초로 사용한 것이다. 그 정의는 내가 번역한 『천연론』의 해설을 참조할 것."(「天演進化論」)이라고 말했다.

7 원문은 '天運'. 옌푸는 『천연론』 「도언 1」에서 헉슬리 원저의 'state of nature of the world of plants'를 '天運'으로 번역하였다. 식물의 세계뿐만 아니라 인간의 작위(作爲)와 구별되는 자연 세계의 운행을 말한다.

수 없겠습니까? 그런데 또 하나의 학설에 따르면, 고통을 피하고 즐거움을 쫓는 것이 인간의 일상적 감정이요, 선을 좋아하고 악을 싫어하는 것은 누구나 구비하고 있는 인간의 본성이라고 합니다.[8] 그런데 지극한 경지에서는 고통과 즐거움이 함께 하며, 일이 드러날 때에는 언제나 선악이 함께 자리하고 있습니다. 즐거움이라고 말할 때 이미 거기에 고통이 따라와 있고, 선한 행위에는 이미 악의 형태가 드리워져 있습니다. 인류는 분명 진보를 추구하고자 노력하고 있지만, 쇠퇴하고 혼란에 빠지는 것도 바로 앞으로 나아가고자 하는 때입니다. 앞으로 나아가고자 할 때, 가는 속도가 빠르면 빠를수록 그 길은 더 위험합니다. 새로운 것이 아직 생기지도 않았는데 옛것은 이미 사라집니다. 어디로 가야할지 모르다가 완전히 멸망하기도 합니다. 그래서 현명한 자는 신중한 태도를 지니며 어떤 일을 꾀함에 부득이한 것처럼 합니다. 즉 먼저 일의 기미를 유도하면서 형세가 무르익을 때까지 참고 기다려야

. . . .

8 옌푸는 『천연론』「도언 18」에 단 해설에서 "인간의 행위는 고통을 피하고 즐거움으로 나아간다."라고 하면서, 쾌락을 인간 행위의 기준으로 보았다.

합니다. 지혜와 용기를 쫓는 공명심은 있을 수 없고 부귀와 이익을 차지하려
는 추악한 생각은 말할 것도 없습니다. 그래야 비로소 때에 맞춰 나아가고
사회[9]를 발전시켜, 결과적으로 악과 고통은 최소한으로 줄이고 선과 즐거움
은 최대한으로 얻을 수 있게 되는 것입니다. 아, 이야말로 경솔하고 성급한
자가 변법을 담당해서는 안 되는 까닭입니다. 우리 중국의 운명을 맡길 수
있는 자는 진퇴와 존망을 아는 성인일 것입니다.

을사년 12월 26일[10]

. . . .

9 원문은 '群'. 옌푸는 고대 중국의 사상가 순자(荀子)가 인간과 동물의 차이를 사회 형성 능력
  [能群]에 두고 있는 것에 의거하여 'society'를 '群'으로 번역하였다.
10 양력으로는 1906년 1월 20일이다. 이 서문은 상무본 초판을 간행하기 직전에 씌어진 것으
  로 보인다.

정치학을 어떻게 연구할 것인가

최근 저는 청년회[1]의 록우드[2] 선생으로부터 강연을 요청받았습니다. 그는 "조만간 국가에 입헌이라는 획기적인 일이 있을 것이고[3], 국가사상[4]을 품고

. . . .

1 청년회(青年會)의 정식 명칭은 상하이기독교중국청년회이다. 『신보(申報)』의 기사(광서 31년 9월 12일, 양력으로는 1905년 10월 10일)에 따르면, 당시 청년회는 상하이시 베이징로 15호에 있었다고 한다.

2 원문은 '駱君'. 당시 상하이기독교중국청년회에서 간사를 맡고 있던 록우드(William Wirt Lockwood, 1877~1936)로 추정된다.

3 러일전쟁(1904~1905)에서 입헌국가 일본이 전제국가인 러시아에 승리한 뒤로 중국 내에서는 입헌을 주장하는 분위기가 고조되기 시작하였다. 청나라의 입헌 논의가 본격적인 궤도에 오른 것은 광서제가 1906년 9월 1일 입헌을 준비하라는 상유를 발표하면서부터이다.

4 '국가사상(國家思想)'은 20세기 초 중국에서 계몽주의적 언론인으로 활약했던 량치차오(梁啓超, 1873~1929)가 주로 사용한 용어이다. 그는 『청의보』(95책, 광서 27년 9월 11일)에 발표한 「국가사상의 변천이동론(國家思想變遷異同論)」에서 유럽의 역사에서 국가의 관념은 가족주의, 추장주의, 제국주의를 거치면서 현재의 민족주의와 민족제국주의 등으로 변해 왔다고 주장했다. 또 그는 『신민설』 「국가사상을 논함(論國家思想)」에서 '국가사상'을 "첫째 개인에 대해 국가가 있음을 알고, 둘째 조정에 대해 국가가 있음을 알고, 셋째 이민족에 대

있는 상하이의 청년들은 중국과는 다른 서양의 정치에 관해 실제적인 내용을 간절히 배우고 싶어 합니다."라고 말했습니다. 그래서 저는 어리석음을 무릅쓰고 평소 스승으로부터 배운 것을 오늘부터 여덟 차례로 나누어 간략하게 여러분에게 강의하고자 합니다. 감히 자신할 수는 없지만, 여기에서 할 이야기는 일언일구 모두 반드시 근거가 있고 유명한 서양학자들의 토론을 거친 것이며, 억측으로 말을 지어내거나 저 한 사람의 정치적 견해에 치우친 것이 아닙니다. 몇 차례의 강의를 듣고 나면, 여러분은 장차 이것이 격물궁리[5]·실사구시[6]의 학문임을 알게 될 것이며 치우친 견해이거나 잘못된 내용이 아닐까 염려하지 않게 될 것입니다.

정치학이란 학문은 자세히 살펴보면 중국의 사대부가 가장 익히 들어 온 것입니다. 어린 시절 머리를 묶고 선생을 찾아가면, 곧바로 『대학』과 『중용』을 읽습니다. 『대학』은 격물치지에서 시작하여 평천하로 끝나고[7], 『중용』은 천명(天命)의 성(性)과 신독(愼獨) 공부를 바탕으로 점차 천하태평에 이르는 것입니다.[8] 정치에 관한 학문으로 치자면, 이보다 더한 것이 어디에 있겠습니까? 이어서 『논어』, 『맹자』, 오경을 읽게 되는데, 거기에서 언급되는 것은 대체로 덕행과 정치 두 가지뿐입니다. 이 두 가지야말로 본래 유학자가 전문

. . . .

해 국가가 있음을 알고, 넷째 세계에 대해 국가가 있음을 아는 것"이라고 정의했다. 이러한 관점에서 그는 과거 중국에서는 천하 관념만 있을 뿐이며 근대적인 국가의 관념이 없다고 비판했다.

5 격물궁리(格物窮理)는 『이정유서(二程遺書)』 권15에 나오는 말로서 송대 유학의 특징을 드러내는 말이다. 『대학』의 팔조목 중 하나인 격물치지(格物致知)에 대한 해석이며, 주자는 사물에 나아가 이치를 탐구한다는 의미에서 즉물궁리(卽物窮理)로 해석하였다.

6 실사구시(實事求是)는 『한서』 「하간헌왕 유덕전(河間獻王 劉德傳)」에 나오는 말로서 사실에 근거하여 올바른 결론을 찾아가는 것을 말한다.

7 『대학』의 팔조목, 즉 격물, 치지, 성의, 정심, 수신, 제가, 치국, 평천하를 말한다.

8 『중용』은 제 1장의 "天命之謂性, 率性之謂道, 修道之謂教. …… 是故君子戒愼乎其所不睹, 恐懼乎其所不聞. 莫見乎隱, 莫顯乎微, 故君子愼其獨也."로부터 시작하여 마지막 36장에서는 "是故君子篤恭而天下平"으로 맺고 있다.

적으로 다루는 일입니다. 그런데 여러분은 왜 오늘 자기 집 안의 닭을 버리고 밖으로 나가 들판의 오리를 찾고자 합니까?

여러분이 여기에 온 의도를 잠시 짐작해 보도록 하겠습니다. 20세기에 태어난 우리들은 천하가 문호를 열고 서로 교류하는 시대에 살고 있습니다. 서양의 학술과 사리를 몸소 보게 되면, 실제로 중국보다 진보한 것이 많이 있습니다. 또한 최근 수년 동안 다양한 학설이 분분하게 제기되어, 어떤 자는 군신 간의 윤리가 폐지되어야 한다고 주장하고, 또 어떤 자는 서양인은 과거에 중국인이 유일무이한 법칙이라고 간주했던 것에 의거하지 않았는데도 안정을 잃고 혼란에 빠지는 일이 없으니 반드시 이유가 있을 것이라고 말합니다. 그래서 서양에서 현재 시행되고 있는 정치와 법률이 실제로 어떤 것인지 알아보고, 그것을 지금까지 중국에서 배워온 것과 비교하여 이 두 가지를 절충해 보고자 합니다. 여러분의 뜻이 여기에 있지 않겠습니까?

여러분의 의도는 매우 좋지만 한 번에 모든 것을 다 할 수는 없습니다. 정치학이라는 분야는 서양에서 이미 과학이 되어 있습니다. 과학의 일은 높고 먼 것을 추구하기 위해서는 반드시 낮고 가까운 데서 시작합니다. 그러므로 강의를 시작하기 전에 미리 여러분에게 참된 지식을 얻고자 한다면 먼저 모름지기 인내심을 가져야 한다고 당부하고 싶습니다. 과학을 논한다는 것은 중국에서 하는 일상적인 논의와 다르기 때문에 두 가지 어려운 점이 있습니다. 하나는 용어의 의미를 명석하게 하여 애매하지 않도록 하는 것입니다. 또 하나는 우리 중국인들은 논리적 사고 과정에 익숙하지 못하다는 점입니다. 그래서 말하는 자는 의심할 여지가 없다고 생각해도 듣는 자에게는 여전히 설명이 더 필요한 경우가 있습니다. 내로는 발뜻이 매우 분명해도 내용이 심원하여 알기 어려운 경우도 있습니다. 혹은 스스로 이미 이해했다고 말하더라도 사실과 거리가 먼 때도 있습니다. 이제 저는 알기 쉽게 하기 위해 하나의 용어를 사용할 때 반드시 먼저 명명백백하게 정의를 내릴 것입니다. 만약 금방 이해하기 어려운 점이 있다면, 매번 강의를 시작하기 전에 여러분이 서슴없이 질문해 주면 차례대로 대답하도록 하겠습니다.

오늘 저녁에는 정치의 문제를 본격적으로 언급하지 않고 먼저 정치와 역사의 상관관계에 관해서 말하고자 합니다. 이 말은 겉으로 보자면 그다지 깊은 뜻이 없는 것 같습니다. 그렇지만 제 이야기를 들어보면 그 가운데 참으로 새로운 이치가 있다는 것을 알게 될 것입니다. 두 학문은 서로 표리를 이루고 있습니다. 서양인은 역사 연구가 정치로 돌아가지 않으면 열매가 없고, 정치의 연구가 역사에 근거하지 않으면 뿌리가 없다고 말합니다.[9] 여러분이 이것을 진부한 이야기로 여기지 않길 바랍니다. 18세기 이전에는 정치를 말하면서 역사에 말미암지 않은 자가 있었다는 것을 알아 두어야 합니다. 그 처음은 그리스 시대의 플라톤이며, 마지막은 루소입니다. 여러분도 익히 알고 있듯이 정치에 관한 이들 두 사람의 견해는 모두 심학[10]에 근거하거나 혹은 자연공리[11]로부터 나온 것입니다. 따라서 역사에 근거하여 정치를 말하는 것은 19세기에 일어난 방법론적 전환입니다. 이는 몽테스키외에서 시작되었으며, 오늘날에는 거의 모두가 이러한 방법을 따르고 있습니다.

중국에서는 역사를 논하면서 자주 문장과 전고(典故)를 높이 사지만, 이는 실로 물건을 갖고 놀다가 뜻을 잃어버리는 잘못[12]을 범하는 일입니다. 물론 외국에도 이런 일이 있습니다. 그래서 앞에서 언급한 학설이 처음 제기되었을 때, 어떤 자는 "역사를 과학의 재료로 삼으면 반드시 문장의 아름다움이 이전보다 못하게 되며, 문장력이 없는 서술은 멀리 전달되기 어렵다."[13]라고

· · · · · · · · · · · · ·

9 실리의 원서에서는 "History without political science has no fruit : Political science without history has no root."로 되어 있다.

10 심학(心學)은 경험적 사실에 의거하지 않은 관념론적 지식 체계를 말한다.

11 자연공리(自然公理)는 루소가 상정한 '자연 상태' 등과 같이 경험적으로 증명되지 않은 자연법적 공리를 말한다.

12 원문은 '玩物喪志'. "玩人喪德, 玩物喪志."(『書經』「旅獒」)에 나오는 말이다.

13 원문은 '紀述無文, 卽難行遠'. "言之無文, 行而不遠"(『左傳』襄公 25년)에서 유래하는 말이다.

비난하기도 했습니다. 그러나 이는 한쪽만 알고 있는 치우친 주장이며, 역사가 중시되는 것은 이전의 일이 훗날의 귀감이 되기 때문이라는 점을 모르는 일입니다. 그러므로 역사를 읽는 데는 방법이 있습니다. 즉 원인과 결과를 찾는 것이며 다른 것 속에서 같은 점을 찾아내어 원리를 끌어내는 것입니다. 역사 연구에서만 그래야할 뿐만 아니라, 하늘과 땅의 관찰[14]과 같이 인간이 지식을 추구하는 일은 모두 그렇지 않을 수가 없습니다. 소동파[15]가 한 말이 떠오릅니다. "훗날의 사람이 역사를 읽을 때는 수차례 반복해서 읽고, 또 매번 한 가지 의미에 집중해서 읽어야 합니다. 예를 들면 치란과 성쇠의 이유를 찾고자 한다면 오로지 여기에만 주목하고, 그 이외의 것은 남겨 두었다가 다음에 다시 읽습니다. 지리나 관제(官制) 혹은 사장(詞章)을 조사하더라도 역시 이 방법을 따릅니다. 이렇게 해서 공부가 완성되면 저절로 모든 문제에 대응할 수 있습니다."[16] 정말로 지당한 말씀입니다. 비록 옛날 방법이기는 하지만 이것은 지금도 쓸모가 있습니다.[17]

하늘이 사람을 낳으면서 신령한 본성을 주었지만, 태어나면서부터 미리 지능을 갖추고 있는 것은 아닙니다. 알고 싶은 것이 있다면 반드시 귀납[18]에서 시작해야 합니다. 귀납은 비근한 일을 말하기 때문에 삼척동자라도 잘 할 수 있습니다. 오늘 불을 갖고 있다가 화상을 입고, 내일 불을 갖고 있다가

· · · · · · · · · · · ·

14 원문은 '仰觀俯察'. "仰以觀於天文, 俯以察於地理, 是故知幽明之故."(『周易』「繫辭傳」上)에서 유래하는 말이다.
15 소동파(蘇東坡, 1036~1101)는 스촨(四川) 출신이며 이름이 식(軾), 자는 자첨(子瞻)이다. 북송시대이 정치가요 문인이며 당송 팔대기의 한 사람이다.
16 소식은 조카 사위인 왕상에게 보내는 글에서 다음과 같이 말했다. "願學者每次作一意求之, 如欲求古人興亡治亂聖賢作用, 但作此意求之, 勿生餘念, 又別作一次求事迹, 故實典章文物之類, 亦如之, 他皆倣此, 此雖迂鈍, 而他日學成, 八面受敵, 與涉獵者不可同日而語也."(「又答王庠書」)
17 남양본에는 "소동파가 한 말이~쓸모가 있습니다."가 없다.
18 원문은 '內籀'. 옌푸는 induction과 deduction을 각각 '內籀之術'과 '外籀之術'(『천연론』), 혹은 '內導之術'과 '外導之術'(『천연론 수고』)로 번역했다.

또 화상을 입습니다. 이런 일은 세 번을 넘지 않더라도, 불이 화상을 입힌다는 법칙[19]이 성립합니다. 그러나 귀납은 반드시 사실에 기초하고, 사실은 반드시 경험을 통해야 합니다. 한 사람의 경험은 한계가 있으므로 반드시 옛사람과 다른 지역에 거주하는 사람들의 경험을 모아야 합니다. 이러한 일은 반드시 기록에 의거해야 하는데, 이 기록이 곧 역사입니다.

그러므로 역사는 정치와 인간사에만 있는 것이 아닙니다. 귀납적 학술에는 모두 역사가 있습니다. 중국에서는 이를 '고(考)'라고 부릅니다. 예를 들면 『전폐고』[20]는 전폐, 즉 화폐의 역사입니다. 『삼통』[21]의 부류에서부터 모든 관례를 다루는 것에 이르기까지 모두 역사가 됩니다. 편년과 기사[22]의 형식을 취해야만 역사라고 부를 수 있는 것은 아닙니다. 서양인은 동물학과 식물학 등에서 그 모습을 고증하여 일반 법칙[23]을 끌어내거나 그렇게 되는 까닭을 말할 수 없더라도 역시 역사로 부릅니다. 예컨대 자연사가 여기에 해당합니다.

동서양의 옛날 역사책에는 귀와 눈으로 듣고 본 것을 거의 빠짐없이 기록해 두었습니다. 예를 들면 리비우스[24]의 『로마사』에는 소가 말을 하고 피

......

19 원문은 '公例'. '공리(公理)'와 함께 청말에 유행한 용어로서 법칙, 원리 등을 의미한다.
20 『전폐고(錢幣考)』는 청대의 작품으로 저자 미상이다. 『총서집성(叢書集成)』 초편에 운해주진본(芸海珠塵本)이 수록되어 있다.
21 『삼통(三通)』은 당나라 두우(杜佑)의 『통전(通典)』, 남송 정초(鄭樵)의 『통지(通志)』, 송말원초 마서림(馬瑞臨)의 『문헌통고(文獻通考)』를 가리킨다. 모두 제도에 관해 서술한 책이다.
22 기사(紀事)는 역사 기술의 한 방법이며 기사본말(紀事本末)이라고도 한다. 연대별로 사건을 기술하는 편년체(編年体)와는 달리 연대와 상관없이 사건별로 그 전말을 서술하는 방법을 말한다. 송대 원추(袁樞)의 『통감기사본말(通鑑紀事本末)』에서 시작되었다.
23 원문은 '會通'. "聖人有以見天下之動, 而觀其會通, 以行其典禮"(『주역』「계사전」 상)에서 유래하는 말로서 사물의 움직임을 관찰하여 그 가운데 작용하고 있는 이치를 찾아낸다는 의미이다. 옌푸는 스펜서의 *A system of Synthetic Philosophy*를 『천인회통론(天人會通論)』으로 번역하였다.
24 리비우스(Titus Livius, 영어로는 Livy, 기원전 59~기원후 17)는 이탈리아 출신의 역사가이며, 로마의 창건에서부터 아우구스투스의 통일까지를 편년체로 다른 『로마 건국사』를 집필하였다.

같은 비가 내린 일 등이 기재되어 있습니다. 이는 『춘추』에서 재이를 기록한 것과 같습니다. 『사기』의 「서(書)」와 『한서』의 「지(志)」,[25] 유지기[26]의 『사통』에도 상세하게 논의되어 있습니다. 그러나 근대의 역사가가 이러한 사건을 자세하게 다루지 않는 것은 결코 인류가 개화했기 때문이 아니라 전문 영역의 학문이 많아졌기 때문입니다. 예를 들면 일식과 성운은 천문학자가 담당하며, 큰비·바람·우박은 기상학자가 다룹니다. 심지어 일상생활에 절실한 형벌도 역시 별도의 기록이 있기 때문에 간략히 처리할 수 있습니다. 화폐는 경제학, 역병은 의학, 범죄는 형법학이 있기 때문에 옛날처럼 특별히 상세하게 다룰 필요가 없어졌습니다. 역사에는 대체로 일반과 전문의 두 종류가 있습니다.[27] 전문 역사가 날로 증가하고 있으며, 국사(國史)가 언급하는 내용은 단지 일반 역사에 불과합니다.

어떤 사람은 이전 시대의 역사가 후인들에게 보물처럼 귀중하게 여겨지는 까닭은, 그것이 사실이기 때문이 아니라 좋은 문장 때문이라고 말합니다. 그러나 옛날 역사책 중에서 가장 문장이 좋다고 칭송되는 것은 역시 넓고도 높은 견식을 지니고 작은 것에서 중요한 의미를 찾아내고 철학[28]과 관련된 이론을 펼치고 있기 때문입니다. 만약 문장만을 논한다면 역사는 시부(詩賦)에 미치지 못할 것입니다. 역사는 사실의 기록을 중시하므로 소설가의 이야기만큼 사람을 즐겁게 하지 못합니다. 과학이 날로 발달하면서 역사에 기록할 내용도 옛날보다 날로 줄어들고 있습니다. 줄고 줄어서 더 이상 줄일 수 없는 것이 있습니다. 즉 치란과 흥망의 원인으로서 국가를 다스리는 자의

. . . .

25 『사기』에는 「예서(禮書)」를 비롯하여 8편의 서(書)가 있으며, 『한서』에는 「율력지(律曆志)」를 비롯하여 10편의 지(志)가 있다.
26 유지기(劉知幾, 661~721)는 장수성 펑청(彭城) 출신으로 자(字)는 자현(子玄)이다. 당나라 시대의 역사학자이며 역사이론가이다.
27 원문은 '普通'과 '專門'. 실리는 역사를 general history와 special history로 구별하였다.
28 원문은 '哲學'.

귀감이 되는 일입니다. 그러므로 국사는 결국 하나의 전문 과학으로서의 역사입니다. 여기서 말하는 전문 과학이 바로 정치학입니다.

과학이 있으면 역사가 있고, 역사가 있으면 과학이 있습니다. 이것이 서양에서 정치학이 전문 분과가 된 이유입니다. 그렇다면 중국에서도 옛날에 이런 학문이 있었을까요? 있었습니다. 노자와 사마천이 가장 대표적인 예입니다. 『논어』・『맹자』・『대학』・『중용』도 성인이 사물을 종합적으로 고찰하여 일반법칙을 세운 책이라는 것은 의심할 여지가 없습니다. 그러나 중국의 옛 서적의 단점은 덕행과 정치가 섞여서 구분이 되지 않는다는 점입니다. 19세기에 이르러 서양에서는 정치학이 각종 학문으로부터 분리되어 나왔습니다. 그래서 그 이치가 알기 쉽고 그 학문은 연구하기 쉽습니다.

세상에 정치가 있는 것은 오대주 어디를 가든지 우연하게도 서로 일치합니다. 우연하게도 서로 일치하는 것은 인간이 태어나면서 사회를 형성하기 때문입니다.[29] 사회의 기원에 관해서는 『사회통전』[30]의 설명이 이미 정설이 되어 있습니다. 최초는 토템사회[31]이며, 타이완 고산족의 사[32]와 서남 지역 오랑캐인 동[33]이 여기에 해당합니다. 다음으로 종법사회[34]로 들어갑니다. 이는 교화의 일대 진보입니다. 이러한 사회는 오대주 가운데 상당히 많습니다.

. . . .

29 원문은 '民生有群'. 옌푸는 society를 '群', sociology를 '群學'으로 번역하였다. 실리의 원서에는 "We start of course from the fact that man is a social or gregarious animal."로 되어 있다.
30 『사회통전(社會通詮)』은 Edward Jenks의 *A History of Politics*(1900)에 대한 옌푸의 번역이며, 1904년 상하이 상무인서관에서 출판되었다.
31 원문은 '圖騰社會'. totemistic society 혹은 savage society의 번역어이다. 『사회통전』에서는 인류의 사회 발전 단계를 야만, 종법, 국가로 설명하였다. 토템사회는 곧 야만사회이다.
32 사(社)는 타이완 고산족의 기층 사회 조직으로서 토사(土社) 혹은 번사(番社) 등으로 불린다. 각 사는 8, 9호에서 수 백호에 이르며 대체로 선거를 통해 선출된 두목이 사내의 일을 주관한다.
33 동(峒)은 중국 서남부 지역의 산간에서 군집생활을 하던 소수민족에 대한 명칭이다. 예를 들면 묘족의 묘동(苗峒), 동족(侗族)의 십동(十峒), 장족(壯族)의 황동(黃峒) 등이 있다.
34 종법사회는 patriarchal society의 번역어이다.

러시아와 중국과 같이 문화가 발달한 나라도 종법의 형식에서 완전히 벗어난 것은 아닙니다. 마지막은 군국사회[35]입니다. 제가 말씀드리고자 하는 것은 대체로 이러한 사회의 정치제도입니다.

우주에 적용되는 보편적인 법칙은 만물의 변화가 모두 점진적이며 돌발적이지 않다는 것입니다. 따라서 세 가지 형태의 사회가 변화하는 과정에서 최초에는 서로 구분하기 어렵고, 처음으로 국가의 단계에 이르렀을 때는 가족과 다른 점이 없는 것처럼 보입니다. 가족의 단계에 있을지라도 각 개인은 언제나 가족보다 큰 것에 소속되어 있습니다. 예컨대, 어떤 사람을 만나면 본관을 묻게 됩니다. 그 사람에게는 반드시 성과 이름이 있고, 그가 살고 있는 군과 읍이 있고, 마지막으로 국가가 있습니다. 이로써 그 사람은 다른 사람과 완전히 구별됩니다. 이름은 자신의 이름이며, 성은 종족의 성입니다. 군과 읍은 거주하는 지역이거나 출생지의 이름입니다. 가장 중요한 것은 국가입니다. 국가란 다수의 사람들이 모여 하나의 특별한 단체를 이룬 것을 말합니다.

그러므로 국가의 정의가 거주지의 의미와 전혀 다르다는 점을 알아야 합니다. 중국인이 정치학에서 내리고 있는 국가의 정의가 서양인의 관점에서 불분명하게 보이는 까닭은 중국이 일통(一統)을 존중하기[36] 때문입니다. 우리가 거주하는 곳에는 다만 천하가 있을 뿐이며 결코 국가가 없습니다.[37] 천하라는 것은 18개성이 중앙에 있을 뿐이며, 주변에 나라가 있어도 모두 요복과

....

35 옌푸는 젠크스의 『정치학사(*A History of Politics*)』를 번역하면서 'military society'를 '군국(軍國)', '군국사회(軍國社會)', '군국국가(軍國國家)' 혹은 '국가사회(國家社會)'로 번역하였다. 젠크스는 'military society'를 modern society, political society로 명명하기도 했다. 이는 토템이나 종법과는 사회 성립의 동기가 다른, 근대적 정치체제로서의 국가를 의미한다.

36 원문은 '大一統'. "何言乎王正月, 大一統也."(『春秋公羊傳』隱公 원년)에 나오는 말이다. 천하의 제후가 모두 주(周) 나라 천자의 통치 아래에서 하나의 계통을 존중한다는 의미이다.

37 일찍이 량치차오는 "천하가 있다는 것을 알지만 국가가 있다는 것을 모르고, 개인이 있다는 것을 알지만 국가가 있다는 것을 모른다."(『신민설』「국가사상을 논함」, 1902)라고 하면서 중국인이 천하와 국가를 혼동하고 있다고 지적했다.

황복[38]에 속할 뿐 별다른 구별이 없습니다. 따라서 국가라 할 만한 것이 없습니다. 예컨대 애국이라는 두 글자의 현재 의미는 옛날과 전혀 다릅니다. 국가사상이라는 말도 전문가가 아니면 무슨 사상인지 모를 것입니다. 지금 제가 많은 사람들 앞에서 "저는 중국인입니다."라고 말한다면, 여러분은 제가 이 말을 했을 때 어떤 의미로 사용하고 있는지 한번 생각해 보기 바랍니다. 제가 한 말이 태어나고 자란 종족을 의미하는 것일까요? 아닙니다. 이 말은 완전히 맞지는 않지만 그래도 정답에 가깝습니다. 어떤 면에서 정답에 가까울까요? 저와 4억의 중국인은 대체로 다같이 염제와 황제[39]의 귀중한 자손이며, 태초의 시기에는 동일한 조상에서 나왔습니다. 가령 제가 런던이나 파리에서 이런 말을 했다면, 그 의미는 더욱 분명합니다. 저는 저들과 언어가 통하지 않고 형체가 다르고 종교가 같지 않습니다. 이는 황인종과 백인종의 구분입니다. 완전히 맞는 답이 아닌 까닭은 종족과 국가가 전혀 다르기 때문입니다. 세상에는 같은 종족이라고 해도 반드시 같은 국가에 속하지는 않는 사람들도 존재합니다. 예를 들면 오늘날 타이완인, 남양군도의 거주민, 심지어 일본, 프랑스, 미국에도 언제나 중국인과 같은 종족이 있지만 이들이 같은 국가에 속한다고 할 수는 없습니다. 또한 동일한 국가에 속한다 하더라도 종족이 다르기도 합니다. 예를 들면 옛날의 조선[40]과 류큐, 현재의 만주인과 몽고인은 모두 서로 다른 종족이지만 한 국가의 국민이 되었습니다.

인류를 분류하는 방법은 허다합니다. 인종을 연구하는 학자의 분류법은 외형을 기준으로 삼는 것이 많습니다. 예를 들면 블루멘바흐[41]는 피부색을,

- - - - - - - - - - - - -

38 고대 중국에서는 왕성의 주위 천리를 왕기(王畿)라 부르고, 왕기에서 오백리마다 구역을 정하여 후(侯), 전(甸), 수(綏), 요(服), 황(荒) 등으로 불렀다. 이를 오복(五服)이라 한다.
39 염제(炎帝) 신농씨(神農氏)와 황제(黃帝) 헌원씨(軒轅氏)는 모두 고대 중국의 전설적 제왕이며, 후에는 중화민족의 시조로 간주되었다.
40 남양본에는 '朝鮮'이 빠져 있다.
41 블루멘바흐(Johann Friedrich Blumenbach, 1752~1840)는 독일의 생리학자, 인류학자이다. 두

레치우스[42]는 두개골을 기준으로 삼았습니다. 오늘날에는 머리털로 분류하는 학자도 있습니다. 예컨대 서양인의 머리털은 횡단으로 자르면 단면이 타원형이며, 흑인의 머리털은 단면이 강낭콩 같고, 중국인의 머리털은 단면이 원형이라고 말합니다. 그렇지만 가장 믿을 만한 것은 언어에 의한 분류입니다. 이 분류를 따르는 학자들이 인도와 유럽을 다같이 아리안 인종으로 간주하는 것은 언어를 기준으로 한 것이며, 각각 옛날의 소리를 조사해 보면 대체로 일치하기 때문입니다. 예를 들면 유럽의 언어에서 '경작하다', '갈다'와 같은 단어, 그리고 '부모', '군민', '상제' 등의 호칭은 모두 산스크리트어에서 유래한 것이며, 이를 통해 두 인종이 동일하다는 것을 알 수 있습니다.

그렇지만 저는 이런 방법이 반드시 옳다고는 생각하지 않습니다. 언어를 기준으로 삼는다면, 중국[43]의 언어에서도 고음을 조사해 보면 서양 언어와 동일한 것이 적지 않습니다. 예를 들면 서양에서 mola, mill이라고 하는 것은 우리는 뫼[磨, mó]라고 부릅니다. 서양에서 ear, arare라는 것은 우리는 리[犁, lí]라고 부릅니다. 서양에서 father, mother, pa, ma로 부르는 것을 우리는 푸[父, fù], 무[母, mǔ], 바[爸, bà], 마[媽, mā]라고 합니다. 서양에서 말하는 Khan, König를 우리는 쥔[君, jūn]이라고 하며, 서양의 Zeus, Dieu를 우리는 상디[上帝, shàngdì]라고 합니다. 서양의 terre는 중국에서 디[地, dì]라고 합니다. 심지어 서양에서 말하는 judge, jus를 우리는 저[則, zé] 혹은 쥔[准, zhǔn]이라고 하고, 서양의 rex, rica를 우리는 리[理, lǐ] 혹은 뤼[律, lǜ]라고 합니다. 이러한 예는 어디에서든지 찾아볼 수 있습니다. 언어에 의한 분류가 믿을

....

개골의 형태가 다르다는 점에 주목하여 카프카스인, 몽골인, 말레이인, 아메리카인, 에티오피아인 등 인종을 다섯 종류로 분류한 인종 오분류설을 주장했다.
42 레치우스(Anders Adolf Retzius, 1796~1860)는 스웨덴 출신의 비교 해부학자·조직학자·인류학자이다.
43 원문은 '支那'. 고대 인도나 그리스에서 중국을 부르던 이름이며 '至那', '脂那'로 표기되기도 하였다. 메이지시기 일본에서는 멸시하는 의미를 더하여 중국을 '지나'로 불렀다.

만하다면, 동쪽의 황인종과 서쪽의 백인종이 어찌 같은 뿌리에서 나온 것이 아니라고 할 수 있겠습니까? 그러면 인종의 구분은 문명[44]이 매우 발달한 때라야 가능한 것일까요? 그런데 종족의 차이는 국가의 구분과 다릅니다. 국가의 구분은 언어, 형체, 피부색과는 다른 요인이 있습니다. 따라서 미국과 영국은 같은 나라가 아니며, 해협[45]에 있는 여러 섬나라 사람들의 지역 언어를 영국인이 종종 잘 알지 못하는 것을 보면 이를 증명할 수 있습니다.

무슨 까닭으로 국가의 구분이 인민에게 매우 중요하다고 말할 수 있을까요? 첫째, 국가의 구분은 인류가 공유하고 있는 구분이기 때문입니다. 둘째, 이러한 구분이 있음으로 인해서 무한한 효과가 있기 때문입니다. 인류가 공유하고 있다고 한 것은 역시 개략적으로 말한 것입니다. 사회가 군국국가의 단계에 진입한 이후에야 비로소 이러한 구분이 있기 때문입니다. 초기에는 다만 종족, 동(峒)과 사(社), 종교에 의해 구분될 뿐입니다. 다만 어떤 지역의 주민도 모두 자신이 하나의 가족에 속할 뿐 아니라 그밖에 또 다른 어떤 단체가 이 한 몸을 길러주며 보호하고 있다는 것을 알고 있습니다. 이러한 단체는 수준의 차이가 매우 크지만, 방국(邦國) 혹은 국가로 불립니다. 서양에서 state라고 하는 것이 여기에 해당합니다.

국가라는 단체는 우리가 한번 거기에 속하면 평생토록 다른 것을 선택하지 못하며, 살아서도 죽어서도 다른 마음을 품을 수 없습니다. 위급한 때가 되면, 이 단체가 나에게 요구하는 것은 한이 없습니다. 몸과 목숨도 그 단체에 맡겨야 하며 재산은 말할 것도 없습니다. 다만 나에 대한 요구가 이처럼 중대하기 때문에 지극히 정밀하고 선량한 법제가 그 가운데 시행되어야 합니다. 이것은 정치 이론을 논하는 자가 맡아야 할 일입니다. 이러한 단체가

. . . .

44 원문은 '教化'. civilization의 번역어이다.
45 원문은 '海峽中諸島之民'. 실리의 원서에는 the Channel Islanders로 되어 있다.

무엇인지 알고자 한다면 반드시 이 단체의 발생과 점진적인 진보 과정을 관찰해야 합니다. 진보하는 과정에서 형식이 달라지고 여러 가지 모습이 나타납니다. 이는 내적 요인에서 본 것입니다. 외적 요인은 두 단체가 만나서 서로 대치하는 형세를 이루게 될 때를 말합니다. 서로 의견이 맞지 않으면 전쟁과 정벌이 일어나고, 서로 의견이 맞으면 연합하고 교류하게 됩니다. 이는 모두 지극히 중대한 결과입니다. 내적 요인과 외적 요인 이외에 또 단체 속의 성원이 어떠한지 관찰해야 합니다. 인간은 거주하고 있는 국가가 다름으로 인해 신체와 정신, 이상과 도의가 크게 달라집니다. 이는 통틀어서 문명이라고 하는 것입니다. 따라서 일반적으로 말하자면, 인류의 온갖 차이는 그들이 거주하고 있는 단체의 차이로 말미암는 것입니다. 이 단체가 곧 정치학자가 말하는 국가입니다.

두 글자로는 '국가'이며, 한 글자로 하면 '국(國)'이 됩니다. 국가라는 것은 토지와 다르며, 종족과 다르며, 또한 국민, 국군(國群)[46] 등의 명칭과도 혼동하지 말아야 합니다. 여러분은 과학적 접근의 첫 번째 작업이 곧 용어의 정의[47]라는 것을 알아야 합니다. 이러한 문제에서 신중하게 구별하고 분명하게 기억해 두어야만, 다음 단계로 나아갈 수 있고 번잡함을 피할 수 있습니다. 유감스럽게도 중국의 문자는 문장가들이 문자를 갖고 놀다가 망가뜨리고 말았기 때문에 애매모호한 말이 많습니다. 이야말로 학문의 발달에 커다란 장애입니다. 여러분은 장차 이러한 점을 저절로 알게 될 것입니다. 지금 제가 여러분과 함께 과학을 논의하고 있지만, 중국의 문언을 사용하는 것은 시계를 만드는 사람이 중국에서 사용하던 칼과 톱, 송곳과 끌을 사용하는 것과

· · · · · · · · · · · · ·

46 society의 번역어이다. 옌푸는 밀(J. S. Mill)의 『자유론』 제4장의 'Of the limits to the authority of society over the individual'을 '論國群小己權限之分界'로 번역했다. 그리고 이를 간략히 하여 밀의 『자유론』을 『군기권계론(群己權界論)』으로 불렀다.

47 원문은 '正名'. "子路曰, 衛君待子而爲政, 子將奚先. 子曰, 必也正名乎."(『論語』「子路」)에 나오는 말이다.

마찬가지일 것입니다. 시계공의 고통은 그 일을 해본 사람만이 이해할 수 있습니다. 그렇지만 어쨌든 사정에 맞춰서 사용해야 하므로 한편으로는 수정하고 고쳐가면서 다른 한편으로는 사용할 때 조심할 수밖에 없습니다. 여러분은 이 점을 잘 살펴주기 바랍니다.

정치학의 문제는 국가입니다. 대체로 국가에는 반드시 통치권[48]이 있습니다. 통치권은 정부라는 수단을 통해 시행됩니다. 그러므로 세상에 정부가 없는 국가는 없습니다. 정치학에서 통치권과 정부를 논의하는 것은 경제학에서 재화를, 논리학에서 추리를, 대수학에서 수를, 기하학에서 선·면·삼각형·사각형·원을 다루는 것과 같습니다. 국가에 관한 논의는 내적 요인과 외적 요인을 두 개의 축으로 삼습니다. 내적 요인은 내부의 형질, 구조, 발전, 변화 및 정부가 사무를 처리하기 위해 만든 기관을 말합니다. 외적 요인은 외교와 그로부터 발생하는 영향을 말합니다.

학문의 문제는 정곡과 목표입니다. 이러한 목표에 도달하고 이러한 정곡을 얻기 위해서는 어떤 방법을 사용해야 하겠습니까? 학문의 일이란 때때로 방법의 차이에 따라 얻어지는 결과가 전혀 다를 수 있다는 점을 여러분은 알아야 합니다. 이는 사회학 연구에서 더욱 두드러지게 나타납니다. 이 학문은 인간의 삶과 가장 밀접하게 관련된 것이며 그 내용은 모든 사람들이 공유하는 화제입니다. 습관화되어 있는 일이기 때문에 스스로 잘 알고 있다고 주장하지만, 실제로는 그렇지 않습니다. 다른 것은 모를 수 있겠지만 국가와 정부라면 내가 어찌 모르는 것이 있겠는가, 내가 지금 듣고 싶은 것은 정치에서 최선의 방법이 무엇이며 정부의 최고 형태가 무엇인가 하는 점이라고 말하기도 합니다. 이런 까닭에 연구를 시작하면서 먼저 대상을 알려고 하지 않습니다. 그것이 무엇인가 하는 점은 묻지도 않은 채 먼저 그것이 어떠해야

· · · · · · · · · · · · ·

48 원문은 '治權'.

하는가를 묻습니다.[49] 정치에 관한 논의에서는 무엇이 이익을 가져오고 무엇이 해를 초래하는가를 먼저 알고자 합니다. 정부에 관한 논의에서는 어떤 형식이 옳고 어떤 형식이 그른지 먼저 묻습니다. 만일 이러한 방법을 택한다면, 최고의 문명국가, 즉 사람들에게 최대의 이익을 가져오는 정치제도는 무엇일까 하는 문제가 가장 중요한 연구 목표일 것입니다. 중국에서는 옛날부터 지금까지 정치를 언급한 저서는 모두 그러했습니다. 물론 중국만 그런 것은 아니었습니다. 유럽에서도 19세기 이전에 정치를 언급한 책은 모두 마찬가지였습니다. 플라톤의 『국가』[50]는 바로 이것을 문제로 삼고 있는 책입니다.

그러므로 정치를 말하는 옛사람들의 책은, 과학이라는 관점에서 살펴보면, 대체로 기술[術]이라고 할 수 있지만 학문[學]이라고 할 수는 없습니다. 여러분은 학문과 기술의 차이를 알아야 합니다. 학문이란 사물에 대한 이치를 궁구하는 것이며,[51] 앞에서 언급한 대상이 무엇인가를 아는 것입니다. 기술이란 어떤 일을 처리하는 방법을 아는 것이며, 앞에서 말했듯이 그것이 어떠해야 하는가를 묻는 것입니다. 기술이 좋지 않은 것은 모두 학문이 분명하지 않기 때문입니다. 학문이 분명해지면 좋은 기술이 저절로 나오게 됩니다. 이것이 바로 모든 과학이 인간의 삶에 크게 유익한 까닭입니다. 지금 내가 강의하고자 하는 것은 정치의 학문이며, 정치의 기술이 아닙니다. 그러므로 정치를 언급한 옛날 사람들의 주장과 이 방법을 혼동하지 말아야 합니다.

저는 동식물학자가 곤충과 물고기, 풀과 나무를 관찰하듯이 고금에 걸쳐 나타난 각종 국가들을 관찰할 것입니다. 그들의 학문적 탐구는 처음부터

· · · · · · · · · · · · ·

49 실리의 원서에서는 이 두 가지 관점을 "what ought to be"와 "what is"로 구별하고 있다.
50 원문은 '民主主客論'. 플라톤의 *Politéia(The Republic)*이다.
51 원문은 '卽物而窮理'. 『대학』의 격물치지에 대한 주희(朱熹)의 주석, 즉 "所謂致知在格物者, 言欲致吾之知, 在卽物而窮其理也."에서 유래하는 말이다.

대상에 대한 선입견을 배제하고 오직 실사구시의 태도로 변화된 모습, 인과와 상생의 관계를 고찰하여 신중하게 기록하는 것입니다. 처음부터 어떤 풀과 나무가 좋은 종인지 묻지 않고, 어떤 곤충과 물고기가 좋은 종인지도 묻지 않습니다. 이익과 손해에 대해 묻지도 않고 공과를 따지지도 않습니다. 그들이 규명하고자 하는 것은 다음의 4가지뿐입니다. (1) 오랜 관찰을 통해 차이를 발견하여 구별하고 분류하는 것. (2) 어떤 사물에 대해 내부의 복잡한 구조[52]를 분석하여 각각의 기능을 아는 것. (3) 변화의 단계를 관찰하고 정상적인 모습으로부터 벗어나는 것을 살펴가면서 질병과 부패의 양상을 알아내는 것. (4) 결과의 차이를 보고 그것을 종합적으로 고려하여 생물의 원리에 관한 일반법칙을 이끌어내는 것.[53]

그러므로 우리의 정치학 연구는 서양의 학문 가운데 최신의 그리고 최선의 방법을 사용합니다. 왜냐하면 그 방법은 다름 아닌 진화의 방법이기 때문입니다. 우리는 고금의 역사에 있었던 모든 국가를 취하여 분류하고 구분할 것입니다. 정부의 각 기관을 살펴 각각의 기능을 밝힐 것입니다. 변화의 단계를 살피고 치란과 성쇠의 원인을 고찰할 것입니다. 마지막으로 그것을 종합적으로 고려하여 정치에 관한 일반법칙을 도출하도록 하겠습니다. 이것을 보면, 여러분은 저에게 한 치의 선입견이라도 있다고 말하기는 어려울 것입니다. 선입견을 배제함으로써 우리는 국가에 관한 진리를 드러낼 수 있을 것입니다.

여러분은 다음과 같이 말할 것입니다. "참으로 기이한 이야기를 듣게 되는군요. 동식물학이 앞에서 말한 방법을 사용할 수 있는 것은 그 대상이 하늘이 낸 자연물이요 인간이 만든 것이 아니기 때문입니다. 국가나 정부라는 것은

· · · · · · · · · · · · ·

52 원문은 '官體'. structure의 번역어이다.
53 실리의 원서에는 이상의 네 가지가 각각 "classifying, analysing and distinguishing, tracing and noting, speculating"으로 되어 있다.

그렇지 않습니다. 그러므로 이러한 연구는 좋고 나쁨, 공로와 과실을 반드시 따져야 합니다. 풀과 나무를 다루듯이 구별하는 방법이 과연 타당할지 모르겠습니다." 그렇지만 이러한 생각은 국가나 정부가 비록 인간이 만든 것이지만, 전체적으로 살펴보면, 우리가 깨닫지 못하더라도 실제로는 진화의 과정 속에 놓여 있다는 것을 모르는 주장입니다. 대체로 오대주의 인류가 공유하고 있는 일은 모두 천성에 근거한 것입니다. 천성은 하늘이 낸 것이요 인간이 만든 것이 아닙니다. 그래서 근세 최대의 정치학자 — 독일인 사비니[54] — 는 국가는 제조물이 아니라 생성하고 성장하는 것이라고 말했습니다.[55] 그것이 생성하고 성장하는 사물에 속한다면, 진화의 방법을 벗어날 수가 없습니다.

더구나 세상에서 학문에 힘쓰는 자라면 누가 인간사의 개량에 관심이 없겠습니까? 그렇지만 지극히 아름다운 것을 추구하더라도 결국 아무 것도 얻지 못하기도 합니다. 혹은 도출된 결론이 잘못되어 잘못된 생각으로 정치를 망치기도 합니다.[56] 그 이유는 다름 아니라 마음이 조급하기 때문입니다. 천문학을 말하면서 점성술에 빠지고, 화학을 말하다가 연금술로 흘러가고, 정치를 말하다가 사회계약을 주장하는 것은 모두 이러한 부류입니다.

대상이 무엇인지 아는 일에서 시작해야 한다면, 분명 귀납법에 의거하지

· · · · · · · · · · · · ·

54 원문은 '(法人薩維宜)'이며 사비니를 프랑스인으로 잘못 기술하고 있다. 남양본에는 이 설명이 없다. 사비니(Friedrich Carl von Savigny, 1779~1861)는 프랑크푸르트에서 태어났으며 베를린대학 초대학장, 프로이센 사법상 등을 역임하였다. 그는 독일 역사법학파의 창시자로서 "법은 언어와 마찬가지로 자연석으로 발생하며 자연석으로 발달한 것이다. 언어 속에 문법이 들어 있듯이 법에는 지도 원리가 포함되어 있다. 법을 역사적으로 연구하여 이러한 추상적 체계를 분명히 하는 것이 현대 법률학의 사명이다."라고 주장했다. 『역사법학잡지』를 창간하였으며, 저서로는 『입법 및 법학에 대한 현대의 임무에 대하여』, 『현대 로마법 체계』 등이 있다. 실리의 원서에는 사비니의 이름이 직접 거론되어 있지 않다.
55 실리의 원서에는 "It has become a political axiom that states are not made but grow."로 되어 있다.
56 원문은 '生心害政'. "生於其心, 害於其政"(『孟子』「公孫丑」上)에서 유래하는 말이다.

않을 수 없습니다. 귀납은 먼저 사실을 탐구하는 것입니다. 사실의 탐구는 『사회학 연구』[57]에서 경계한 모든 항목을 반드시 배제해야 비로소 가능합니다. 비록 번잡한 일일지라도 이렇게 하지 않을 수 없습니다. 또한 정치학에서 사실의 탐구는 다른 학문과 견주어 볼 때 다른 점이 있습니다. 다른 학문에서는 실험[58]을 할 수 있습니다. 화학 연구에서 수소와 산소를 합하면 물이 된다는 것을 알고자 한다면, 그것을 갖고 실험을 해 볼 수 있습니다. 동식물도 역시 실험을 할 수 있습니다. 그렇지만 국가는 세상에서 너무나 중대한 것이며, 화복이 미치는 바가 크고도 넓습니다. 그래서 실험을 할 수 없고 오직 관찰에 의존할 수밖에 없습니다. 관찰도 천문과 지리와는 다릅니다. 국가는 성정(性情)을 지니고 있는 존재이기 때문입니다.[59] 국가사업의 실행은 비록 단체가 관련되어 있지만 언제나 한두 사람의 손에 의해 이루어집니다. 또한 언제나 비밀리에 이루어지고 고의로 속여서 보고 듣는 자의 눈과 귀를 어지럽히기도 합니다. 또는 기록자가 선입견을 가질 수 있고 혹은 경솔하게 다루기도 합니다. 역사적 사건은 작금의 신문과 마찬가지로 가장 믿기 어려운 것입니다. 정리하고 편집하는 일은 반드시 유능한 자를 기다려야 합니다. 이 유능한 자는 곧 오늘날 훌륭한 역사가라고 불리는 사람입니다.

옛날의 역사가도 역시 이러한 주장에 대해 조금이라도 알고 있었을까요? 어떤 사람들은 『좌씨전』이 전쟁을 기록한 서적[60]이라고 비웃고, 어떤 사람은

. . . .

57 원문은 '群學肄言'. 스펜서의 *The Study of Sociology*(1873)에 대한 옌푸의 번역서로서 사회학을 과학적으로 탐구하기 위해 경계해야 할 점을 다루고 있는 서적이다. 1903년 상하이의 문명편역서국에서 완역되어 출판되었고, 다음 해 상무인서관에서 수정본이 간행되었다.
58 원문은 '試驗'. experiment의 번역어이다.
59 원문은 '國家有性情之物也'. 실리의 원서에는 "But a state is not, like the sun or moon, a mere physical, but rather a moral, entity."로 되어 있다.
60 원문은 '相斫之書'. "欲知幽微莫若易，人倫之紀莫若禮，多識山川草木之名莫若詩，左氏直相斫書耳，不足精意也."(『三國志』「魏志·王肅傳」)에서 유래하는 말이다. 량치차오는 "옛 사람들은 『좌전』이 전쟁을 기록한 서적이라고 했다. 어찌 『좌전』만 그러하겠는가. 『24사(史)』야말로 참으로 지구상에서 전쟁을 기록한 전무후무한 서적이다."(「中國之舊史」)라고 말했다.

중국의 역사가 몇몇 제왕의 가보에 불과하다고 말합니다.[61] 이러한 주장은 그럴듯합니다. 그렇지만 만일 역사가 오직 정치학을 위해 기록된 것이라고 한다면, 이전의 사람들이 정치적 사건을 상세하게 다루고 그밖의 것은 간략하게 처리한 것이 적절했다는 것을 알 수 있을 것입니다. 그리고 중국은 줄곧 전제 체제였기 때문에 일가(一家)의 행위가 백성 한 사람의 행복과 불행에 직접 관련됩니다. 옛 사람들이 이루어 놓은 일을 가볍게 비난할 수만은 없습니다. 영국의 버클[62]은 일찍이 『문명사』라는 책을 저술하여 한 시대를 풍미했습니다. 그는 옛날의 역사에 기록된 것은 모두 정치와 별 상관이 없는 글이며, 천시와 지리, 물과 흙, 추위와 더위 등을 중시했다고 말했습니다. 물론 이런 것들이 중요하지만, 역사가가 전적으로 해야 할 일은 인간의 일을 기록하는 것이며, 정치와 관련된 모든 것을 더 중시합니다. 자연 현상을 기록하는 것은 각각 전문가가 따로 있습니다. 그리고 십상시[63]가 한나라를 어지럽힌 일과 정현[64]이 경전에 주석을 단 일 가운데 어느 쪽이 사회와 더 많은 관련을 지니겠습니까? 역사가가 결국 후자를 간략히 다루고 전자를 상세하게 다루는 이유가 무엇이겠습니까? 전자가 정치와 관련된 점이 더 직접적이고 분명하기 때문입니다.[65]

. . . .

61 량치차오는 "스물네 왕조의 역사는 역사가 아니라 스물네 성의 가보일 뿐이다."(「中國之舊史」)라고 말했다.

62 버클(Henry Thomas Buckle, 1821~1862)은 영국의 역사학자이다. 『영국문명사(*The History of Civilization in England*)』(1857~1861)를 저술하여 문명사관을 제창하였다.

63 십상시(十常侍)는 동한 영제 때 장양(張讓), 조충(趙忠) 등 12명의 환관이 모두 중상시(中常侍)를 맡은 것에서 유래하는 말이다. 탐관오리의 상징으로 일러져 있다.

64 정현(鄭玄, 127~200)은 산둥성 출신으로 자는 강성(康成)이다. 금고문에 능통하였으며 후한 시대를 대표하는 유학자이며 경학자이다.

65 남양본에는 "자연 현상을 기록하는 …… 분명하기 때문입니다."가 빠져 있고 대신에 다음 구절이 추가되어 있다. "옛 사람들의 역사책을 읽는 것은 지금의 역사책을 읽는 것과는 조금 차이가 있습니다. 지금의 역사책은 사실을 특히 중시하지만 옛 사람들의 역사책이나 옛 사람들이 역사책을 공부하는 것은 때때로 문장을 중시합니다. 소식(蘇軾, 1037~1101)은 역사책을 읽을 때는 몇 가지 의미를 찾아야 한다고 했습니다. 이 방법은 매우 유용합니다."

지금부터 우리의 정치에 관한 논의는 대체로 귀납법을 넘어서지 않습니다. 동시에 해야 할 일은 두 가지인데, 하나는 구별하고 정의하는 일이요[66] 또 다른 하나는 고증하고 선별하는 일입니다.[67] 앞의 일을 하지 않으면 사실이 있다 할지라도 그것을 하나로 꿸 기준이 없게 됩니다. 뒤의 작업을 하지 않으면 근거가 이미 잘못되어 법칙의 추출도 결국 잘못되게 됩니다. 지금부터 제가 여덟 차례에 걸쳐 하고자 하는 것은 종합하고 추론하는 일을 중시할 것이며, 고증하고 선별하는 작업은 다른 사람들이 이미 해놓은 작업에 도움을 받을 수밖에 없습니다. 제가 서양의 스승에게 들은 바로는, 유럽에도 일이 백년 이전에는 믿을 만한 역사책이 없었고, 신용할 수 있는 역사책이 나온 것은 대개 백년도 되지 않았다고 합니다. 그래서 당시 정치학의 대가였던 홉스, 로크, 몽테스키외 등은 모두 시대를 대표하는 명철한 학자였지만 그들이 이룬 성과는 그다지 크지 않습니다. 정치학의 발전은 전적으로 후대의 사람을 기다리게 되었습니다. 후대 사람의 일이 이전 사람보다 낫다는 것은 아닙니다. 목왕은 여덟 마리의 준마를 얻고 왕량과 조부가 앞뒤에서 말을 몰아 하루에 천리를 갔습니다.[68] 근세에는 심부름꾼이나 병든 사람이 삼등석 기차에 편안히 앉아 있어도 그것보다 두 배의 거리를 갈 수 있습니다. 이는 사용하는 수단이 훌륭하기 때문이지 후대의 사람이 이전의 사람보다 뛰어나기 때문이 아닙니다.

· · · · · · · · · · · · · ·

66 원문은 '區別定名之事'. 실리의 원서에는 "think, reason, generalize, define, and distinguish"로 되어 있다.
67 원문은 '考訂沙汰之事'. 실리의 원서에는 "collect, authenticate, and investigate facts"로 되어 있다.
68 왕량(王良)은 『맹자』「등문공」하에 등장하며 춘추시대 조나라에서 말을 잘 몰아 유명해진 인물이었다. 조부(造父)가 주나라 목왕(穆王)을 위기에서 구하기 위해 말을 몰아 하루에 천리를 달려갔고, 이로 인해 조성(趙城)의 땅을 하사받았다는 이야기는 『사기(史記)』「조세가(趙世家)」에 나온다.

정치학은 무엇을 다루는가

지난번 모임에서는 시간이 촉박하여 우리가 탐구하는 정치학의 방법이 옛날 사람의 그것과 어떻게 다른지에 관해서 충분히 설명하지 못했습니다. 지난번 강의는 이미 잡지에 게재되었으므로[1] 그것을 찾아보면 여러분이 잊어버린 내용을 보충할 수 있을 것입니다. 지난번 강의의 요점은 다음 몇 가지로 정리할 수 있습니다. 첫째, 정치는 역사와 밀접한 관계가 있으며, 모든 법칙은 반드시 경험에 근거해야만 비로소 오류가 없습니다. 둘째, 국가는 진화의 산물이며 그 수준의 고하에는 모두 자연의 원리가 있습니다. 셋째, 국가가 진화의 산물인 이상 정치를 연구하는 방법은 동식물학에서 사용하는

---

1 『정예통보(政藝通報)』 을사(乙巳, 1905년) 제16호(9월 29일)와 제17호(9월 29일)의 「정학문편(政學文編)」에 제1회 강의 내용이 게재되어 있다. 그 뒤로 을사년 제23호까지, 다음 해인 병오년 제1호에서 제8호(1906년 5월 23일)까지 강의의 전문이 게재되었다.

방법과 같습니다. 모든 방법은 자연에 근거하여 법칙을 찾아내는 것이며, 미리 선입견을 가지고 그 기준과 일치하는지를 관찰하는 것이 아닙니다. 이것이 지난번 강의의 요점이었습니다. 여러분이 이 세 가지를 이해하고 있다면 지난번 저녁에 참석한 일이 헛되지 않았다고 할 수 있습니다.

정치학에서 국가는 경제학에서 재화와 같기 때문에, 먼저 국가가 무엇인지 알아야 합니다. 국가라는 것은 기이하게도 인류가 함께 논의한 적이 없는데도 서로 일치하는 것입니다. 예를 들면 우리나라의 고대에 봉건이 있었고 다섯 등급의 작위가 있었는데, 유럽에서도 역시 봉건과 다섯 등급의 제도가 있었습니다. 우리의 고대에 전차 전쟁이 있었고 서양에도 마찬가지였습니다. 보통 사람은 매번 각국의 다른 모습을 보고 기이하게 생각하지만, 실제로는 다른 모습이 신기한 것이 아니라 서로 같다는 것이 정말로 신기한 일입니다. 서로 같은 것에서 그 원인을 찾아내는 것이야말로 철학이 할 수 있는 일입니다. 국가는 인류에게 공통으로 나타납니다. ― 국가가 없는 곳은 아라비아의 유목 지역이나 스코틀랜드의 산악 지역처럼 대체로 지구상의 척박한 구역입니다. ― 여러분은 국가가 지구상에 공통으로 나타나는 이유를 설명할 수 있겠습니까?

지금 우리의 정치학 강의는 옛 사람들이 했던 방법처럼 자기가 속한 국가만 언급해서는 안 될 것이며, 그렇다고 문명한 국가만 선택하고 미개한 사회를 제외해서도 안 됩니다. 정치학의 논의에서 자기가 속한 국가만 선택하는 방법은 고대 중국인뿐만 아니라 고대 서양에서 최초로 정치를 논한 플라톤이나 아리스토텔레스도 모두 마찬가지였습니다. 정치학은 서양에서 폴리틱스 Politics라고 합니다. 이 용어는 아리스토텔레스가 만든 것입니다. 그가 여기에서 논한 것은 모두 당시 그리스에 있었던 도시 체제였습니다. 그가 분류한 군주제Monarchy, 귀족제Aristocracy, 민주제Polity도 역시 도시에 있었던 것을 말한 것입니다.[2] 18세기 이전까지 서양에서 정치에 관한 논의는 이 범위를 넘어서지 못했습니다. 오늘날에는 정법(政法)이 다르므로 아리스토텔레스의 학설로서는 결코 충분히 설명할 수 없게 되었습니다. 그러므로 자기가 속한 나라만 논한다든지 문명국만 선택해서 하는 논의는 이미 귀납의 소재가 부족하므로 정확하지 못한 법칙을 도출할 수 있고, 진화의 단계 또한 잘 보이지 않을 염려가 있습니다. 따라서 전체를 대상으로 하여 논의하는 방법이 좋을 것입니다.

요컨대 우리의 정치학 연구는 진화론적 방법, 역사적 방법, 비교적 방법, 귀납적 방법을 사용하는 것입니다. 그러므로 다만 단체를 이루기만 하면 고금의 사회는 모두 우리들의 연구에서 배제될 수 없습니다. 이전 사람들처럼 최선의 형식만 거론하고 그 이하 더 저급한 것[3]을 도외시하는 일은 하지 않습니다. 이는 동식물학자와 마찬가지로 풀과 나무, 날짐승과 길짐승을 모두 조사하는 것입니다. 분류가 끝난 뒤에 보면, 고등한 동식물이 소수이며 열등한 종이 언제나 다수를 차지하고 있음을 알 수 있을 것입니다.

그렇지만 구별과 분류의 기준 또한 엄밀하게 하지 않을 수 없습니다. 국가라는 명칭이 있다면 반드시 국가의 실상이 있습니다. 국가의 실상이라는 것은 반드시 상세한 논의를 거쳐야 알 수 있습니다. 같은 나라의 국민은 동일한 종족이며 국가가 곧 종족이라고 볼 수 있다고 말한다면, 이는 잘못된 주장입니다. 영국과 프랑스의 국경 안에 들어가 보면, 거기에는 서로 다른 인종이 헤아릴 수 없이 많습니다. 그런데 영국과 프랑스와 같은 국가는 각각의 개인에게 무한한 의무를 요구합니다. 이를 보면 국가와 종족은 다르다는 것이 매우 분명해집니다. 그렇다고 해서 오늘날의 국가는 종족에 의한 구별이 아니라 마치 상업상의 회사와 같이 이익을 보호하기 위해 결합된 것이며 그 결합 또한 순전히 법진에 의거한 깃으로시 자연적 결합이라고는 말힐

....

2 아리스토텔레스의 정체 분류를 옌푸는 각각 '獨治', '賢政', '民主'로 표기하였다.
3 원문은 '每下愈況者'. 『장자』 「지북유」에 나오는 말로서 점점 더 저급한 것을 살펴볼수록 도(道)의 참된 모습을 더 잘 파악할 수 있다는 말이다.

수 없다고 주장한다면, 이 또한 잘못입니다. 오늘날의 모든 국가는 본래 종족에서 출발하여 지금의 형태로 변화해 왔으며, 자연적인 것이지 인간이 만든 것은 아닙니다. 그렇다면 국가와 종족이 다르지도 않다는 것 또한 분명합니다. 국가는 종족과 같지 않지만, 종족과 전혀 다른 것도 아닙니다. 근세에 문명이 크게 발전한 나라일지라도, 국가의 형질이란 측면에서 보면, 실제로는 고대 미개한 시대의 국가와 동일한 부류입니다. 왜냐하면 당시 미개한 인종 역시 군집하여 생활하고 생사를 함께 하는 단체를 이루고 있었기 때문입니다. 전쟁에서는 함께 싸우고 평화로운 시기에도 함께 했습니다. 그리고 그 가운데 인민은 모두가 동일한 혈통은 아니었으며, 포로와 투항자, 이주민[4] 등이 있었습니다. 국가는 종족과 같지 않지만, 오늘날의 여러 국가들과 마찬가지로 종족과 전혀 다른 것도 아닙니다.

지난번 강의에서 밝혔던 것 중에 매우 중요한 법칙이 있습니다. 즉 국가는 자연적으로 이루어진 것이며 제조물이 아니라는 것입니다. 이 법칙을 깊이 이해하면 이해할수록 사실에 부합하는 견해를 지닐 수 있습니다. 물론 한 국가가 성립할 때 거기에는 자연의 일과 인간의 노력이 섞여 있을 수밖에 없습니다. 진화의 단계가 낮을 때는 자연의 일이 많고, 따라서 국가를 구성하는 인종이 복잡하지 않습니다. 진화의 단계가 점점 높아지면 인간의 노력이 많아지게 됩니다. 국가를 구성하는 인종이 복잡해지며 그들의 의무가 더 분명해집니다. 다만 인간이 만든 법전을 중시하지만 그 속에는 자연의 일이 또한 작용하지 않을 수 없습니다. 오늘날에도 서로 다른 두 나라 사이에는 언제나 인종의 차이로 인해 분쟁이 자주 발생하지만, 영국과 미국의 교의는 결국 다른 종족에 비해 더 돈독합니다. 1815년의 빈 조약에서 유럽 각국의

· · · · · · · · · · · ·

4 원문은 '占籍'. 호적에 올린다는 점적(占籍)의 의미이다. 실리의 원서에는 "foreigners by adoption"으로 되어 있다.

영토가 다시 정해졌을 때, 프로이센은 폴란드를 러시아에 양도하였지만 작센과 라인 지역의 일부를 취하여 패도의 기반을 마련했습니다. 오스트리아는 자국의 북쪽을 버리고 이탈리아에게 그것을 대신할 영토를 요구하였지만 결국 무위로 끝나고 말았습니다. 왜냐하면 독일은 인종의 구성이 단일하고, 오스트리아는 인종이 복잡했기 때문입니다. 종족의 차이는 사람들의 마음속에 깊이 새겨져 있기 때문에 대동(大同)의 세상이 오더라도 쉽게 사라질 수 없다는 것을 여기에서 알 수 있습니다. 또한 옛날에 몽고, 금, 요나라가 국가를 운영하던 때와 같이 자연적 요인이 크게 작용하던 때라 할지라도, 단지 종법만으로 일을 처리할 수는 없었습니다. 반드시 인간이 법전을 만들어 힘을 보탠 뒤에야 비로소 자립하여 생존경쟁에서 살아남을 수 있었던 것입니다.

이상의 두 가지를 종합해서 말하자면, 인간이 사회를 이루고 사는 곳에서는 미개와 문명을 막론하고 그 가운데는 없앨 수 없는 하나의 윤리가 있습니다. 그 윤리란 무엇일까요? 그것은 군주와 신하입니다. 군주와 신하는 한 사회 안에서 다스리는 자와 다스림을 받는 자입니다. 다스리기 위해 만들어진 기관을 정부라고 합니다. 사회가 있으면 곧 군주와 신하가 있지만, 군주라는 것도 한 가지 형식만 있는 것이 아닙니다. 군주와 신하가 있으면 곧 정부가 생기지만, 정부도 한 가지 형식만 있는 것이 아닙니다. 이것이 오대주의 정치 제도가 어지러울 정도로 서로 다른 이유입니다. 우리가 머리를 묶고 선생님을 찾아가 공부를 시작한 이래로 읽게 되는 『삼자경』[5]에서부터 『24사』[6]에 이르기까지 거의 모두가 군신 사이의 의리를 말하지 않은 것이 없습니다.

• • • • • • • • • • • • •

5 삼자경(三字經)은 중국 송나라 왕백후(王伯厚)가 어린이의 교육을 위해 지은 책이다.
6 원문은 '二十七史'. '二十四史'의 오기로 보인다. 『24사』는 『사기』에서 『명사(明史)』에 이르는 24부로 된 중국의 정사이다. 신원사(新元史)를 포함하여 25사라 하고, 청사고(淸史稿)를 합쳐서 26사로 부르기도 한다. 청사고는 1914년부터 편찬하기 시작하였으며, 『신원사』가 정사에 편입된 것은 1922년이다.

너무나 익숙하게 들어왔기에 마치 깊이 논의할 것도 없고 더 이상 생각해볼 것도 없는 것 같습니다. 그러나 군신이라는 두 글자로부터 한쪽은 명령을 내리고 한쪽은 명령을 듣는 것이며, 때로는 어느 한 사람의 작은 마음속에서 의지와 기개를 갖춘 행동이 일어나 수천만 수억이나 되는 사람들의 행동거지가 그것을 보고 따른다는 것[7]을 알아야 합니다. 역사 속의 모든 중대사와 인간 세상의 고락의 향배가 모두 여기에 달려 있습니다. 그러므로 정치학은 사람들에게 가장 중요한 학문입니다. 정치학이 연구하는 것은 다름 아니라 바로 이 천변만화하는 정부일 뿐입니다.

이제 사람들이 서로 결합하여 사회를 이룰 때, 사회와 사회 사이에는 서로 공통되는 것이라고 할 만한 것이 많습니다. 그러나 지금은 생략하고 다만 정치학의 부문에 한정하여 법칙을 세워보도록 하겠습니다. 사람이 모여 사는 사회에는 다스리는 자와 다스림을 받는 자의 윤리가 있을 수밖에 없습니다. 다스리는 자는 군주이고, 다스림을 받는 자는 신하입니다. 군주와 신하가 함께 모여서 정부가 생겨납니다. 정부가 있는 것을 국가라고 합니다. 이 네 가지 법칙은 관념적[8]으로 설정한 것이 아닙니다. 역사 속의 전문과 기록을 통해 얻고, 비교하면서 살펴보고, 귀납적 방법을 사용하고, 다른 것 속에서 같은 점을 찾아내면서 끌어낸 법칙입니다.

그러므로 제가 말하는 정치에 관한 학문은 곧 역사적 방법, 비교적 방법, 귀납적 방법입니다. 동서양의 선학들이 해온 정치에 관한 논의는 대체로 이러한 방법에 철저하지 못했습니다. 그들의 문제는 우리와 달라서 사람들이 사회를 이루고 나서 그 결합을 유지해가는 데 있어서 어떤 것이 가장 우수한

....

7 원문은 '視之'. 『전한서』 「동중서전」에서는 "천자와 대부는 아래의 인민이 보고 따르며 사방에 있는 먼 곳에서는 안을 향해 우러러 본다. 가까이 있는 자는 보고 의지하며 멀리 있는 자는 우러러보고 따른다.(天子大夫者, 下民之所視效, 遠方之所四面而內望也. 近者視而放之, 遠者望而效之.)"라고 하였다.
8 원문은 '思想'.

것인가를 묻고자 했습니다. 따라서 그들은 종종 문명한 국가를 선택하고 미개한 사회를 배제했습니다. 우리의 연구는 공평한 관점에서 국가와 그 형질이 진화하는 정도, 진화에 따라 변화하는 법칙을 탐구할 뿐입니다. 우리는 미개하다고 무시하지 않고 문명이라 해서 관대하게 다루지 않을 작정입니다. 따라서 국가를 살펴볼 때도 이전 사람과는 다릅니다. 이전 사람들은 국가의 일은 문명의 단계에서만 고유하게 나타나는 것이라고 여겼습니다. 그래서 정치와 법률을 육서[9]나 문자와 같이 인간의 작위에 근거한 것이라고 보았습니다. 우리는 국가가 언어와 같다고 봅니다. 인간이 언어를 만들 수 있는 것이 아니라 인간에게 언어가 없을 수 없다는 것입니다. 문명한 지역의 언어는 미개한 곳보다 월등히 뛰어납니다. 그렇다고 미개한 곳이라고 그들이 말을 할 줄 모른다고 할 수는 없습니다. 미개한 곳에도 역시 군주와 신하가 있습니다. 그러므로 미개한 곳에도 역시 정부가 있습니다. 다 같은 정부이지만 정부의 근거는 크게 다릅니다. 제가 지금 논의를 앞질러 가고자 하여, 정부의 가장 이상적인 목적을 마음속에 설정해 둔 채 고금의 모든 정부를 하나하나 조사하면서 어떤 사람들은 이러한 목적에 도달했고 어떤 사람들은 이러한 목적에 도달하지 못했다는 방식으로 치란과 성쇠를 논한다면 어떻겠습니까? 이러한 방법은 이전 사람들이 자주 사용한 것이며, 가장 이상적인 목적이라는 것도 참으로 번잡하기 그지없는 것입니다.

예를 들어 논의해 보도록 하겠습니다. 어떤 사람은 국가가 강자를 누르고 약자를 도와주며 거짓과 사기를 막고 완고하고 순종하지 않는 자를 제거하기 위한 것이라고 말합니다. 어떤 사람은 사람과 사람이 함께 따를 정의[10]를

---

9 육서(六書)는 한자 자형의 구성과 용법에 관한 여섯 가지 구별, 즉 상형(象形), 지사(指事), 회의(會意), 형성(形聲), 전주(轉注), 가차(假借)를 말한다.
10 원문은 '公道'. justice의 번역어이다. 옌푸는 일찍이 "공도는 서양 언어에서 특별한 단어가 있는데 곧 justice이다."(『군기권계론』「역범례」)라고 말했다.

내세워 불평등을 없애기 위한 것이라고 말합니다. 혹은 외적의 침략을 막고 사회를 보전하기 위한 것이라고 합니다. 혹은 모든 사람이 바라는 목적을 달성하기 위한 것이라고 합니다. 혹은 민덕(民德)의 뿌리를 북돋우고 형벌이 필요 없는 이상세계를 기약하기 위한 것이라고 합니다. 어떤 사람은 최대다수의 최대행복을 추구하기 위한 것이라고 합니다. 마지막으로 어떤 학파는 온갖 목적이 단지 헛된 희망에 불과할 수 있다는 것을 알고서, 국가란 단지 질서와 치안을 영속적으로 유지하여 진실로 생명과 재산을 지켜줄 수 있다면 충분하며 민덕을 심어주고 문명으로 진보하게 하는 일 등은 국민이 스스로 하도록 맡기면 되는 것이지 대장장이를 대신하여 나무를 자를 필요는 없다[11]라고 하면서 말을 아끼기도 합니다. 국가에 대한 이해의 차이가 이와 같습니다.

그들은 아마도 다음 두 문제의 차이를 모르고 있습니다. 하나는 이미 국가가 세워진 다음에 무엇을 목적으로 삼아야 하는가 하는 문제입니다. 또 하나는 역사적으로 존재했던 국가가 무엇을 목적으로 삼았는가 하는 문제입니다.[12] 정치를 말하면서 국가가 무엇을 목적으로 삼아야 하는가 하는 물음을 누가 부당하다고 할 수 있으며, 누가 그 물음이 안고 있는 중요성을 모르겠습니까? 그렇지만 첫 번째 문제와 두 번째 문제가 서로 완전히 다르다는 것을 알아야 합니다. 우리들의 관점에서 말하자면, 첫 번째 문제는 결국 대답할 수가 없습니다. 국가는 목적을 갖고 있지만 그것은 역시 때에 따라 달라지기 때문입니다. 옛날에는 옳았던 것이 지금은 종종 옳지 않습니다. 오늘날 바람직한 것이 장래에는 버려질 수도 있습니다. 가령 송명대의 정책을 한과 당의

. . . .

11 "훌륭한 목수를 대신하여 나무를 쪼개다가는 손을 다치지 않는 자가 거의 없다.(夫代大匠 斲者, 希有不傷其手矣)"(『노자』 74장)에서 유래하는 말이다.
12 이 두 문제는 실리의 원서에서는 "Do we want to know what the state should aim at or what it does aim at?"로 되어 있다.

시대에 시행한다든지, 혹은 영국과 프랑스에게 고대 그리스와 로마가 되라고 가르친다면, 그 잘못은 물어보지 않아도 알 수 있습니다. 그래서 저는 일찍이 중국의 학자에게 멀리 서양인에게 철학을 배울 필요가 없이, 다만 「제물」 「양생」[13] 등의 글을 구해서 익히 읽고 깊이 생각해보면, 결단코 완고한 생각을 하지 않게 되고 때에 맞게 적절하게 사용할 수 있는 방법[14]을 거의 다 이해할 수 있을 것이라고 말한 적이 있습니다.

오늘 우리는 국가의 목적이 무엇인가 하는 문제는 묻지 않고 오히려 사실을 관찰하면서 과거의 역사 속에 나타난 국가가 어떤 것이었는가 하는 것을 묻고자 합니다. 저의 견해를 따르게 되면, 앞으로 몇 시간 후에는 저절로 내용 없는 논의를 하지 않게 될 것입니다. 생물학과 동식물학을 연구하는 서양인 학자를 생각해 보기 바랍니다. 그들은 한 사람과 한 마리 짐승, 한그루의 풀과 나무의 생명을 연구하면서, 사람과 짐승, 풀과 나무가 무엇을 목적으로 하는지 물은 적이 없습니다. 국가라는 것은 자연적 요인과 인간의 노력이 합쳐진 것이므로 전적으로 사람과 짐승, 풀과 나무에 비길 수 없다는 것은 잘 알고 있습니다. 그렇지만 그 중에는 완전히 자연적인 요인으로 이루어지고 인간의 힘이 미칠 수 없는 부분이 있습니다. 국가의 존립은 자연의 운행이 주재합니다. 자연의 운행은 목적이 없습니다. 그래서 스펜서 등은 국가사회[15]를 생명을 지닌 거대한 유기체이며 다른 유기체와 마찬가지로 생로병사의 과정을 지니고 있다고 간주하였으며, 각 국가를 비교하여 매우 자세하게 연구하였습니다. 애석하게도 지금은 그것을 상세하게 이야기할 수 없습니다. 여러분은 사회의 진퇴가 전적으로 인간의 노력에 의해 이루어지기를 바라지만 언제 그러한 단계에 도달할 수 있을지 알 수 없다는 사실을

• • • • • • • • • • • • • •

13 『장자』 내편의 「소요유(逍遙遊)」와 「양생주(養生主)」 두 편을 말한다.
14 원문은 '時措之宜'. "合內外之道, 故時措之宜也."(『中庸』)에 나오는 말이다.
15 원문은 '國群'.

이해해야 할 것입니다. 다만 지금 말할 수 있는 것은 사회 안에 문명인이 많으면 많을수록 그 가능성이 더 많아진다는 것입니다. 오늘날 우리 중국은 사람이 많지만 그 중에 글자를 아는 자는 10분의 1도 안 됩니다. 모든 것이 자연의 기운 속에서 굴러가고 있습니다. 유능한 자가 일을 하더라도 그 기운을 맞이하여 유도해갈 수 있을 뿐입니다.

　다른 학문은 연구하기 쉽지만 사회학은 연구하기 어렵습니다. 정치라는 것은 사회학의 한 부문입니다. 어려운 이유는 무엇일까요? 연구자 자신이 연구 대상에 포함되어 있어 마음이 움직이지 않을 수 없기 때문입니다. 마음이 움직이기 때문에 진리의 발견이 어려운 것입니다. 다른 학문은 모두 먼저 분류에서 시작합니다. 기하학에서는 점, 선, 면, 입체, 원, 타원을 구분합니다. 천문학에서는 항성, 혹성, 위성, 혜성을 구분합니다. 정치학도 예외는 아니어서 국가를 분류하였습니다. 아리스토텔레스는 군주제, 귀족제, 민주제 등의 이름으로 구분했습니다. 이러한 분류 방법은 오랫동안 전해져 왔지만 실제로는 쓸모가 없습니다. 무생물의 분류는 쉽지만 기관을 지닌 유기물의 분류는 어렵습니다. 서양의 동식물학은 대부분 분류에 힘을 쏟고 있으며, 분류가 잘 이루어져야 법칙이 저절로 드러납니다. 이것이 유기체를 연구하는 학문의 비결입니다. 그렇다면 국가의 구별이 쉬운지 어려운지 여러분이 저를 대신해서 추측해 보기 바랍니다.

　생물의 분류가 어려운 이유는 생물이 전체적으로는 같지만 한편으로는 무한한 차이가 있기 때문입니다. 형체와 심성이 꼭 같이 생긴 사람은 없다는 속담이 있습니다. 맞는 말입니다. 그렇지만 형체와 심성이 완전히 다르게 생긴 사람도 없다는 말도 역시 맞습니다. 인류도 동식물도 역시 마찬가지입니다. 같은 부류 속에도 같고 다른 성질이 섞여 있습니다. 다른 것 같지만 같고, 같은 것 같지만 다릅니다. 이러한 특징은 생물에서 가장 잘 나타납니다. 쇠, 돌, 물, 흙과 같은 무생물에서는 결코 잘 나타지 않습니다. 그리고 추상적인 것[16]에는 전혀 나타나지 않습니다. 그래서 추상적인 것은 식별하기가 가장 쉽고 무생물이 그 다음입니다. 생물은 모두 분류가 가장 어렵습니다. 복잡한 유기체일수록 분류가 쉽지 않습니다. 그렇다면 국가의 분류가 쉬운지 어려운지 알고자 한다면, 먼저 그것이 생물의 유기체인지 아닌지 물어야 할 것입니다. 이제 유기체가 무엇인지부터 먼저 분명히 해야 하겠습니다.

'유기'라는 두 글자는 서양 언어 organism에 대한 일본어 번역입니다. 이 글자는 그리스어에서 유래하였으며, 본래의 의미는 도구이며 또한 기관(機關)이란 뜻을 지니고 있습니다.[17] 예를 들면 두레박은 물을 긷는 도구이며 일을 처리하는 기관입니다. 그리고 귀와 눈, 손과 발은 신체의 도구이며 기관이지만, 앞에서 든 두레박과는 달리 생명을 지니고 있습니다. 근세의 과학에서는 모두 이 글자로 생명이 있는 사물을 명명합니다. 생명이 있고 또한 각종의 생리 기능을 담당하는 기관을 지닌 것을 유기체라고 합니다. 제가 이전에 번역한 책에서는 이 단어를 '관품(官品)'으로 번역했습니다.[18] 예컨대 인간은 관품인데 여러 품물 속에 포함되기 때문입니다. 그리고 눈은 시관(視官)이며 귀는 청관(聽官)이며, 손은 잡는 일을 주관하며 발은 걷는 일을 주관하며, 위는 소화 기관이며 폐는 피를 맑게 하는 기관이며, 피부는 땀을 내는 기관이며 치아는 음식을 씹는 기관입니다. 온몸의 모든 뼈와 오장육부는 각각 형태를 지니고 있고 그 형태는 각각 기능을 갖고 있습니다. 그야말로 천지 사이의 모든 물품 가운데 가장 세밀하고 완비된 기관을 갖춘 것입니다.

관품이라는 것은 관(官)을 지닌 품물을 말합니다. 유기체라는 것은 기관을 지닌 물체를 말합니다. 짐승이 갖고 있는 관품은 인간과 동일하며 다만 정도의 차이가 있을 뿐입니다. 그러므로 인간이 금수와 다른 점은 거의 없다는

· · · · · · · · · · · ·

16 원문은 '形上之物'. 실리의 원서에는 "the abstractions dealt with by mathematics"로 되어 있다.
17 원문은 '기(器)'와 '기관(機關)'이며, 실리의 원서에서는 각각 a tool과 a machine으로 되어 있다.
18 『천연론』「논 1」「옌푸의 해설」에서는 유기체와 무기체를 각각 '관품(官品)'과 '비관품(非官品)'으로 번역하였다.

말이 있습니다.[19] 곤충과 초목이라 하더라도 역시 모두 관품입니다. 예컨대 한 포기의 풀 속에도 반드시 뿌리가 있어서 토양을 빨아들이는 기관이 되고, 반드시 껍질이 있어서 수액을 증발시키는 기관이 되고, 잎은 탄소를 뱉고 산소를 빨아들이고, 꽃은 교합과 생식을 담당합니다. 이것들이 모두 관품이며 유기체입니다. 관품과 유기체라는 두 용어는 모두 사용할 수 있지만, 제가 보기에 관품이라는 두 글자가 유기체보다 더 적절할 듯합니다. 각종의 나무나 쇠로 된 기기는 기관을 가진 물체라고 칭할 수는 있지만 관품이라고 부를 수는 없습니다. 그러므로 관품이라는 두 글자야말로 정말로 organism의 적절한 번역일 것입니다. 기관이 없는 품물을 살펴보면 어떻겠습니까? 예컨대 한 개의 딱딱한 돌에서 임의로 두 곳을 만져보면 아무런 차이가 느껴지지 않습니다. 형태가 다르더라도 다른 기능을 지니고 있지 않습니다. 일부를 제거하더라도 역시 불완전한 형체가 되지는 않습니다. 관품은 일부분이 부서지면 생명에 해를 입게 되고 심지어는 이로 인해 죽을 수도 있습니다. 여기에서 이 둘의 차이를 볼 수 있습니다.

지금 국가에 관해 이야기하고자 합니다만, 더 이상 깊이 설명하지 않아도 국가가 관품에 속한다는 것을 알 수 있을 것입니다. 모래나 쌀알을 모아 놓은 것처럼 일군의 인민이 모여 있다고 해서 국가라는 이름을 가질 수 있는 것은 아닙니다. 반드시 기관을 나누어 직무를 정하고 조직[20]을 만들어 운영하여, 일군의 무리 속에서 각 지부가 서로 보완하는 기능을 가질 때 비로소 국가가 되는 것입니다. 지체를 갖추고 있지 못하면 온전한 인간이 될 수 없고, 법제가 펼쳐져 있지 않으면 온전한 국가가 될 수 없습니다. 참으로

· · · · · · · · · · · · ·

19 『맹자』「이루」하편에 나오는 말이다. 맹자는 인간이 금수와 거의 차이가 없다고 하면서도 인의(仁義)의 도덕성에서 차이점을 찾고자 하였다.
20 원문은 '部勒'. 원래는 각 부분으로 나누어 다스린다는 뜻이다. 옌푸는 『군학이언』「번역 범례」에서 '부륵(部勒)'은 일본어의 '조직(組織)'에 해당한다고 설명했다.

기이하게도 서양에서는 진화론이 흥성한 이후에 이러한 원리의 의미가 크게 밝혀졌지만, 우리 중국에서는 요순시대 이래로 누구나 모두 잘 알고 있었던 것 같습니다. 충량한 신하가 충성을 다하고 현명한 군주가 좋은 정치를 펼친다는 노래[21]를 읽어보면 원수(元首)라 말하고 고굉(股肱)이라고 부르고 있습니다. 다시 『영추』와 『소문』을 읽어보면, 황제 이래로 사람의 신체 내부를 장부(藏府)라 불렀습니다.[22] 장부는 정부의 한 부서이며, 우리 몸에 있는 것과 동일한 명칭입니다.[23] 그밖에도 목과 혀[24] 혹은 가슴과 등뼈의 비유[25]나 국토와 전야를 분할하여 다스린다는 이야기[26]같은 것이 있습니다. 중국의 옛 사람들의 지식에서는 국가를 유기체 혹은 관품으로 간주한지 이미 오래되었습니다.

그러므로 진화의 단계가 가장 높은 사회에서는 사회의 각 부분이 매우 분화되어 있고, 각각 전문적 기능을 지니고 있습니다. 질서가 분명한 것은 예(禮)이며 화동(和同)하고 합작하는 것은 악(樂)입니다. 지금 서양인은 위대한 국가나 존귀한 조정에서만 그렇게 하는 것이 아니라, 아래로 하나의 향과 하나의 읍 가운데도, 하나의 마을과 하나의 성 안에도, 하나의 은행과 한 척의 병선에도 이와 같은 조직과 부서를 갖고 있습니다. 제도가 만들어지면

. . . .

21 원문은 '明良喜起之歌'. "乃歌曰股肱喜哉, 元首起哉, 百工熙哉. …… 歌曰元首明哉, 股肱良哉, 庶事康哉."(『書經』「益稷」)에서 유래하는 말이다.
22 『소문(素問)』9권과 『영추(靈樞)』9권으로 이루어진 『황제내경』에서는 "言人身之臟府中陰陽, 則藏者爲陰, 府者爲陽."(『黃帝內経素問』「金匱眞言論」)이라고 말하였다.
23 이 문상은 남양본에는 없다.
24 원문은 '喉舌'. "出納王命, 王之喉舌.(『詩經』「大雅 · 蒸民」)에 나오는 말로서 주요 직책을 담당하고 왕의 명령을 시행하는 중신을 비유한다.
25 원문은 '心膂'. "今命爾予翼, 作股肱心膂"(『書經』「君牙」)에 나오는 말로서 가장 신뢰할 수 있는 사람을 가리킨다.
26 원문은 '體國經野'. "惟王建國, 辨方正位, 體國經野, 設官分職, 以爲民極."(『周禮』「天官 · 序官」)에 나오는 말로서 국토와 전야를 분할하고 각각의 관직을 설치하여 다스린다는 말이다.

다음에 일이 거행됩니다. 이와 같은 일은 서양에서는 Organization[27]이라고 말합니다. 이 말은 무기물을 유기물로 바꾸는 것이요, 감관이 없는 물건에 감관을 부여한다는 의미입니다. 그렇게 되면 이 물체와 조직은 생명과 형기 (形氣)를 가졌다고 할 수 있으며, 안으로는 자립하며 밖으로는 외환을 막게 됩니다. 이로 말미암아 이 물체는 생리 기능이 발달하게 되고 일을 처리하면서 진화의 세계 속에서 오랫동안 생존할 수 있습니다. 유기체가 된 이후에 만들어진 단체는 인간의 신체와 다르지 않습니다. 그래서 플라톤은 나의 손가락이 아프다고 말할 것이 아니라 내 몸의 아픔이 손가락에 있다고 말해야 하며, 백성이 기아와 고통에 빠져있다고 말할 것이 아니라 국가에 기아와 고통이 있어 국민이 그 어려움을 겪고 있다고 말해야 한다고 주장합니다.[28] 여러분이 이 말을 이해할 수 있다면, 사회가 형성되는 의미를 깨달을 수 있을 것입니다. 중국에서는 이처럼 중요한 명사가 없었기 때문에 이러한 일에 부딪히면 다만 장정(章程)을 정립한다고 말할 뿐입니다. 기관을 조직하는 것과 장정을 정립하는 일은 전혀 다른 일이며, 혼동하지 말아야 할 것입니다.

물론 신체(身體)와 국체(國體) 이 둘이 완전히 동일하지 않다는 점도 알아야 합니다. 그렇지만 국가가 커다란 관품이라는 점은 단언할 수 있습니다. 이미 관품인 이상 그것을 구별하는 어려움은 다른 생물에 뒤지지 않을 것입니다. 여러분이 갑자기 이 말을 듣게 되면 혹 놀라 의심하면서 국토는 넓고도 넓은데 어떻게 그 형질의 차이를 구분하는 것이 그렇게 어려울 수 있겠느냐고 물을 것입니다. 아마 오늘날 대지 위의 모든 국가는 전체적으로 보자면 공통점이 많지만, 그 내용을 살펴보면 모두 같지는 않습니다. 더구나 4·5천년 동안 동서의 역사에 기록된 것은 우임금도 다 이름을 붙일 수 없고 설[29]도

. . . .

27 남양본은 'to organize'로 되어 있다.
28 플라톤의 『국가』 제5권에서 인용한 것이다.
29 설(契)은 순임금 때 우(禹)의 치수를 도우면서 공을 세워 사도(司徒)에 임명되었으며 상(商)

다 헤아릴 수 없을 만큼 많습니다. 초목과 금수만이 아니라 국가 또한 생물과 같습니다. 때로는 성급하게 보면 같은 것으로 보일 수 있지만, 발달을 살펴보고 기관을 관찰해 보면 서로의 차이가 참으로 무궁무진합니다. 그래서 국가를 구별해야 할 때는 부족 이외에도 주(州)와 가(家)에까지 내려가지 않을 수 없습니다. 그리고 어떤 국가의 체제는 결국 어느 부류에 소속시켜야 할지 모를 때도 자주 생깁니다. 여러분이 정치학을 연구해보면 저절로 알게 될 것입니다.

이미 분류에 관해 말하였으므로 가장 오래된 분류를 거론해 보도록 하겠습니다. 정치를 언급한 그리스 학자들의 저서 가운데 후대 사람들이 가장 존중하는 것은 아리스토텔레스의 『정치학』[30]입니다. 그는 이 책에서 정치 체제를 크게 셋으로 나누었습니다. 즉 군주제 / 모나키, 귀족제 / 아리스토크라시, 민주제 / 폴리티입니다. 군주제는 한 명의 군주가 통치하는 것입니다. 귀족제는 소수자의 통치입니다. 민주제는 다수의 통치입니다. 이 셋은 당시의 정치 체제에서 정상적인 것입니다. 그렇지만 여기에는 각각 부패된 형태도 있습니다. 군주제가 타락하면 전제 혹은 패정(霸政)이라 하고 티러니 혹은 데스포틱이라고 합니다. 귀족제가 타락하면 과두제 / 올리가키가 되고, 민주제가 타락하면 중우정치 / 데모크라시라고 합니다.[31] 아리스토텔레스의 분류는 이와 같습니다. 그렇지만 이러한 용어들이 오랫동안 사용되어 오면서 지금에 와서는 처음과 많은 차이가 생겼습니다. 예를 들면 귀족제는 당시 최선의 제도였지만, 프랑스혁명 시기에 아리스토크라시는 가장 원망스러운 용어가 되었고, 올리가키라는 용어는 아예 사용하지 않게 되었습니다. 실제

· · · · · · · · · · · ·

에 봉해져 은나라의 시조가 되었다고 전해지는 인물이다.
30 원문은 '治術論'. Politics를 말한다.
31 아리스토텔레스의 정체 분류에서 타락한 세 형태를 옌푸는 각각 '專制' 혹은 '霸政', '貴族', '庶政'으로 표기하였다.

로 지금 유럽에서 아리스토크라시라고 부르는 것은 그리스 시대에 비판되었던 올리가키입니다. 또 근세 사람들은 데모크라시가 최후의 최선의 제도라고 말하고 있지만, 고대 그리스 시대에는 결코 좋은 이름이 아니었습니다. 지금 데모크라시라고 말하는 것은 고대에 폴리티라 불리던 것입니다. 좋고 나쁜 평가가 이와 같이 바뀌었습니다. 그 이유를 생각해 보면, 당시 소수의 귀족이 정치를 주도하면서 자신들을 좋은 이름으로 부르고, 민권을 주장하던 대중에게 악명을 덧붙였기 때문입니다. 이러한 명칭이 오래도록 사용되어 오면서 일반인들은 깊이 생각하지 않고 습관적으로 사용하게 되었습니다. 사람들의 관념 속에서는 같은 이름이지만 내용이 달라지고, 좋고 나쁜 평가가 바뀌게 된 것입니다.

제가 이 분류를 거론한 것은 정치 체제의 분류에 대한 서양인의 일반적 방법을 드러내어 그 유래를 밝히고 나아가 명칭이 바뀌어온 사실을 찾아보기 위한 것이었습니다. 그렇지만 정치학은 날로 발전해 왔으며 아리스토텔레스의 분류법은 실제로는 적절하지 않습니다. 또 보통 사람들은 아리스토텔레스가 살았던 때에 그리스에 다만 도시국가 / City State만 있었다는 것을 모르고 있습니다. 도시국가는 중국 고대의 주·요·모·담[32]과 같이 영토가 매우 좁고 독립된 형태를 지니고 있지만 함께 떠받들어야 할 공통의 주군이 없었습니다. 금세기의 국가는 방역(邦域) 국가 / Country state라고 합니다. 영토가 광활하고 인민이 매우 많아 도시국가와 같은 수준에서 논의할 수 없습니다. 다만 아리스토텔레스가 지금까지도 정치학자들의 존경을 받는 까닭은 그의 저서가 표방한 대의가 시대가 흘러도 언제나 새롭게 해석되어 오면서 사라지지 않았기 때문입니다.

한 사람, 소수, 다수라는 아리스토텔레스의 세 가지 정체 분류는 그가 살았

• • • • • • • • • • • • • •

32 주·요·모·담(州·蓼·毛·册)은 모두 『좌전』에 보이며 춘추시대의 작은 나라의 이름이다.

던 당시의 사실에 의거한 주장이며 후세의 근거 없는 공담과는 같지 않습니다. 전제와 독재는 북쪽의 마케도니아와 동쪽의 페르시아에 있었습니다. 발칸반도의 남쪽과 지중해상의 작은 섬에는 여러 독립국가가 있었고 정치적 권력이 소수에 있거나 다수에게 분산되어 있었습니다. 따라서 그의 분류가 그렇게 된 것입니다. 만일 아리스토텔레스가 지금 살아 있다면 그가 국가를 어떻게 분류할지 모르겠습니다. 지금 어떤 분이 저에게 "이탈리아는 아리스토텔레스의 분류에 따르면 한 사람의 통치, 소수의 통치, 다수의 통치 중 어떤 종류의 국가입니까?"라고 묻는다면, 어떻게 대답해야 할지 모르겠습니다. 이탈리아에서는 정치적 명령이 한 사람의 왕에게서만 나오는 것이 아니라 권력을 나누어 갖고 있는 또 다른 부서가 있습니다. 이러한 정치 제도는 아리스토텔레스의 시대에는 일찍이 없었습니다. 본래 없었던 것이기 때문에 몰랐던 것입니다. 이는 마치 주공(周公)과 공자의 가르침이 오늘날 그대로 시행될 수 없는 것과 같습니다. 그들이 지금 시대의 일을 많이 경험하지 못했기 때문이며, 이를 경시한 것은 아닙니다.

당시 페르시아에서 국왕은 아무도 상대할 수 없는 지존이었습니다. 마케도니아의 유명한 알렉산더 대왕은 행정과 입법 과정에서 신하에게 자문을 구하는 일은 있었지만, 그 나라의 어느 누구도 어떤 부서도 그가 차지한 최고의 통치권을 나누어 가질 수 없었습니다. 지금의 서양 국가처럼 아테네 시대에는 모든 법률과 정치가 반드시 민회[33] / Ecclesia / 이클레시아를 통해 이루어졌으며, 어느 한 사람 혹은 소수의 사람도 그 권력을 나누어 갖지 못했습니다. 후대는 고대와 크게 달라져 이 세 가지 정치 체제를 섞어서 사용하게 되었습니다. 그래서 블랙스톤[34]은 영국의 제노가 한 사람의 왕과 두 의원이 성립하

....

33 원문은 '國會'.
34 블랙스톤(Sir William Blackstone, 1723~1780)은 영국의 법률가이며 관습법에 관한 연구서로 『영국법 주해(Commentaries on the Laws of England)』가 있다.

여 국가를 다스리는 것이므로 세 제도의 장점을 취하고 폐단은 없다고 말했습니다. 그런데 19세기에 이르러 유럽에서는 그렇지 않은 나라가 거의 하나도 없게 되었습니다. 영국도 지금은 군주제로 불리지만 두 의원이 권력을 나누어 갖고 있기 때문이 이름과 실제가 다릅니다. 이탈리아, 프로이센, 벨기에, 네덜란드, 스페인, 포르투갈은 모두 민권을 수용하고 있지만 한 사람이 통치하는 군주제로 불립니다. 그리고 프랑스와 미국 두 나라는 민권을 전적으로 수용하고 있다고 하지만, 국회 이외에 세니트, 내각과 프레지던트가 그 위에 독립적으로 있습니다. 참으로 국가는 그 이름만 보고서 논하기가 어렵습니다.

이러한 것을 입헌이라고 합니다. 영어로는 Constitutional입니다. 그렇지만 통상적으로 입헌이라고 하면서도 군·신·민의 정치적 권력은 국가에 따라 다릅니다. 영국은 상원의 권력이 가장 약하고 미국은 상원이 가장 강합니다. 미국에서 프레지던트의 권력은 영국의 국왕보다 큽니다. 미국은 민권을 부르짖고 있으며, 세상 사람들이 말하는 공화제[35]가 아닙니까? 영국은 옛날부터 군주 체제로 불리지 않았습니까? 그런데도 군주제 하의 국왕의 실권이 공화제에서 뽑힌 군주에 미치지 못하고 있습니다. 어찌 남의 말만 듣고 배운 자가 이것을 분명히 이해할 수 있겠습니까? 결국 입헌이라는 두 글자도 일률적으로 논할 수 없다는 것을 알 수 있습니다.

어떤 사람이 다음과 같이 말했습니다. "근세에 문명한 종족이라고 불리는 국가는 대체로 한 사람, 소수, 다수의 세 권력이 권력을 나누어 정립하는 형식을 취하고 있습니다. 다만 시세와 민지(民智)의 정도가 다르면 이 세 가지 가운데 어느 한쪽이 강하거나 약하게 나타납니다. 이는 중국에서 역대로 안팎의 권력이 언제나 경중을 달리해 온 것과 같습니다. 그러므로 어떤 입헌

. . . .

35 원문은 '共和之制'. Republic의 번역어이다.

국가라 하더라도 실제를 살펴보면 군주, 귀족, 인민[36] 이 삼자 가운데 누구의 권력이 더 강한지 대체로 알 수 있습니다. 그렇다면 아리스토텔레스의 구분이 대체적으로는 여전히 유용하지 않겠습니까?" 이러한 주장은 사실에 가깝지만, 유감스럽게도 당시 아리스토텔레스의 참뜻은 이름과 실제를 맞추고자 한 것이었습니다. 그러므로 이미 말한 바와 같이 아리스토텔레스의 분류법은 도시국가 이외에는 적용할 수 없습니다. 로마 시대에 이미 적용할 수 없었으며, 지금은 말할 필요도 없습니다. 로마의 정치 제도는 구별하기 어려울 정도로 복잡하며 근대의 영국과 프랑스에 못지않습니다. 로마의 국회인 Comitia / 코미티아는 때때로 거의 최고의 권력을 갖고 있었지만, 언제나 Senate / 세니트가 국가의 권력을 잡은 때가 많았습니다. 세니트는 귀족입니다. 물론 세니트가 존귀하지만, 국가의 권력을 독차지했다는 것은 들은 적이 없으며, 아래에는 코미티아라는 인민집회,[37] 위로는 Consul 콘설이라는 집정관이 있어서 권력을 나누어 갖고 있습니다.

유럽의 역사를 살펴보면, 국가의 권력이 한 사람의 독재자[38]에게 장악되는 것은 언제나 비상사태가 있었던 때이며, 민권만을 사용한 것은 산간 지역의 척박하고 작은 나라였습니다. 국가의 일에는 일을 처리하는 권력이 있습니다. 어떤 나라에서든지 어떤 권력은 모두 한 사람에 속하고 어떤 권력은 모두 다수에게 속하지만, 또한 언제나 소수자에 의해 정책이 결정되기도 합니다. 인재는 구하기 어렵고 귀족은 많지 않기 때문입니다. 이는 모두 자연적으로 그렇게 된 것이며 인간의 의도로 인해 한 쪽으로 치우친 것은 아닙니다. 한 사람, 소수, 다수라는 아리스토텔레스의 세 가지 정권 분류의 유용성

<hr />

36 원문은 '民人'.
37 원문은 '國會'.
38 원문은 '一夫'. "殘賊之人, 謂之一夫. 聞誅一夫紂矣, 未聞弒君也."(『맹자』 「양혜왕」 하)에 나오는 말로서 은나라 주왕과 같은 폭군을 말한다.

은 이 정도입니다. 이 세 가지 구분이 역사상의 모든 국가에 적용될 수 있다고 말한다면, 아무리 어리석은 자라도 그 말이 틀렸다는 것을 알 수 있을 것입니다. 국가의 차이는 다양하므로, 정치권력이 귀속되는 사람 수의 많고 적음으로 국가를 다 포괄할 수는 없습니다. 앞에서 도시국가와 방역국가를 말하였습니다. 두 제도는 서로 다르며 그에 따라 나타나는 결과의 차이도 매우 크다는 점을 소홀히 해서는 안 됩니다. 도시국가는 그리스시대에 있었고 풍속과 정교는 지극히 높은 수준이었습니다. 부족한 것은 다만 국력이었습니다. 근대의 국가는 모두 방역국가에 해당합니다. 18세기의 정치학자들은 종종 이러한 구분을 몰랐습니다. 루소는 도시국가를 태평성대의 최선의 체제로 생각했지만, 이는 지나침이 미치지 못하는 것과 같다는 경우일 것입니다.

그밖에도 아리스토텔레스의 세 가지 분류에 포함되지 않는 국가의 형식이 있습니다. 예컨대 신권국가는 정치권력이 교황으로부터 나옵니다. 교황의 정치적 권력은 1870년에 이르러 비로소 없어졌습니다. 그 가운데는 보통의 정부와 다른 점이 매우 많습니다. 역사상 신권국가와 유사하여 같은 부문으로 분류할 수 있는 것도 역시 적지 않습니다. 만약 삼분류법에 따른다면, 이러한 특별한 국가는 군주제로 분류해야 할 것입니다. 이렇게 되면 형식과 기능이 모두 불분명하게 됩니다.[39] 신권정부의 독특한 성질은 신과 천도(天道)를 받들어 통치권을 장악한다는 점입니다. 고대에 유대가 이슬람의 포로생활에서 벗어나 고국으로 돌아온 뒤 이러한 제도를 사용했습니다. 이후로 수당시대의 이슬람에서는 마호메트에 이어 우마르와 알리[40]가 일어났습니다. 우

. . . .

39 남양본에는 "우리의 연구에도 유용한 점이 있겠습니까?(於吾人之學, 又何裨乎.)"라는 글이 추가되어 있다.
40 원문은 '阿瑪阿利'. 마호메트 사후 정통 칼리프시대의 제2대와 제4대의 정치적 종교적 수장이다.

리 중국에서 가장 두드러진 것은 티베트의 달라이라마입니다. 동한시대 반란을 일으킨 장각[41]과 장노[42]가 역시 이러한 제도를 사용했습니다. 서양에서는 이러한 정부를 Theocracy / 시오크라시라고 합니다. 시오크라시에서는 언제나 제사장이 권력을 장악하고 있습니다. 대제사장이 많은 사람들을 얻게 되면 언제나 다른 사람이 가진 정치권력을 빼앗아 정부를 세웁니다. 이는 역사에서 자주 볼 수 있는 일입니다.

앞에서 말한 신권정부는 역시 매우 중요한 항목입니다. 인류와의 관련성이 자못 크지만, 정치를 말하는 자들은 생략하거나 소략하게 다루었습니다. 이는 아리스토텔레스가 제시한 삼분류에 들어갈 수 없었기 때문입니다. 지금까지의 설명을 정리해 보면, 여러분은 정치학에서 국가의 분류가 가장 중요한 문제이며 또한 복잡한 문제라는 것을 잘 이해할 수 있을 것입니다. 아리스토텔레스가 옛날에 분류한 항목은 지금 사용하고자 하더라도 확실히 모든 국가를 포괄할 수 없습니다. 그러면 우리는 정치학을 강의하면서 용감하게 독자적으로 새로운 분류법을 만들지 않을 수 없습니다. 옛 사람의 학설은 사용하기에 불충분합니다.

· · · · · · · · · · · · ·

41 장각(張角, ?~184)은 태평도(太平道)를 열고 10여 년 동안 수십만의 신도를 얻고서 황건적의 난을 일으켰다.
42 장각(張魯)은 중국의 삼국시대에 오두미도(五斗米道)를 일으킨 장릉(張陵)의 손자로서 신도를 이끌고 산시(陝西) 지역에서 자립하여 30여 년 동안 세력을 떨쳤다.

국가는 어떻게 성립하고 진화해 왔는가

우리는 다만 역사적, 진화론적 방법으로 정치를 탐구하려 합니다. 따라서 사회를 거론할 때는 최초의 형태로부터 시작해야 하며, 문명에 들어서지 못했다고 해서 버릴 수는 없습니다. 이것은 동물의 진화를 논하면서 척추동물만 골라서는 안 되는 것과 마찬가지입니다. 굴, 지렁이, 새우, 게 혹은 초기 형태인 산호충과 해면이라 할지라도 모두 채록하지 않을 수 없습니다.

그런데 문명의 여부는 사회를 구별하는 중대한 요인입니다. 문명이라는 말을 한다면, 중국에 문명이란 글자로 번역된 서양 언어가 무엇인지 살펴보고, 서양 언어 본래의 의미를 상세히 연구해야 비로소 서양에서 말하는 문명이 어떤 늦인지 알 수 있을 것입니다. 지금 앉아있는 여러분에게 물어보겠습니다. 문명은 서양 언어에서 무엇일까요? 서양에서는 civilization이라고 합니다. 다시 이 글자의 어원을 물어보겠습니다. 이 글자는 city 즉 도시나 성읍이란 글자와 동일한 어원인 civitas, 즉 한 읍의 사람들이란 말에서 유래한 것입니다. 이로부터 서양인이 말하는 문명은 법제를 갖춘 사회로서 이미 국가를

77

형성하여 유기적 기관을 갖춘 단체의 사람들을 말한다는 것을 알 수 있습니다. 그들의 동작과 행동은 반드시 이러한 단체 혹은 사회에 부합하고, 형벌과 법을 두려워하고, 국가를 존중하고 인류를 도우려는 도덕심을 지니고 있습니다. 그래야 비로소 문명인이라고 칭할 수 있습니다. 그러므로 초급사회는 간략히 다룰 수 없지만, 그렇다고 제도와 법률을 갖춘 문명사회와 동일하게 다룰 수도 없습니다. 문명과 문명이 아닌 것의 구별은 단지 여기에 그치지는 않습니다.

진화의 초급 단계에 놓인 사회와 뒤어어 나온 문명사회의 차이는 물론 한두 가지가 아닙니다. 그렇지만 일반적으로 인정될 수 있는 법칙은 초급사회가 대체로 가족 형질에서 벗어나지 못했지만 문명사회는 그렇지 않다는 것입니다. 오늘날의 영국과 프랑스와 마찬가지로, 고대의 그리스와 로마의 전성기에는 종족의 구분이 사람들의 마음속에 여전히 남아 있었지만, 국가의 제도상으로는 가족의 흔적이 거의 없었습니다. 『나폴레옹 법전』에서는 프랑스 땅에 태어난 자는 프랑스인이라고 합니다. 이는 오늘날 중국인 노동자의 자식이 미국에서 태어나면 모두 미국인이 되고, 권리와 의무가 원래의 미국인과 다르지 않다는 것의 근거라 말할 수 있습니다. 가족의 흔적이 전혀 보이지 않았기 때문에 17세기 유럽의 정치학자는 국가가 종법에서 발달해 왔다는 것을 전혀 알지 못했습니다. 근세에 이르러 비로소 그것이 밝혀졌습니다. 예컨대 홉스는 국가가 성립하기 이전에는 단지 강자가 약자를 속이는 세계이며, 반드시 한 사람을 군주로 추대하여 자기가 몸소 누리던 자유를 국가에 양도하고 그 명령을 따르고 법률을 지키게 됨으로써 서로 평안하게 살아갈 수 있다고 주장했습니다. 만일 이러한 주장이 사실이라면, 국가가 성립하기 이전에는 사람들은 하나로 뭉쳐지지 않는 낱낱의 모래알과 같이 각자 자립적으로 자유롭게 살며 서로 상관하지 않을 것입니다. 외부 사물들과의 관계는 전적으로 본인의 힘이 어떠한가에 달려 있어 강자는 잡아먹고 약자는 잡아먹히게 될 것입니다. 이러한 논의는 그럴듯하지만 유감스럽게도 사실이 아닙니다.

그렇지만 이러한 학설을 주장한 것은 서양의 학자만이 아니었습니다. 중국의 선현도 역시 이와 같았습니다. 예컨대 유종원[1]은 「봉건론」에서 "싸움이 그치지 않으면 곡직을 판단할 수 있는 자를 찾아가 그의 판단을 따릅니다. 지혜롭고 명철한 자에게는 반드시 따르는 자가 많습니다. 곧은 말로 고하여도 고치지 않는다면, 반드시 고통을 주어 두려워하도록 합니다. 따라서 군주와 형정(刑政)이 발생하였습니다."라고 했습니다. 이는 홉스와 로크의 주장과 거의 다르지 않은 이야기이며, 모두 초기의 인간사회에 종법사회가 있었다는 사실을 모르는 것입니다. 이에 관해서는 『사회통전』에 매우 상세하게 설명되어 있습니다. 당시에 고아나 약자는 전적으로 종법의 보호를 받았습니다. 실제로 이것은 근세에 국가가 자신의 국민을 보호하는 것에 견주어 보아도 더욱 신뢰할 만한 것이었습니다. 군주가 있기 이전에도 결코 낱낱의 모래알과 같지 않았으며 하나로 뭉쳐지지 않는 상황은 아니었습니다. 실제로는 질서정연하였고 가족이 곧 정치가 되었습니다. 다만 사회가 날로 커지게 되면서 종법으로 두루 다스릴 수 없게 되었습니다. 지금에 이르러서는 사정이 바뀌어, 처음에는 종족의 구분을 잊어버리고 살다가 나중에는 마침내 종족이라는 관념도 버리게 됩니다. 『나폴레옹 법전』의 언급이 여기에 해당합니다.

오대주의 모든 국가가 반드시 종법에서 시작한 것은 아니지만, 종법을 거친 것이 가장 많다는 것입니다. 그리스와 로마, 영국과 프랑스 모두 그렇습니다. 형식이 점차 변해가면서 본래의 모습을 잊어버린 것입니다. 로마는 중국의 시한 말년에 해딩하는 키케로 시내에 종법에서 벗어난 지 오래되어

. . . .

1 유종원(柳宗元, 773~819)은 산시(山西) 출신으로 자는 자후(子厚)이며 당송팔대가 문인 중의 한 사람이다. 저서로 『유하동집(柳河東集)』이 있다.

이미 오늘날 서양의 나라와 비슷한 모습이 되었습니다. 그래서 키케로는 로마의 개국을 직접 서술하면서 로물루스가 무수한 도망자와 도적을 받아들여 이들이 강제로 부녀자들을 겁탈하고 그들의 부인이 되게 하였는데, 이렇게 해서 인구가 증가하고 국가가 성립하였다고 했습니다. 이러한 말은 어린이의 견해와 별로 다르지 않지만 후대의 사람들에게 확실한 이야기로 전해져 내려왔습니다. 당시에도 종법과 관련된 유적은 제법 많이 있었지만, 오늘날 우리는 그것을 알 수 있어도 당시의 사람들은 몰랐습니다. 로마인의 이름은 보통 세 단어로 되어 있으며, 두 번째 것은 언제나 ius라는 어미로 끝납니다. 이는 씨족을 나타내는 것입니다. 이를 통해 당시 사람들이 종족별로 나누어 살다가 나중에 하나로 합쳐졌다는 것을 알 수 있습니다. 로마도 아테네도 마찬가지였습니다. 역사를 소급하여 기원을 살펴보면 종법에서 벗어나는 것은 하나도 없습니다. 오대주 가운데 진화의 단계가 낮은 사회는 지금도 있습니다. 우리 중국에서는 삼대 이전이 여기에 해당합니다. 또 청나라가 산해관을 넘어오기 이전 시기에 종법에 의해 일이 처리되었는지 혹은 그렇지 아닌지는 여러분이 스스로 알 수 있을 것이므로 제가 깊이 논할 필요는 없을 것입니다. 이상의 내용을 정리하면, 이제 우리는 사회 진화의 단계를 거칠게나마 구분할 수 있습니다. 낮은 단계는 종법에서 벗어나지 못하였고, 높은 단계는 이미 종법에서 벗어나 있습니다. 이것은 역사의 법칙입니다.

종법은 이와 같이 국가의 단계와 관련되어 있습니다. 종법 이외에 국가와 깊은 관계가 있는 것은 종교입니다. 대체로 초기의 국가에서는 종교와 신권이 모든 힘을 지니고 있습니다. 국가의 단계가 점차 발전하면, 종교의 세력이 반드시 쇠퇴하는 것은 아니지만, 교회와 국가, 신권과 정권은 언제나 둘로 분리됩니다. 정치 제도가 바뀌게 될 때 종교의 교리는 자주 바뀝니다. 예를 들어 영국의 역사를 살펴보면, 앤 여왕Queen Anne 이전에는 국가와 교회가 거의 구분되지 않았습니다. 그밖에 프랑스와 독일 등의 국가에서도 황제의 추대는 역시 교회와 신권의 일이었습니다. 나폴레옹이 구체제를 파괴하면서 비로소 지금과 같은 모습이 되었습니다. 요컨대 중세 유럽의 국가 중에는 그리스도든 마호메트든 이들 종교에 의지하지 않고 성립된 국가는 하나도 없었습니다. 수세기가 지난 뒤에 문명이 점차 열리고 교회의 힘이 쇠퇴하면서 국가도 자립할 수 있게 되었습니다. 그래서 후세의 정치학자는 이전에 종법을 잊어버렸던 것처럼 때때로 종교를 잊어버리게 됩니다. 아리스토텔레스의 정치학 논의에서는 종교의 변화를 언급하지 않았습니다. 그러나 우리는 이 옛 사람의 이야기에 부화뇌동할 필요가 없습니다. 종교는 초기의 국가와 실로 매우 밀접한 관계를 지니고 있기 때문입니다. 역사에서 살펴보면 때로는 종교의 힘만으로 국가를 수립한 경우도 있었습니다. 후대에 이르러서는 기존의 종교와 국가의 결합이 너무 지나쳐 도리어 발전과 변화에 최대의 장애가 되기도 합니다. 역사적 사실에 비추어 보면 하나의 중요한 법칙을 얻을 수 있습니다. 즉 초기의 국가에서는 반드시 신권이 강하고 언제나 정치권력[2]과 분리되어 있지 않지만, 진화의 단계가 높아지면서 종교와 국가가 서로 분리된다는 것입니다.

이러한 모습을 역사에서 가장 쉽게 볼 수 있는 것은 이슬람입니다. 중국의 양나라와 진나라 시기[3]에 어떤 사람이 아시아의 서쪽 사막에서 일어나 국가를 만들어가던 중에 홀로 새로운 종교를 제창하여 마침내 이전에 분산되어 있던 무리를 모아 매우 커다란 단체를 결성하였습니다. 가는 곳마다 나라를 세우고 공격하는 곳마다 승리하여 지금에 와서는 지구의 세 대륙에 걸쳐 영향을 끼치고 있습니다. 터키, 아랍, 이집트 등이 여기에 해당하는 국가입니다. 초급 국가에서는 종교의 능력이 이처럼 거의 종법과 맞먹을 정도입니다. 그 이유는 설명하기 어렵지 않습니다. 단체가 결합할 때는 반드시 결합하는

. . . .

2 상무본 '治權'. 남양본은 '政權'으로 되어 있다.
3 중국의 남북조시기 강남 지역에 있었던 국가이며 양(梁)은 502~507년, 진(陳)은 557~589년에 해당한다.

근거가 있어야 합니다. 그런 이후에 그 집단은 날로 친해지고 나아가 국가의 제도가 생겨납니다. 종법은 자연적 결합이라고 하는데 하나의 종족이 혈통을 같이 하는 것입니다. 그렇지만 종교는 인위적 결합을 자연적 결합으로 간주하는 것이며, 동일한 신을 섬김으로써 다른 집단과 구별하는 것입니다. 종법도 조상이 완전히 동일할 필요는 없으며, 다만 사람들로 하여금 마음속으로 그렇게 믿도록 하면 충분합니다. 동일한 종교를 다같이 숭배한다고 말했지만, 숭배하는 신이 진짜로 같은 신이 아니라 할지라도 사회에서는 서로를 결합시키는 작용이 있습니다. 향리에서는 사람들이 사당을 세우고 신에게 제사지내는 것을 매요 중요한 전례로 간주합니다. 그리고 해외에 나가더라도 사람들은 평소에 신봉하던 신을 신실하게 모십니다. 이것은 단지 복을 빌고 재앙을 쫓는 것에 그치는 일이 아닙니다. 실제로 이로 인해 초보적인 단체가 성립되고, 이 단체는 모인 사람들의 수준에 부합하는 것입니다. 즉 의례를 하지 않는 것보다 하는 것이 낫다는 것입니다.

　이로 보건대 진정한 국가가 성립하기 이전에 언제나 두 단계가 앞서 있습니다. 하나는 가족이며 다른 하나는 교회입니다. 여기에 또 하나의 문제가 있습니다. 가족과 교회의 발생은 서로 전혀 관련이 없는지, 아니면 이 둘이 언제나 함께 나타나는지 하는 문제입니다. 우리가 공리공담을 하지 않고 옛날부터 지금까지의 역사적 사실에 의거해서 말한다면, 이 둘은 대체로 언제나 함께 나타난다고 하겠습니다. 마호메트가 이슬람교를 제창했을 때 결코 아무런 연관도 없던 무리를 모아 하나로 묶고자 한 것은 아니었습니다. 그때는 종족 관념과 종법제도가 분명하게 나타난 시대였습니다. 헤브라이의 모세 역시 종교를 내세워 사람들을 뭉치게 한 인물이었습니다. 당시에는 이미 아브라함의 종법이 확립되어 있었습니다. 이는 『구약』에 잘 나타나 있습니다. 또한 로마에서도 종교와 종법은 함께 시행되었습니다. 사회 속에서 이들 두 현상은 독자적으로 나타나지 않는다고 말할 수 있습니다. 다만 이 둘 사이에는 우열의 차이가 있으며, 이는 진화의 단계가 낮은 사회의 공통점입니다. 문명이 크게 진보한 때에는 국가가 항상 종교와 종법에 의존하지 않고 독자적으로 법률과 제도를 만들게 됩니다. 그렇지만 오늘날 프랑스와 같이 최고의 문명을 실현한 국가에서조차도 밤낮없이 시끄럽게 싸우는 것이 여전히 정교 분리의 문제라는 것을 여러분은 알아야 합니다. 그렇다면 고대에는 어떠했을지 쉽게 예상할 수 있을 것입니다.

이 두 가지 법칙은 내용이 매우 넓지만, 심히 알기 어려운 것은 아닙니다. 역사상 그리고 현존하는 모든 국가에 근거해서 말한다면, 진정한 국가 이외에 이 두 가지 사회가 있습니다. 다만 정치 제도가 조잡하고 국가 관념이 매우 천박하기 때문에 정치학을 강의하는 자들이 때때로 이러한 사회를 정치학의 영역에서 다루지 않고 있는 것입니다. 우리는 진화의 방법으로 정치를 논하고 있으므로 초급 단계라고 해서 도외시할 수는 없습니다. 만일 종법을 말하지 않는다면, 오늘날 아프리카 북부와 아시아의 서부에 보이는 각종의 가족사회를 어떻게 다룰 수 있겠습니까? 신권국가도 터키의 이슬람과 티베트 등에 여전히 남아 있습니다. 이러한 사회가 전성기를 맞이할 때는 종족을 말하지 않고 신앙만을 말합니다. 예컨대 이슬람교의 규율에는 코란을 믿으면 곧 평등한 신도가 되고 화복을 함께 누리고 생사를 같이 한다고 합니다. 그러므로 이슬람교의 입장에서 보자면 세상에는 다만 이슬람교와 비이슬람교 두 종류의 사람만이 있을 뿐입니다. 이슬람교의 신자는 모두 형제입니다.

그러면 먼저 국가를 세 종류로 나누어 보겠습니다. 첫째는 진정한 국가이며, 둘째는 종법국가이며, 셋째는 신권국가입니다. 영어로 말하자면 첫째는 State[4], 둘째는 Tribe, 셋째는 Theocracy[5]입니다. 종법국가의 결합 근거는 동일한 종족과 조상입니다. 신권국가의 결합 근거는 동일한 신앙과 종교입니다

4 실리의 원서에는 'proper state'로 되어 있다.
5 실리의 원서에는 'the ecclesiastical community'라는 설명이 추가 되어 있다.

다. 진정한 국가의 결합 근거는 이익을 함께 하고 서로 보호하는 것입니다.[6] 이 세 종류의 국가는 그 결합의 근거는 같지 않지만, 일단 결합하고 난 뒤에는 모두 결합이 매우 견고합니다. 만일 자신이 소속된 단체가 위급한 처지에 놓이게 되면 한 사람 한 사람 모두가 자발적으로 있는 힘을 다해 위기를 헤쳐나가려 합니다. 집안이 망하고 몸이 상하더라도 그것을 마음으로 달게 받아들이고 영광으로 여깁니다. 단결의 견고함이 이와 같아야 비로소 국가라고 할 수 있습니다.

아리스토텔레스의 국가 분류는 통치권을 잡은 자의 숫자를 기준으로 하고 있습니다. 우리의 분류는 결합의 근거를 기준으로 삼고 있습니다. 이러한 분류법은 모든 국가를 빠뜨리지 않고 다 포괄할 뿐만 아니라 과학에서 시도하는 분류 방법과 가장 합치하는 것입니다. 왜냐하면 과학에서 사물의 분류는 사물의 요점을 기준으로 삼기 때문입니다. 국가와의 관련성을 설명하는 원리로 볼 때, 통치권을 잡은 자의 수가 많고 적다는 것은 결합의 근거에 미치지 못합니다. 따라서 우리의 방법은 아리스토텔레스보다 뛰어납니다.

국가의 구분은 다른 유기체의 분류와 차이가 있습니다. 동물에서는 먼저 척추와 무척추동물을 구분합니다. 무척추동물이 진보하여 척추동물이 되고자 한다면, 진화의 세계 속에서 얼마나 오랜 세월이 흘러야 가능한 지 알 수 없습니다. 만약 종법국가가 진보하여 군국국가(軍國國家)가 되고자 한다면 천년이 흘러도 불가능할 수도 있고, 백년이 지나서 도달할 수도 있습니다. 다만 둘러싼 환경과 시간의 흐름에 달려 있습니다. 그러므로 앞에서 거론한 세 종류의 국가는 다 같은 국가이면서도 세 가지 등급의 진화 단계에 있습니다. 그렇다고 해서 세 종류의 국가가 서로 전혀 상관이 없는 것은 아닙니다.

· · · · · · · · · · · · ·

6 실리의 원서에서는 세 가지 형태의 국가를 각각 community of race, community of religion, community of interest로 설명하고 있다.

참으로 기이하게도 이 세 종류의 국가는 때로는 동시에 한 사회에 나타납니다. 그런데 연구자는 그 중에서 가장 두드러진 측면만을 취하여 어떻게 분류할지 결정합니다. 왜냐하면 예컨대 영국은 최고 수준의 군국국가라고 할 수 있습니다. 군국국가의 결합 근거는 이익의 보호입니다. 그렇지만 영국인에게 그들의 결합 이유를 물어보면, 앵글로 동포라는 의식이 가슴 속에 가로놓여 있습니다. 속담에 피는 물보다 진하다고 합니다. 이것은 같은 종족이 다른 종족에 비해 더 친밀하다는 뜻입니다. 종교가 다른 경우에는 이러한 모습이 더욱 분명히 드러납니다. 그들은 다신교를 심하게 차별할 뿐만 아니라 이슬람교와 유대교, 심지어는 같은 뿌리에서 갈라져 나온 기독교의 다른 종파에 대해서도 매우 엄격하게 거리를 둡니다. 우리가 영국을 군국국가로 부르는 것은 가장 두드러지게 나타나는 측면을 말하는 것에 불과합니다. 실제로 종법과 신권 이 두 가지는 사회에서 국민을 하나로 묶는 데 중대한 힘으로 작용합니다.

진화의 단계가 높은 국가의 현상은 이와 같습니다. 그렇다면 진화의 단계가 낮은 곳에서는 어떤 현상이 나타날까요? 종법 혹은 신권국가가 성립되었을 때, 오늘날 군국국가가 성립되는 근거인 이익의 보호라는 이념은 당시에 없었을까요? 아무리 어리석은 사람도 결코 그렇지 않다고 할 것입니다. 종교와 종법 이 두 가지가 서로 섞여 있어 구분하기 어렵다는 것은 앞에서 이미 말했습니다. 우리 중국과 같은 동방의 여러 나라에서는 종법과 종교는 둘이 아니라 거의 하나라고 할 수 있습니다. 그래서 공자는 "하늘 제사와 종묘 제사의 의미를 알면[7] 천하를 다스리는 일이 손바닥을 보는 것과 같이 쉽다."

7 원문은 '知郊禘之義'. 천자가 하늘에 지내는 교(郊) 제사와 천자가 조상에게 지내는 체(禘) 제사이다. 공자는 "교사(郊社)의 예는 상제(上帝)를 섬기는 것이요 종묘의 예는 선조를 제사 하는 것이다. 교사의 예와 체상(禘嘗)의 의미를 분명히 알면 손바닥을 보듯이 나라를 쉽게 다스릴 수 있다."(『중용』)라고 말했다.

라고 말했습니다. 우리나라에서는 인귀(人鬼)와 천신(天神)을 다 같이 중시하기 때문입니다. 그리고 천자가 권좌에 앉으면 언제나 효로써 천하를 다스린다고 합니다. 이 나라가 종법사회이며 종법을 신권으로 간주하고 있다는 것은 무슨 말을 하더라도 움직일 수 없는 사실입니다. 그렇다고 해서 4억이나 되는 사람들의 결합에 이익을 보호한다는 이념이 없었다고 한다면, 이러한 주장 또한 반드시 옳지는 않을 것입니다.

고대 사회의 변화를 살펴보겠습니다. 위에서 정치를 담당하는 자든지 아래에서 의견을 제시하는 자든지, 국가는 이익의 보호라는 이념을 특별히 중시해야 한다고 주장하여 종법과 종교를 경시한다면, 그는 반드시 수구적인 사람들로부터 비난을 받을 것이고 심지어는 죽음을 면하지 못할 것입니다. 진나라의 상군[8]이 두드러진 사례입니다. 중국뿐만 아니라 외국에서도 마찬가지였습니다. 사람들은 이러한 주의를 Utilitarianism라고 합니다. 번역하면 공리파(功利派)입니다.[9] 그러나 아무리 비난을 산다고 할지라도, 어찌할 수 없는 자연적 인위적 위기가 함께 다가온다면, 생존을 도모하기 위해서는 진실로 입국의 종지를 바꾸지 않을 수 없게 됩니다. 밖으로 강한 적국이 이웃하고 안으로 인민을 해치는 도적이 있으면, 사람들은 학살될 것을 두려워하고 국토는 줄어들 것이 염려됩니다. 심지어 패배하여 전멸당할 수도 있습니다. 그럴 경우 전국의 백성과 자손들은 모두 노예가 됩니다. 그러므로 통일된 권력을 존숭하면서 국가를 보존하고 부강을 기약하는 수밖에 없을 것입니다. 그렇지만 종법과 종교로만 인민을 하나로 묶고자 한다면, 이러한 정치는 얼마 못가서 부강의 달성에 커다란 방해가 됩니다. 따라서 좁은 견식

• • • • • • • • • • • • •

8 상군(商君, ?~338. B.C.)은 전국시대 정치가이다. 성은 공손(公孫), 이름은 앙(鞅)이다. 진나라 효공(孝公) 때 상앙의 변법이라고 불리는 개혁 정치를 시행하여 진나라의 부강에 기초를 쌓았다. 그러나 그의 개혁은 수구파의 반발을 불러일으켰으며, 효공이 죽은 뒤 그는 수레에 찢어지는 형벌을 당하였다.
9 남양본에는 이 문장이 없다.

을 완전히 버리고 군국제도로 바꾸지 않을 수 없습니다. 이렇게 해서 문명국가가 생겨납니다. 동서양의 역사에 비추어보면 이러한 학설은 거의 바꿀 수 없는 사실입니다.[10]

그러므로 이 세 단계는 정도의 차이이지 성질의 차이가 아닙니다.[11] 미개와 문명이라는 것도 여기에서 나누어집니다. 미개에서 문명에 이르는 단계는 모든 국가가 거쳐야 하는 과정입니다. 진화에는 느리고 빠른 차이는 있지만 비약의 시기는 없습니다. 그래서 만물의 변화는 점진적이며 비약적이지 않다는 법칙이 있습니다. 발전의 단계가 낮은 사회에서 보이는 모습은 모두 발전의 단계가 높은 사회가 이전에 거쳤던 것입니다.[12] 종법, 종교,[13] 국가 이 세 종류의 국가는 결합의 근거가 같지 않기 때문에 국가의 형식과 제도도 서로 같지 않습니다. 이 셋은 모두 진화의 자연적 원리에 근거한 것입니다. 그렇지만 제가 다시 여러분에게 묻고 싶은 것은 지나간 역사와 현재의 모든 국가를 관찰할 때 이 세 종류 이외에는 없는지, 아니면 우리가 아직 언급하지 않은 또 다른 형태가 있는지 하는 문제입니다.

여러분이 이 문제에 대답하기는 어렵지 않을 것입니다. 여러분은 유럽에서는 통합 이후의 로마 혹은 현재의 러시아, 아시아에서는 원나라 시대의 중국과 현재의 인도가 앞의 세 분류에 어디에 속하는지 알 수 없다고 말할 것입니다. 이들 국가의 성립과 인민의 결합이 종족이 같기 때문이 아니라는 것은 매우 분명하며, 종교적으로 신앙이 같은 것도 아닙니다. 이익의 보호라고

· · · · · · · · · · · ·

10 이 문장은 남양본에는 없다.
11 실리의 원서에는 "the differnce is not so much one of kind as of degree of development."로 되어 있다.
12 남양본에는 "동방사회에서 보이는 모습은 모두 서양의 나라가 이전에 거쳤던 것이다.(凡東 方之所有者, 皆西國所舊經者也.)"로 되어 있다. 실리의 원서에는 "In the main it appears that the barbarous states, or those we call Oriental, of the present day, are not essentially different from our own, but only less developed-that they are now what we were once."로 되어 있다.
13 남양본에는 '敎會'.

한다면, 약육강식의 세계에 무슨 공공의 이익이 있으며 상호 보호가 있는지 알 수 없습니다. 그렇다고 해서 로마, 러시아, 원나라, 인도가 국가가 아니라고 할 수는 없습니다. 만일 국가가 유기체의 생물이라면, 이는 마치 큰 돼지나 긴 뱀이 사슴과 코끼리를 뱃속에 삼키고서 서서히 그것을 자기 몸으로 변화시켜가는 것과 같습니다. 이는 참으로 진화 속에서 나타나는 변화입니다. 이러한 국가는 앞에서 언급한 자연적으로 발달한 세 종류의 국가 중에서 어디에 속하겠습니까?

여러분이 이와 같이 따져묻는다면 저는 참으로 대답할 수가 없을 것입니다. 그러면 앞에서 말한 세 가지 결합의 근거 이외에 또 하나를 추가하여 네 번째 국가를 설정하지 않을 수 없습니다. 이 네 번째 종류의 결합은 종족이 같거나 종교가 같기 때문이 아니며, 또한 함께 이익을 보호하기 위한 것도 아닙니다. 그것은 오직 폭력[14]에 의한 것입니다. 불행한 일이지만 역사에서는 이러한 종류의 국가가 이전의 세 가지 종류의 국가보다 훨씬 많았습니다. 결합의 근거는 처음에는 폭력이고 공포이며, 그것을 계속해서 유지하기 위해서 복종시킨 뒤 점차적으로 잊게 하는 방법을 사용합니다. 그런데 이러한 국가에 대해 정치학자는 유기체·관품이 아니라 무기체·비관품의 국가로 간주합니다. 이러한 구별을 설정하는 것은 역시 이유가 있습니다.

국가가 유기체라면, 국가의 발전은 생물과 같은 과정을 밟아야 할 것입니다. 생물은 자연의 양육을 받고 천부의 성질에 따라서 외부에서 다가오는 위협에 대항하면서 모든 기관과 몸체가 점차 갖추어집니다. 그래서 천지 사이에 홀로 서서 치열한 생존경쟁 속에서 살아남습니다. 인간 사회도 역시 마찬가지입니다. 처음에는 가족과 신권에 의해 결합했지만, 자연의 재해와 인간의 재난에 쫓기면서 서로 도와가며 자신의 생존을 도모합니다. 이로부터

· · · · · · · · · · · · ·

14 원문은 '壓力'. violence의 번역어이다.

형식이 점차 갖추어지고 기관도 점차 형성되어 최후의 법제가 만들어집니다. 이는 모두 자연적으로 이루어지는 과정입니다. 그렇지만 네 번째 국가는 그렇지 않습니다. 그렇지 않기 때문에 유기체나 관품으로 부를 수 없으며, 다만 무기체요 비관품이라고 말할 수밖에 없습니다.

그렇지만 이 무기체·비관품의 국가도 처음에는 항상 유기체·관품의 사회에서 출발했습니다. 사람들이 함께 모여 구역을 정해 집단적으로 살게 되면, 거주지의 경계가 서로 엉키고 그 속에서 전쟁이 일어납니다. 그리고 이 전쟁은 근세 문명의 전쟁과 같이 언제나 조약과 배상으로 끝나는 것이 아니라, 때로는 상대를 전멸시키는 것으로 마무리됩니다. 때때로 어떤 국가가 전멸합니다. 종묘가 땅에 떨어지고 사직은 폐허가 되어 종법과 종교가 모두 없어집니다. 정부는 붕괴되고 이전에 있었던 모든 제도는 흔적도 없이 사라집니다. 망국의 신민은 생명과 재산을 모두 잃고, 오로지 승자의 지휘와 조치를 따를 뿐입니다. 여기에 새로운 정부가 건립됩니다. 이 정부 안의 관료는 대체로 적국의 사람입니다. 이전에 둘로 나누어져 있던 사회가 이제 하나의 사회로 통합됩니다. 제가 큰 돼지와 긴 뱀이 사슴과 코끼리를 뱃속에 삼키고 있다고 비유한 것은 이런 까닭입니다. 사슴과 코끼리의 기관은 여기에서 모두 분말로 바뀌고 서서히 변화하면서 새로운 몸체로 변화됩니다. 여러분의 생각은 저와 다릅니까?

제가 이러한 네 번째의 국가를 특별히 분류하여 논의하는 까닭이 결코 겸병(兼倂)과 정벌에 의해 성립된 국가를 증오하거나 비난하기 위해서가 아니라는 점을 여러분이 알아야 합니다. 첫째, 우리의 학문 연구는 공평한 관점에 서서 한 국가나 하나의 정부를 한 마리의 벌레나 한 포기의 풀과 같이 보는 것이며 처음부터 연구 대상에 선입견을 갖고 있지 않기 때문입니다. 둘째, 고대 사회를 살펴보면, 이러한 겸병과 정벌이 없었던 나라가 없기 때문입니다. 예컨대 영국은 일찍이 노르만인에게 멸망을 당한 적이 있었습니다.[15] 다만 승자와 패자의 두 종족은 한 세대가 지나면 구분되지 않고, 백년이 흐른 뒤에는 완전히 동화됩니다. 즉물궁리(卽物窮理)의 일은 사물에 애증을 품을 수 없습니다. 이러한 구분을 세우지 않을 수 없는 것은 자연적으로 만들어진 국가와 정복과 통치로 만들어진 국가를 동일하게 간주하여 같이 논할 수 없기 때문입니다. 그래서 앞의 세 종류는 자연적 국가라 하고, 뒤의 한 종류는 비자연적 국가로 부릅니다.

더 상세하게 논의하자면, 이러한 비자연적 국가 가운데 실제로는 두 가지 모습이 있습니다. 승리한 국가는 큰 돼지나 긴 뱀과 같아서 저절로 유기체가 되어 모든 것이 진화의 원리를 따르고, 결국 지극히 강력한 유기체가 됩니다. 기관을 형성하지 못하고 소멸되는 것은 다만 패배한 사회와 멸망한 국가입니다. 예컨대 이슬람 지역에서 터키는 매우 강력한 신권국가로 일어나 독립 정부를 조직하였지만,[16] 전쟁에 패배한 기독교 지역은 퇴락하여 유기체라고 할 만한 것이 없었습니다. 또 중국의 원대에 태조는 고비사막의 북쪽에서 일어나 모래알처럼 흩어져 있던 사람들을 모아 그들을 지극히 신통하고 지극히 강력한 기관으로 만들어 유럽과 아시아에 세력을 떨쳤으며, 세조 쿠빌라 이에 이르러서는 중국을 격파하기까지 했습니다. 그 당시 원나라 인민은 자체적으로 단체를 형성하여 국가를 갖고 있었지만, 중국 종족은 그렇지 못했습니다. 또 오늘날의 인도는 영국인이 멸망시켰습니다. 인도에 거주하고 있던 영국인에게 단체가 없고 기관이 없었다고 말할 수는 없을 겁니다. 기관을 갖춘 것은 영국인이며 인도 사람들은 흩어져 있던 무기체였습니다. 이는 정치를 논하는 자들이 주의 깊게 분별해야 할 점입니다.

이제 이번 강의를 총괄해 보겠습니다. 정치학자는 위로는 역사를 통관하고 아래로는 오대주를 살펴, 인류가 결합하여 사회를 만들어 가는 과정이 질박

. . . .

15 1066년 노르망디의 공작 윌리엄이 잉글랜드를 침공하여 정복한 사건을 말한다.
16 13세기 말 오스만 1세(Osman I, 1258~1326)가 수장이 되어 동유럽의 기독교 국가와 서아시아, 북아프리카의 이슬람국가를 정복하여 지중해 세계를 장악한 오스만투르크제국을 말한다.

함에서 문화적으로[17] 간단한 것에서 복잡한 것으로 나아가며, 진화의 단계를 거치면서 나아가는 정도가 유기체 생물과 밀접한 비례 관계를 지니고 있다는 것을 알게 되었습니다. 그래서 사비니는 국가란 태어나서 성장하는 것이지 제조물이 아니라고 말했습니다. 스펜서가 인간사회는 유기체와 같은 큰 생물이며 생로병사를 말할 수 있다고 한 것도 마찬가지입니다. 야만사회에서 시작하여 종법으로 들어갑니다. 종법이 성립되면 생존경쟁 속에서 스스로 생존을 꾀하고자 합니다. 여기에서 분리와 결합을 통한 변화가 발생하고 종종 유기체로서의 큰 단체가 생겨납니다. 혹은 종교가 흥기하여 동일한 신앙을 가진 사람들이 함께 결합하기도 합니다. 그리고 전쟁으로 말미암아 조직과 부서의 일이 생기고 기관도 생겨납니다. 여기에서 말하는 종법과 신권이라는 두 종류의 국가는 성립 초기에는 때때로 동시에 나타나기도 합니다. 다만 어느 한 쪽이 주도하는 측면이 있기 때문에 정치학자는 이를 나누어서 논의해야 합니다. 오랜 세월을 거쳐 사람들은 사회를 결합하는 이점을 알게 되었습니다. 질서를 분명히 해야 하고 정부의 권력을 높여야 비로소 많은 사람들을 하나로 묶을 수 있다는 것을 알게 된 것입니다. 이로부터 공익의 관념이 생기고 백성을 보호할 책임이 중시되었습니다. 입법에서도 점차 종법과 신권에서 정해진 초기의 지침에서 벗어나게 되면서, 정치권력이 독립하고 진정한 국가의 체제가 성립하였습니다. 초기에는 종법이 국시보다 중요하고 신권이 정치권력보다 높았습니다. 그러나 나중에는 정권이 가장 존엄하게 되었고 종법과 신권은 모두 쇠퇴하였습니다. 이는 진화하는 국가에서 모두 동일하게 발생하는 일입니다. 속도가 느리거나 빠르고 기간이 길거나 짧은 차이가 있지만, 거쳐야 하는 과정은 별반 다르지 않았습니다. 물론

· · · · · · · · · · · · · ·

17 원문은 '由質而文'. "質勝文則野, 文勝質則史, 文質彬彬, 然後君子."(『論語』「雍也」)에서 유래하는 말이다. 문(文)과 질(質)은 본래 예의 바탕과 표현을 가리키는 말이었지만, 훗날 풍속의 소박함과 화려함, 문장의 내용과 형식 등을 가리키는 말로 의미가 확장되었다.

이 세 종류 이외에도 사회의 발전이 자체적인 힘이 아니라 외적 요인에 의해 제약을 받는 것이 있습니다. 즉 폭력에 의해 강제로 합병된 국가이며, 이는 자연적인 것으로 볼 수 없습니다. 이러한 국가는 유기체라고 할 수도 없습니다. 망국의 백성은 국가가 있어도 실제로는 국가가 없는 것과 마찬가지입니다.

국가를 어떻게 분류할 것인가

 지난 번 강의의 요점은 먼저 고금의 모든 국가를 크게 두 부류, 즉 미개와 문명으로 나누는 것이었습니다. 미개는 단체를 결성하는 근거가 종법의 가족이거나 혹은 종교의 신권이었습니다. 그렇지만 문명국가는 점차 이러한 두 가지 근거에서 벗어나 이익의 보호를 중시하므로 정치권력이 가장 강합니다. 오늘날 서양의 국가들이 여기에 해당합니다. 한편 또다른 분류법으로 국가를 나눌 수 있습니다. 하나는 자연적으로 발달한 국가이며 다른 하나는 자연적으로 발달하지 않은 국가입니다. 자연적이라고 하는 것은 앞에서 언급한 세 종류이며, 자연적이지 않다는 것은 병력으로 겸병한 것을 말합니다. 지금까지 말한 것을 정리하면 국가에는 모두 네 종류가 있습니다. 종법, 교회, 군국(軍國), 겸병입니다. 종법은 동일한 종족에 의해 결합한 것이요, 교회는 동일한 종교에 따라 결합한 것입니다. 군국은 동일한 이익을 근거로 결합한 것이요, 겸병은 폭력으로 결합한 것입니다. 오대주의 역사에서 모든 국가는 아무리 복잡한 형식을 지니고 있더라도 모두 이 네 가지로 구분하여 성질과 기능의 차이를 드러낼 수 있습니다. 이러한 구분은 정치학에서 정말로 매우 유용한 것입니다.

우리 중국인이 어린 시절에 역사책을 읽으면서 배운 것은 요순 삼대 이후로 모든 국가가 역대로 치란과 성쇠의 차이가 있지만 정치 제도가 대체적으로 서로 비슷하다는 것이 고작이었습니다. 그래서 마음속으로는 중국의 형식을 유일한 표준으로 삼아 다른 민족이 하는 것을 언뜻 보고서는 때때로 이상한 느낌을 떨칠 수 없습니다. 그렇지만 지금은 세계가 서로 통하는 시대이며, 생존을 도모하자면 반드시 상대를 알아야 합니다. 학문의 일은 아무리 어렵더라도 그만둘 수 없습니다. 오만한 자세로 무시해버리면 그만이라고 생각하는 완고한 사람이 되지는 말아야 할 것입니다. 듣자하니 조정에서는 입헌의 구상이 있다고 합니다.[1] 입헌의 원리는 원래 복잡하지만, 요점을 말하자면, 민권을 참작하여 사용하는 것, 즉 전국의 인민으로 하여금 정부가 하는 일이 자신의 이해와 밀접한 관계가 있다는 것을 느끼게 하는 것에 불과합니다. 그렇다고 한다면, 정치학은 누구라도 관심을 가져야 하는 학문입니다. 그리고 오대주의 역사에 관해서도 전반적으로 이해하고 있어야 합니다. 한 권의 입문서[2]를 읽고서 되는 일이 아닙니다. 중국에서도 역사상 통치술이 많았지만 서양의 역사에서는 더 많았습니다. 역사책을 읽을 때 가장 큰 고민은 온 방안에 동전이 널려 있는데 그것을 하나로 꿸 줄이 없는 것입니다. 또 정치적 사건에서 시비득실을 판단할 때 무엇을 기준[3]으로 삼아야 할지 모르는 경우입니다. 예컨대 넓은 사막과 큰 바다를 건너가는데 보이는 것도 없고 더구나 나침반도 없다면, 아무리 열심히 노력하더라도 소용이 없습니다. 최

. . . .

1 제1회 주 3) 참조.
2 원문은 '易知錄'. 이지록은 『강감이지록(綱鑑易知錄)』(吳乘權 著, 1711)이나 『사성이지록(四聲易知錄)』(姚文田 著, 1882) 등과 같이 내용을 알기 쉽도록 만든 서적에 붙이는 말이다.
3 원문은 '主義'.

근 유럽의 정치학계에서 제기된 지침은 모든 국민은 반드시 헌법상의 자유[4]를 누리며 정부는 반드시 무책임한 패권을 버리는 것입니다.

그러나 오늘날 문명국가에서 그러한 지침이 통한다 해도, 옛날 초급 사회에서는 사정이 전혀 달랐습니다. 그 당시 사회적 분쟁은 다른 문제에 있었습니다. 예를 들면 로마의 제민(濟民)은 일찍이 귀족과 싸웠습니다. 그것은 자유를 위한 싸움이 아니었습니다. 오늘날의 관점에서 고대의 역사적 사건을 바라보는 것은 참으로 옳지 않습니다. 자유와 입헌, 군주권의 제한, 대법전의 의결, 국민이 누려야 하는 권리의 제정 등등의 용어는 모두 지금으로부터 오백년 내[5]에 만들어진 것이며, 서양의 나라에서도 옛날부터 있었던 것은 아닙니다. 이러한 용어로 이전 시대의 모습을 논의할 수는 없습니다. 지금 어떤 사람이 한나라 고조가 관중에 들어온 것은 전제를 없애기 위한 것이었으며 황소의 혁명[6]은 민권을 신장한 것이었다고 말한다면, 이를 듣고서 여러분은 크게 웃지 않을 수 없을 것입니다. 유럽에 대해서도 지금의 관점에서 옛날을 개관한다면 역시 이와 같을 것입니다.

그러므로 미개사회가 쟁취하고자 하는 것은 문명사회가 요구하는 것과 전혀 다릅니다. 그들 각각의 원리를 알고자 한다면 사회가 변화하는 시기를 관찰해야 합니다. 최초에는 종법사회가 새로 생겨난 신권과 경쟁합니다. 오랜 시간이 지나면 정치권력이 또 신권과 경쟁합니다. 예컨대 아랍의 마호메트, 헤브라이의 모세, 로마의 누마[7] 등은 모두 종법의 국면을 타파하고 신권

---

4 원문은 '憲法中之自由'. 실리의 원시에는 constitutional freedom로 되어 있다.
5 남양본은 '二百年來'로 되어 있다.
6 왕선지(王仙芝)와 황소(黃巢)가 산둥(山東) 지역에서 일으킨 농민 반란이다. 이들 반란군은 880년 뤄양(洛陽)과 창안(長安)을 함락시켰으며, 황소는 황제의 자리에 올라 국호를 대제(大齊)로 정했다.
7 누마(Numa)는 로물루스를 계승한 로마의 제2대 왕 누마 폼페리우스이다. 당시 세 민족이 각각 자신들의 신을 신봉하고 있었지만, 누마왕은 각 민족이 로마에 가져온 신들의 서열을 정하는 방식으로 질서를 세웠다고 한다.

정부를 수립한 자들입니다. 그밖에도 로마의 어거스틴,[8] 프랑스의 성 루이[9]도 신권에 의탁해서 국가를 수립한 자입니다. 그 이후에 신권이 또 쇠퇴하게 되면 정치적 권력이 점차적으로 출현하게 됩니다. 그래서 사무엘[10]은 인민의 희망에 따라 왕을 건립하면서 크게 떨쳐 일어났습니다. 왕실이 점차 흥성해 가지만, 처음에는 반드시 마치 천명을 대행하는 듯한 교황으로부터 임명을 받았습니다. 국왕은 이를 획득해야만 비로소 불가침의 결실을 얻을 수 있었습니다. 오늘날은 종교의 힘이 점차 쇠퇴해져 옛날의 100분의 1에도 미치지 못합니다. 그렇지만 전례를 통해 그 흔적을 찾아볼 수는 있습니다. 가령 유럽에서 군주가 즉위하는 대관식에서 그것을 분명하게 볼 수 있습니다.

고대 유럽에도 역시 정당이 있었지만, 다만 그들이 쟁취하고자 한 것은 지금과는 달랐습니다. 근세의 역사가는 대체로 종교의 생성과 소멸을 언급하지 않고 별도로 종교사의 영역을 설정하여 국가 역사의 엄밀성을 추구하고자 합니다. 그렇지만 이는 초급 국가에서 정권과 종교 양자가 분리될 수 없다는 것을 모르는 것입니다. 영국사의 예를 들어 보면, 스튜어트왕조[11] 시대에 정부의 행위는 종교로부터 간섭을 받지 않는 일이 없을 정도였습니다. 당시의 싸움은 인민이 권력을 획득하여 정부의 전제를 비난하고자 한 것이 아니라, 오히려 정부가 전권을 확보하여 종교의 견제를 물리치고자 한 것이었습니다.

유럽과 미국의 정치를 거울로 삼아보면, 때때로 우리나라 역사에는 없었던

· · · · · · · · · · · · ·

8 어거스틴(Augustine of Canterbury, ?~604)은 로마교황 그레고리 1세가 영국 선교를 위해 파견한 베네딕트파 신부이며 598년에 영국 캔터베리의 초대 주교로 임명되었다. 당시 영국은 켄트·에식스·서식스·웨식스·이스트 앵글리아·머시아·노섬브리아 등 앵글로색슨계의 일곱 부족국가(heptarchy)로 분열되어 있었고, 어거스틴은 기독교를 통해 이러한 부족국가들의 분열과 갈등을 통합해 보고자 했다.
9 프랑스 카페왕조의 왕 루이 9세(1214~1270)를 말한다.
10 『구약성서』에 나오는 고대 이스라엘의 종교 지도자였으며, 사울과 다윗을 차례차례 왕으로 세웠다.
11 1371년 이후 스코틀랜드를 통치하고 1603년 이후로는 잉글랜드를 지배한 왕조이며, 1714년 앤 여왕의 죽음과 함께 끝났다.

현상을 보게 됩니다. 즉 민주 정치와 귀족 정치의 형식은 모두 중국에는 없었습니다. 누군가 이를 견강부회한다면[12] 그는 주장의 오류를 드러낼 뿐입니다. 이 두 제도는 중국에 없었을 뿐만 아니라 아시아 어디에도 없었습니다. 사람과 물건이 다 같고 안정된 정치를 추구하는 것도 다 같지만, 왜 유럽에는 이러한 제도가 있었고 아시아에만 없었을까요? 여기에는 반드시 어떤 원인이 있을 것입니다. 또한 지방자치제도를 억지로 한대의 삼로나 효제[13]와 동일시 해서는 안 됩니다. 중국이 이제 서양 제도의 장점을 보고서 그것을 모방하여 실행하고자 한다면, 그러한 제도의 생성과 발달, 그리고 오늘날의 형태에 이르는 과정 등을 간략하게나마 살펴보지 않을 수 없습니다.

그러면 지난번에 강의했던 네 종류의 국가 이외에 지금 다시 역사상의 국가를 크게 두 가지 부류로 구분해 보겠습니다. 우리가 세우고자 하는 구분은 모두 가장 핵심적인 차이를 찾아내는 것이며 핵심적이지 않은 것은 언급할 여유가 없습니다. 유럽에서 정치의 수준이 가장 높았던 시대는 19세기 이후를 제외하면 고대 그리스와 로마였습니다. 이 두 시대의 수준은 참으로 금세기와 어깨를 나란히 할 정도였습니다. 그밖의 초급사회 내지 유럽 중세의 여러 국가들은 여기에 견줄 수 없습니다. 그리스는 풍속이 뛰어났고 로마는 법도가 뛰어났습니다. 문장으로 비유하자면, 그리스는 『사기』와 같고 로마는 『한서』와 같아[14] 모두 '강하는 멈추지 않고 만고에 흐른다.'[15]라고 할 수 있습니다. 그래서 근세의 철학자 볼테르는 역사상 융성했던 시기로서

· · · · · · · · · · · · ·

12 남양본에는 "예컨대 쩡 소후(曾小侯)는 요순의 선양(禪讓)이 곧 군주를 선출한 선구적인 일이라고 말했습니다."라는 문장이 이어져 있다. 쩡 소후는 쩡기쩌(曾紀澤, 1893~1890)이며, 청말의 대 정치가 쩡궈판(曾國藩, 1811~1872)의 맏아들이다.
13 삼로(三老)와 효제(孝弟)는 고대 중국에서 지방의 풍속과 교화를 담당한 지방관이며 지방의 원로 중에 명성이 높은 자로 충당되었다.
14 '그리스는 『사기』~『한서』와 같아'까지는 남양본에 없다.
15 두보(杜甫)의 「희위육절구(戱爲六絶句)」에 나오는 구절로 불후의 작가나 명작을 비유하는 말이다.

오직 루이 14세의 프랑스와 그리스, 로마의 전성기만을 이야기할 수 있으며 그밖의 시대는 잊어도 좋다고 말했습니다. 볼테르는 프랑스혁명 이전에 태어났습니다. 그 당시는 프랑스가 강성했지만 민권은 아직 신장되지 않았고 국회도 설립되지 않았습니다. 만일 그가 지금 세상에 태어나서 두 민주제가 그림쇠를 겹쳐 놓은 듯이 닮은 것을 보면, 이 노인이 태평한 시대를 얼마나 칭송할지 모르겠습니다. 고금의 두 시대가 이처럼 서로 닮았다면 그 차이는 무엇일까요? 유구한 이 천년의 세월 동안 그들이 한 일은 복고에 불과하고 진보라고는 없었단 말입니까?

유럽에는 진보가 있었습니다. 피상적으로 보면 두 국가의 차이가 영토의 크고 작음과 인구의 많고 적음에 불과하지만, 실제로 차이는 여기에 그치지 않습니다. 그리스와 로마는 당시 이른바 도시국가였지만 오늘날의 국가는 방역국가입니다.[16] 민권과 지방자치의 기원을 논하고자 한다면, 이 두 구분에 관해 상세하게 논의하지 않을 수 없습니다. 전자의 명사는 곧 중국어의 '읍(邑)'자로 번역됩니다. 이는 구(口)와 절(卩)로 이루어진 글자로서 일정하게 구획된 지역 안에 법도가 있다는 의미입니다.[17] 후자의 명사는 곧 '국(國)'자로 번역됩니다. 옛날에 국은 역(或)자였으며, 구(口)와 일(一), 그리고 과(戈)로 이루어진 글자로서 일정하게 구획된 지역을 병사와 무기로 지킨다는 뜻입니다.[18] 여러분이 중국어의 의미를 이해할 수 있다면 두 종류의 국가에 대해 이미 절반 이상을 알았다고 할 수 있습니다.

제가 거론하고 있는 그리스와 로마는 병탄하고 석권하면서 제국을 개척했던 시기가 아니라 민주주의가 성행했던 때를 말합니다. 당시에 도시국가가

· · · · · · · · · · · · · ·

16 남양본에는 "전자는 City State이며 후자는 Country State이다. 이 둘은 이미 이전에 자주 언급했다."라는 설명이 추가되어 있다.
17 『설문해자』에는 "邑, 國也. 從口. 先王之制尊卑有大小, 從卩."로 되어 있다.
18 『설문해자』에는 "國, 邦也. 從口, 從或.", "或, 邦也. 從口, 戈以守其一. 一, 地也"로 되어 있다.

두 지역에만 있었던 것은 아닙니다. 아프리카 북부 해안에서 로마와 패권을 다투던 카르타고도 역시 민주주의가 성행한 도시국가였습니다. 그밖에 마케도니아는 왕국이었고 페르시아는 전제의 제국이었습니다. 그때 이집트는 가장 오래된 나라였습니다. 이들 세 나라에는 대체로 민권이라고 할 만한 것이 없었습니다. 따라서 고금의 가장 큰 차이는 아테네와 로마라는 두 도시국가가 하나의 군현에도 미치지 못하는 땅에서 수백만에도 미치지 못한 인구로 독립된 유기체의 단체를 만들었다는 것입니다. 이에 비해 오늘날 아시아, 유럽, 미주 대륙에 있는 국가는 대체로 수만리의 토지와 수천만의 인구를 갖고 있으며, 질서를 잡고 강령을 세워 각각 독립된 유기체가 되어 있습니다.

물론 유기체라는 점에서는 동일하지만, 유기체가 된 근거는 같지 않습니다. 순서에 따라서 논의하지 않으면 알 수 없습니다. 금세기의 열강, 이른바 국가[19]는 언어가 모두 같아서 혼란을 염려할 필요가 없습니다. 때로는 한 나라 안에 두세 종류의 언어가 사용되기도 하지만 항상 하나의 언어가 우세합니다. 예컨대 스위스와 같은 나라에서는 세 가지 언어가 사용되고 있지만 통용되는 것은 독일어입니다. 오스트리아에서는 더 많은 언어가 사용되고 어느 하나가 우세하지 못해 폐단이 있습니다. 그리스와 로마의 도시국가에서는 때로는 언어가 동일하였지만, 어느 한 정부가 이를 관할하지는 않았습니다. 중국의 전국시대와 삼국시대와 같이 그리스에는 아테네, 메가라, 코린트가 있었고, 이탈리아에는 로마, 벨리, 그리고 라틴 지역 등이 있었습니다. 이들은 모두 독립하고 있으면서 서로 싸우던 도시국가였습니다. 후세에 이르러 이탈리아와 스위스에도 그러한 모습이 있었습니다. 14세기 중엽 유럽의 대륙에서는 교황에 외해 임명된 황제의 권력이 쇠퇴히면서 때때로 자립힌 도시국가가 나타났습니다. 이탈리아 북부의 피렌체와 베네치아, 독일의 뉘른

· · · · · · · · · · · · ·

19 상무본은 '國民', 남양본은 '國家'로 되어 있다.

베르크와 프랑크푸르트 등이 모두 이때 자립한 작은 민주국이었습니다. 그렇지만 세상의 운세가 이미 변하면서, 이들 국가들은 오래도록 존립할 수 없게 되어 결합과 분리를 거듭하면서 점차 모두 대형 국가로 바뀌고 인구가 수천만으로 늘어났습니다.

고대 도시국가의 형식은 오늘날 조계[20]와 매우 유사하며, 방역국가의 정부 기관과 같은 차원에서 논의할 수 없습니다. 생존경쟁이 치열한 시대에 이러한 국가들이 독립하여 전쟁을 감당하기는 매우 어렵습니다. 그럼에도 불구하고 18세기 유럽의 정치학자 가운데는 여전히 복고를 주장하는 자가 있었습니다. 루소가 그런 학설의 기수였습니다. 그 취지는 매우 좋지만 그 제도[21]의 오류에 대해서는 더 이상 논의할 필요가 없을 것입니다.

도시와 방역 이 두 종류의 국가는 원래 중대한 구분입니다. 이로 인해 인민의 생활과 세상의 흐름이 달라집니다. 그렇지만 이러한 구별을 말할 때는 역사에서 도시국가의 시대가 언제 끝나고 방역국가의 시대가 언제 시작했는지를 구분하는 것이 불가능하다는 사실을 알아 두어야 합니다. 역사에서 태반은 과도기입니다. 전쟁과 혼란 속에서 이 단계에서 저 단계로 바뀌어 갑니다. 예컨대 로마제국의 해체는 유럽 역사상 최대의 사건이었습니다. 그런데 정확하게 말하자면 방역국가로 결합되는 일도 앞뒤로 수백 년 혹은 수천 년이 걸립니다.

18세기의 정치학자는 방역국가는 인간의 힘으로 만들어진 것이 아니라 할지라도 규모가 작은 도시국가는 인민의 약속에 의해 공적으로 건립된 것[22]

· · · · · · · · · · · · ·

20 중국의 개항도시에서 외국인이 거류지역의 행정과 경찰을 관리하는 지역이다. 1845년 영국이 상하이에서 처음 조계를 두었으며, 한때 8개국 27개 지역까지 늘어났지만 제2차 세계대전 중에 모두 없어졌다.
21 원문은 '法'. 남양본은 '治'로 되어 있다.
22 원문은 '民約所公立'. 루소의 사회계약설은 『民約通義』(人鏡樓主人譯, 上海同文譯書局, 1898), 『民約論』(楊廷棟譯, 『譯書彙編』제1년 제1기, 1900) 등의 번역을 통해 중국에 소개되어

이라고 주장했습니다. 이는 루소 등이 소국(小國) 자치의 학설을 자주 주장하는 근거입니다. 역사적 사실에 비추어보면 결코 그렇지 않습니다. 도시국가는 가족과 교회가 점진적으로 변해서 성립되었다는 뚜렷한 증거가 있습니다. 예컨대 그리스의 아테네, 이탈리아의 로마에는 처음에는 신화의 시대가 있었고 종법의 시대가 있었습니다. 이는 영국과 독일 등에서도 마찬가지입니다. 규모가 작다고 해서 도시국가가 인위적으로 만들어진 것이라고 주장한다면, 이는 잘못입니다.

도시국가가 처음 만들어질 때는 언제나 종법에서 시작합니다. 종법이란 일군의 백성이 모두 같은 조상에서 나온 것을 말합니다. 그렇지만 인간 세상에서 최초를 말하자면 누구인들 같은 종족이 아니겠습니까? 그래서 같은 종족은 너무나 많지만, 종법에서 공인되는 같은 종족에는 제한이 있습니다. 이렇게 한계가 있고 제약이 가해지면서, 종법이 되고 또 국가가 됩니다. 그렇지만 국가의 통치를 받는 자 전부가 같은 종족인 것은 아닙니다. 그래서 아테네와 로마의 도시국가에서는 같다고 공인된 사람들이 같다고 간주될 뿐인 종족 속에서 살고 있습니다.[23] 다른 종족과 서로 만나기 전까지는 같다고 공인된 종족은 국가와 관련을 가지지만, 같다고 간주될 뿐인 종족은 국가와 관계가 없습니다. 관계가 없기 때문에 그들은 국가가 결성되는 결과에 아무런 영향을 미치지 못합니다.

더구나 쉽게 알 수 있는 것은 어떤 종족이 다른 종족과 만나기 이전에는

. . . .

'민약'으로 알려졌다.

23 실리의 원서에는 "Those original tribes of Athens and Rome had conscious kindred, each within itself, but they dwelt in the midst of other tribes who they regarded also as cognate."로 되어 있다. 옌푸는 한 국가 안에서 좁은 의미의 혈연적 유대를 가진 종족과 넓은 의미에서 같은 종으로 간주되는 종족을 '公認之同種'과 '相忘同種'으로 설명하고 있다. 상망(相忘)은 『장자』 「대종사」에 나오는 말로 물고기가 강물 속에서 아무런 근심 없이 유유자적하게 노니는 모습을 말한다.

스스로를 지칭하는 종족의 이름이 없었다는 점입니다. 우리 할아버지의 시대 이전만 하더라도 우리와 같은 부류의 사람을 화종(華種)으로 스스로 구분했다는 말은 들어본 적이 없습니다. 오늘날에 이르러서야 비로소 그러한 호칭이 날로 많아진 것입니다. 또 한위(漢魏)시대 이래로 한종(漢種)이라고 부른 것도 역시 북쪽의 이민족과 접하게 되면서 스스로를 구별하기 위한 것이었습니다. 이는 서양의 나라에서도 마찬가지입니다. 예컨대 그리스는 호메로스의 시대에 자신의 종족을 지칭할 공식적인 이름이 없었습니다. 당시에 함께 싸웠던 트로이가 같은 종족이었는지는 지금도 알 수 없습니다. 게르만의 무리는 전체적으로 불리는 명칭이 없었습니다. 송나라 시대에 이르러서야 비로소 스스로를 도이치라고 불렀습니다. 도이치라는 것은 평민이란 말입니다. 이처럼 엄밀하지 못한 것입니다. 그밖에 마호메트 이전의 아랍도 역시 그러했습니다. 이로부터 당시에 반드시 하나의 가족으로 공인되는 같은 종족은 단체가 있었지만, 같다고 간주될 뿐인 종족, 즉 오늘날의 동종의 국민, 서양어로 Nation으로 불리는 것은 단체가 없고 기관도 없었다는 것을 알 수 있습니다.

뿐만 아니라 같은 종족 내에서도 때로는 각자 국가를 이루어 서로 원수가 되기도 합니다. 생존경쟁이 격렬하고 천시(天時)와 인사(人事)로 위급한 지경에 처하게 되면, 기관이 점차 갖추어지고 단체도 더욱 견고하게 됩니다. 이것이 곧 지난번에 말하였듯이 종법과 신권으로부터 군국국가가 만들어지는 원리입니다. 만일 이러한 시기에 이민족이 갑자기 나타나면, 예컨대 한대의 흉노나 고대 그리스의 마케도니아와 같은 외적이 나타나면, 때로는 그들을 물리칠 기관이 부족해서 패배하고 멸망할 때도 있습니다. 그들은 집안에서 싸우는 일에는 능했지만, 외적의 침략을 막기에는 부족했습니다. 이는 마치 함풍·동치[24] 연간에 중국이 홍수전과 양수청의 난[25]을 평정하면서도 영국

. . . .

24 함풍(咸豊)은 청나라 제9대 황제 문종(재위 기간 1850~1861)의 연호이며, 동치(同治)는 10대

과 프랑스의 연합군을 물리치지 못한 것과 같은 일입니다. 그리스나 이탈리아도 역시 그러했습니다. 중세기에 카를 5세[26]는 가는 곳마다 승리를 거두었습니다. 이때 도시들이 스스로 연합하여 규모를 키우기도 하고, 혹은 새로운 군주에게 합병을 당하여 대국이 되기도 했습니다. 그렇지만 나라가 커지면, 지난날의 민주제 도시국가의 제도를 지키면서 자웅을 겨루고자 하더라도 불가능합니다. 따라서 합병이 일어나고 결국 강력한 한 통치자가 등장하여 통일을 달성합니다. 합병된 작은 나라는 때때로 옛날의 자유를 그대로 누리고 옛 법률을 그대로 따릅니다. 여기에서 중앙정부와 지방자치제가 성립하게 됩니다. 양나라 혜왕이 갑자기 질문했을 때 맹자는 "하나로 통일될 것입니다."[27]라고 대답했습니다. 이런 일은 서양의 역사에서도 볼 수 있습니다.

이로부터 두 종류의 거대한 단체가 생겨납니다. 전쟁을 방어하기 위한 방책으로 연합한 것을 연방(聯邦) 혹은 합중(合衆)이라고 합니다.[28] 기관을 완비하고 차이를 완전히 제거하여 진나라가 했던 일과 같이 도량형과 언어를 통일하면, 방역국가 혹은 종민국가(種民國家)라고 합니다.[29] 이것은 모두 하나로 통일된 체제입니다. 그렇지만 지금까지 말한 것은 정상적인 경우를 말한 것에 불과합니다. 역사적으로 보면 작은 도시국가를 연합하거나 겸병하지 않고서 이루어진 방역국가가 있습니다. 가령 지세가 평활하고 생활의 여유가 있는 곳에 도시국가의 정치가 만들어져 있지 않으면, 유능한 자가 출현하여

. . . .

황제 목종(재위 기간 1861~1875)의 연호이다.
25 홍수전(洪秀全, 1814~1864)은 광동성 출신, 양수청(楊秀淸, 1820~856)은 광시성 출신으로 모두 태평천국운동을 이끌었다.
26 카를 5세(Karl V, 1500~1558)는 신성 로마 제국 황제(1516~56년 재위)이다.
27 양혜왕(梁惠王, 재위 기간은 기원 전 335~320)이 천하는 어떻게 평정이 될 것인가 하고 물었을 때, 맹자는 사람 죽이기를 좋아하지 않는 자 한 사람에게로 통일될 것이라고 대답했다. (『맹자』 「양혜왕」 하)
28 남양본에는 Federation, Federal States라는 설명이 추가되어 있다.
29 남양본에는 Country State or Nation State라는 설명이 추가되어 있다.

이 지역을 거두어서 다스리다가 대국으로 발전하여 번창하게 됩니다. 대체로 서양의 역사에서 도시국가는 산악 지역에 많았습니다. 그리스, 이탈리아, 스위스는 모두 산이 많은 나라입니다. 험준한 지역을 이용하여 방어 시설을 갖추므로 성채와 보루가 수없이 많으며 그 아래 빈터에는 광장이 있습니다. 지금도 이들 나라의 국경에 들어가 보면 볼 수 있습니다. 이곳은 모두 고대에 도시국가가 발달한 지역입니다. 알프스산맥을 넘어 북쪽으로 가서 독일과 프랑스 땅에 들어가면, 중국의 북방과 같이 넓은 평원이 많고 생활이 풍요로 워 서로 싸우지 않았습니다. 그래서 게르만에는 예로부터 성채와 보루가 없었고 도시국도 많지 않았습니다. 이러한 사람들은 만일 강력한 이민족이 침략하면 도저히 방어할 수 없게 됩니다. 왜냐하면 의지할 만한 지형적 조건 이 없기 때문입니다. 그래서 아시아의 흉노는 유럽에 침입했을 때 가는 곳마 다 대적할 적이 없었습니다. 이때 슬라브와 게르만 두 종족은 기세에 눌려 살던 땅을 다 버리고 서쪽으로 달아났습니다. 또 덴마크 사람들이 영국의 섬에 들어가자, 구 귀족은 모두 피신하여 서북쪽으로 가버렸습니다. 그들은 외적을 방어하기에 이처럼 불리했습니다.

그렇지만 사회의 일은 언제나 이로움 속에 해가 있고 재앙이 있으면 복이 따르기 마련입니다. 이러한 인종이 방역국가를 만드는 일은 앞에서 말한 도시국가보다 오히려 쉽습니다. 그래서 영국이 국가의 세력을 확립한 것은 덴마크가 대규모로 침입한 시기였습니다. 알프레드[30]가 일어나 호소하자 그 를 따르는 자가 시장에 사람이 모이는 것 같았습니다. 그리고 게르만이 방역 국가가 된 것은 5세기에 헨리가 인솔하여 흉노를 막고 10세기에는 오토가 인솔하여 마자르인을 막았기 때문입니다.[31] 그래서 게르만에서는 헨리를 성

....

30 알프레드(849~899, 재위 기간 871~899)는 웨섹스 왕가의 왕으로서 바이킹의 침략 이래 쇠 퇴해 있던 영국을 부흥시킨 공로로 인해 알프레드 대왕(Alfred the great)으로 불렸다.
31 헨리는 하인리히 1세(875~936, 재위 기간 919~936)이며 독일 작센조의 초대 국왕이다(따라

왕(城王)이라고 부릅니다. 헨리 이후로부터 적을 막을 수 있는 성곽을 갖추었기 때문입니다. 이때 작센족이 처음으로 흥성하여 스스로 자신의 종족을 도이치로 칭한 것입니다. 이 또한 앞의 법칙을 증명해 주는 것입니다.

지금까지 설명한 것을 정리하면 다음과 같은 것을 알 수 있습니다. 오대주에서 인간사회가 미개한 상태에서 벗어나 종법이나 교회의 단계를 거친 후에는 반드시 국가가 성립하게 됩니다. 국가는 언제나 두 개의 형식을 벗어나지 않습니다. 하나는 형식과 제도가 작지만 단체의 결합이 매우 견고하고 기관의 조직이 매우 조밀한 것입니다. 이런 이유로 그리스와 로마의 제도는 천고의 세월에 걸쳐 언제나 추앙을 받아왔습니다. 또 하나는 형식과 제도가 웅대하지만 거대한 단체의 결합이 언제나 느슨하고 정치상의 기관도 역시 조밀하지 못한 것입니다. 이른바 그릇이 크면 늦게 이루어지는 것이지요. 19, 20세기 동안 사람들의 지식이 매우 높아지고 경쟁이 매우 치열해지면서 강성한 국가가 출현하였습니다.

여러분은 제가 제2회 강의에서 정치학 연구의 태반이 국가의 형식을 분류하는 것이라고 말한 것을 기억할 것입니다. 아무리 많은 내용을 말하더라도 여전히 분류의 작업을 벗어나지는 않습니다. 방금 말한 것은 곧 도시와 방역 두 국가의 차이였습니다. 그 내용은 토지의 좁고 넓음과 기관의 거칠고 조밀함 두 가지입니다. 그렇지만 차이는 여기에만 그치는 것이 아닙니다. 만일 차이가 이것밖에 없다면 고대 아테네와 현재 영국의 차이는 하나는 크고 하나는 작다는 것에 불과할 것입니다. 이러한 주장에 대해서는 현명한 자라면 곧바로 그 결점을 쉽게 알 수 있을 것입니다. 아테네는 그리스의 수도였고,

....

서 본문에 헨리가 5세기에 흉노를 막았다는 것은 옌푸의 착각인 듯하다). 오토는 오토 1세 (912~973, 재위 기간 936~973)이며 하인리히 1세의 뒤를 이어 왕조의 기초를 확립하고 독일의 국가통일을 강력하게 추진하였다. 실리의 원서에는 5세기에 흉노의 침략에 무너졌던 독일이 10세기에 이르러 하인리히와 오토의 지휘 아래 마자르인에게 성공적으로 대항했던 일을 서술하고 있다.

런던은 영국의 수도였습니다. 다만 역사에서 이 두 국가를 언급할 때 한쪽은 아테네를 가리키며 그리스를 말하지 않고, 다른 한쪽은 영국을 가리키고 런던을 말하지 않습니다. 국민을 언급할 때도 전자는 아테네 국민이라 말하고, 후자는 영국인[32]이라고 합니다. 그리고 아리스토텔레스는 그리스인으로서 스스로 국가의 정치를 논하면서, 정치적으로 완전한 기관을 논할 때는 국가를 가리키지 않고 직접 도시를 말했습니다. 그 당시 아리스토텔레스가 어찌 마케도니아와 페르시아와 같은 큰 나라를 보지 못했겠습니까? 그러나 그는 이 두 나라를 국가로 간주하지 않았고, 이 두 지역의 사람들을 국민으로 간주하지 않았던 것입니다. 그래서 그는 "인간은 태어나면서부터 국민이다.",[33] 또 "토지가 광대하더라도 국회와 국민이 모두 갖추어져 있지 않으면 완전한 국가가 아니다.", 또 "국가의 사업에 참여하지 않으면 그 사람은 국민이 아니다."라고 했습니다. 이 몇 구절은 곧 정치학의 기본 원리이며, 지금도 서양인이 떠받들고 있는 금과옥조입니다. 여러분은 이것을 잘 기억해서 앞으로의 강의에서 혼란에 빠지는 일이 없기를 바랍니다.

그렇지만 아리스토텔레스의 말에도 역시 논란거리가 있다는 것을 쉽게 알 수 있습니다. 국가의 최초의 의미는 다스리는 자와 다스림을 받는 자의 윤리일 뿐입니다. 사회 안에는 반드시 명령을 내리는 자가 있고 명령을 따르는 자가 있습니다. 그렇지만 최초의 상황에서 보자면 이들 양쪽은 말소리가 서로 들릴 정도로 지극히 가까운 사이였고, 서로 인접해 있지 않으면 이러한 일은 있을 수 없습니다. 그렇다면 국가라는 것이 20여 개의 성과 만주와 몽고를 포함하는 중국과 같지 않더라도, 세 대륙에 걸쳐 있는 러시아와 같지 않더라도, 태양이 지는 날이 없는 영국과 같지 않더라도, 다만 고대 중국의

· · · · · · · · · · · · ·

32 원문은 '英吉利'. 남양본에는 English라는 설명이 추가되어 있다.
33 실리의 원서에는 "Men are born to be citizens."로 되어 있다.

제(齊), 진(晉) 정도의 넓이에 직경이 수백 혹은 수천 리 이상만 되어도, 아리스토텔레스의 학설은 적용될 수 없습니다. 그래도 서양인은 여전히 아리스토텔레스의 가르침을 포기하려 하지 않습니다. 그렇다면 어떤 국가라도 장차 모두 도시국가가 되고, 방역국가는 있을 수 없단 말입니까? 치열한 생존경쟁 속에서는 방역국가의 제도가 아니면 스스로 생존할 수 없습니다. 이야말로 참으로 진퇴양난입니다. 우리는 아시아의 제국에서 태어나서 귀가 따갑도록 우리나라 성현의 옛 학설을 들어서 익힌 오랜 습관이 마치 본능처럼 되었습니다. 그래서 이러한 문제에 대해서는 전혀 관심이 없습니다. 이민족 중에는 수렵생활을 시작한 이래로 사회가 도태하고 기력이 사라지고 유혈사태로 목숨까지 잃는 일이 역사 속에 보이는데, 아마도 이러한 일의 태반은 이 작은 문제를 해결하기 위한 것이었습니다. 여러분은 제 말을 믿지 못하겠습니까?

다만 넓은 지역을 다스리는 일이라면, 그렇게 어렵지는 않습니다. 왜냐하면 땅은 아무리 넓더라도 분할할 수 있기 때문입니다. 성(省), 주(州), 부(府), 현(縣)으로 나누고 각 지역을 담당할 지방의 군인과 관리를 두면 일이 다 해결되지 않겠습니까? 물론 그래서 해결된다 하더라도 만일 적절한 기술을 갖고 있지 않으면 지방에 임명해 둔 자가 모두 적이 될 것입니다. 적절한 기술이라는 것도 역시 어렵지는 않습니다. 우리는 중국이 역대로 해온 일을 보지 않았습니까? 다른 나라도 역시 이와 같습니다. 형식은 수없이 다양하지만 큰 지역을 다스리는 방법을 찾는 점에서는 동일합니다. 따라서 어떤 국가라도 두 개의 정부를 갖고 있습니다. 중앙정부와 지방정부입니다. 지방정부는 즉 지방자치입니다. 넓은 영토와 많은 인민이 히니의 국가가 된 이상 이해관계가 반드시 전체와 관련되게 됩니다. 또한 천시(天時)와 지리, 인정과 물산은 각각 다르므로 반드시 각 지방과 관련되는 일이 있습니다. 지방과 관련되는 일은 언제나 복잡하지만 중앙정부가 관여할 일은 아닙니다. 그러므로 법률상으로 언제나 자치권을 부여하여 자율적으로 일을 처리하도록 합니다. 전체와 관련된 일로서 일률적으로 처리해야 마땅한 것은 중앙정부로부터 명령을 받습니다.

그렇다면 우리 중국에서는 지방자치가 이미 삼천여 년이나 된 셈입니다. 이것은 공연히 하는 말이 아닙니다. 광대한 토지와 수많은 인구를 지닌 국가에는 지방자치 제도가 없을 수 없기 때문입니다. 방역국가에는 여러 형태가 있지만, 지방자치가 있다는 점은 공통입니다. 그렇지만 자치를 하는 근거에는 대단한 차이가 있습니다. 중앙정부에 대해 관계의 친소와 권력의 경중이 있을 뿐만 아니라 통치권의 근거 또한 같지 않습니다. 중앙정부로부터 칙명을 받는 경우가 있고, 지방의 사람들로부터 선출되는 경우도 있습니다. 봉토를 나누어 받아[34] 대대로 세습하는 경우도 있습니다. 이는 통치권이 주어지는 근거의 차이입니다. 기관은 일인의 전제에서 생기기도 하고, 혹은 소수의 귀족과 호걸에 의해 만들어지기도 하고, 혹은 일부 의원에 의해 결정되기도 하고, 혹은 이 중 두세 가지가 함께 사용되기도 합니다. 기관의 차이도 이와 같습니다. 그러므로 우리나라에서 지금 지방자치를 언급하는 것은 본래 없었던 제도를 새롭게 만들고자 하는 것이 아닙니다. 오히려 구제도가 시행된 지 너무 오래되었고 시대의 형세가 변하여 사태에 적절하게 대처할 수 없게 되었기 때문에 일부의 기관을 새로 세워 구제도의 결점을 보완하고자 하는 것입니다. 정확하게 말씀드리면, 이것은 역시 민권을 수용하는 것입니다. 지방에 향약(鄕約)과 공국(工局)이 있는 것은 국가에 의원과 내각이 있는 것과 같습니다. 우리는 이것을 마음속으로 분명하게 이해해야 할 것입니다.

제가 지금까지 말한 것은 각종 국가를 구별하는 것이었습니다. 그래서 자치제도의 차이에 관해서는 더 상세하게 말씀드릴 시간이 없습니다. 자치권의 차이에 관해서도 더 이상 따지지 않겠습니다. 여러분이 주목해 주기를

---

34 원문은 '分茅'. 중국에서 제후를 분봉할 때 백모(白茅)로 흙을 싸서 준 일에서 유래한 말이다.

바라는 것은 다음과 같습니다. 큰 나라에는 반드시 두 개의 정부가 있습니다. 이들 정부의 직능은 하나는 전체적이며 하나는 부분적입니다. 부분적인 것은 반드시 지방에서 일을 처리하고, 전체적인 것은 반드시 중앙에서 다스립니다. 이야말로 지울 수 없는 차이입니다. 그렇지만 각국이 정한 법률은 분명 같지 않습니다. 프랑스의 지방자치는 권한이 가장 작고 거의 중앙정부의 꼭두각시와 같아서 자유롭게 처리할 수 있는 일이 적습니다. 이는 중앙에 집중된 정부, 영어로는 centralized[35]라고 합니다. 이와는 반대로 지방의 권력이 더 많고 법률상으로는 중앙의 권력에 의거하지만 자유롭게 조치할 수 있는 일이 적지 않은 경우가 있습니다. 이는 지방위임의 제도, 영어로는 decentralized라고 합니다. 예를 들면 영국의 세 섬은 이 제도를 시행하고 있습니다. 지방에 위임하는 형태의 극점에 이르면, 언제나 지방의 권력이 강력하게 됩니다. 옛날 페르시아와 몽고에서 봉토를 받은 절도사와 도독은 사트라프,[36] 즉 의찬(宜贊)으로 불렸으며, 그들의 권력은 국왕과 다르지 않았습니다. 중앙의 권력이 강력한 형세는 대체로 서양인들이 속국을 다스리는 방법이었습니다.

중앙의 권력과 지방의 권력이 각각 극단적으로 강하게 될 때, 정부는 언제나 위기에 처하고 변혁의 위험이 따릅니다. 이는 방역국가에서 나타나는 현상입니다. 도시국가에서는 영토가 협소하기 때문에 지방자치제도가 성립할 수 없습니다. 아리스토텔레스의 학설에 따르면, 국민이 함께 모여 일을 결정하지 않으면 참된 국가가 아니라고 합니다. 이는 지방자치와 무관하다는 것을 알 수 있습니다. 그러므로 도시와 방역, 이들 두 국가의 정치제도상의 주요한 차이점은 하나는 단수이고 하나는 복수라는 점입니다. 단수라는 것은

---

35 남양본에는 '集中'이라는 번역이 있다.
36 사트라프(Satrap)는 고대 페르시아 제국에서 속주에 두었던 행정장관직이며, 군사와 내정의 권력을 갖고 속주를 통치하였다.

하나의 정부만 있고 그 안에 아무 것도 포함되어 있지 않다는 것입니다. 복수라는 것은 하나의 큰 정부가 몇 개의 작은 정부를 안고 있는 것입니다. 이 작은 정부는 때때로 이전에 독립되어 있던 도시국가였습니다.

방역국가에는 '일통(一統)'과 '합중(合衆)'의 구분이 있으며, 서양어로는 각각 Unitary와 Federation입니다. 이 둘은 모두 자치를 행하고 있던 수많은 지방을 연합하여 중앙의 정부가 통괄하면서 하나의 방역국가를 이룬 것입니다. 다만 연합이기는 하지만 중앙정부의 권한에는 경중과 다소의 구분이 있습니다. 중앙정부의 권한이 무겁고 많은 쪽은 영국, 프랑스, 러시아, 일본 등이고, 가볍고 적은 것은 북미합중국의 모습입니다. 그 차이는 양적인 것이며 형식과 제도가 다른 것은 아닙니다. 북미에서는 30여 국가가 연합하였고, 거기에 참여한 국가는 국기에 있는 별의 숫자와 같습니다. 합중국이라고 부르는 것은 다름이 아니라, 어떤 정치 사안은 지방이 자주적으로 처리할 수 있고 어떤 주요 정책은 지방정부가 자유롭게 처리할 수 없고 반드시 워싱턴의 정부로부터 재가와 명령을 받아야 한다는 것을 헌법에 명기해 놓았기 때문입니다. 이에 의거하여 논한다면, 영국과 프랑스의 제도 또한 무엇이 다르겠습니까? 다만 런던과 파리 정부의 재량권이 크고 많다는 것일 뿐입니다.

그러므로 '일통'의 방역국가는 지방자치권의 경중에 의거하여 둘로 나눌 수 있습니다.[37] '합중'의 국가도 연합의 정도에 따라 둘로 나눕니다.[38] 먼저 북미, 스위스, 독일은 모두 합중국입니다. 연합된 각 지역은 각자 자주권과 자치권을 지니고 있지만 중앙의 통제를 받습니다. 혹은 연합이 견실하더라도 여전히 독립된 단체를 유지하고 있어 방역국가로 불립니다. 이는 동주

· · · · · · · · · · · ·

37 실리의 원서에는 centralized unitary와 decentralized unitary로 설명되어 있다.
38 실리의 원서에는 Federal State와 System of Confederate states로 설명되어 있다.

시대[39]의 중국과 같습니다. 비록 주나라 천자는 천왕(天王)으로서 겨우 전대의 법통을 지킬 뿐이지만 하나의 조정이 아니라고 할 수는 없으며, 이민족에 대해서는 여전히 합중국의 형식을 가지고 있었습니다. 다음으로 연합의 정도가 더 느슨하여 독립된 단체로 볼 수 없고 더구나 하나의 국가로 칭할 수도 없는 것입니다. 유럽의 중세에 신성로마제국[40]이 여기에 해당하지만 지금은 이런 것이 없습니다. 독일의 한 학자는 이에 대해 지극히 적절한 두 용어를 특별히 만들었습니다. 그는 전자를 연방국가Bundesstaat[41]라고 했습니다. 연합하여 하나의 나라로 칭할 수 있다는 것입니다. 후자는 국가연합Staatenbund[42]이라고 했습니다. 각각의 나라가 단지 연합만 했을 뿐 하나의 나라라고 말할 수 없다는 것입니다.

지금까지 말씀드린 것을 정리하면 이번의 강의에서 밝히고자 한 것은 곧 도시와 방역 이 두 종류 국가의 차이였습니다. 그리고 중간에 방역국가가 생성되는 방식에는 도시국가로부터 단결한 것이 있고, 도시국가를 거치지 않고 성립된 것이 있다는 것을 언급했습니다. 그러나 이미 방역국가가 되면 영토가 광대하고 인민이 수없이 많기 때문에 도시국가의 정치 제도를 그대로 지킬 수만은 없게 됩니다. 그래서 중앙정부와 지방자치제가 생겨납니다. 중앙과 지방 양자의 관계에는 또 결합의 친소와 권력의 경중으로 인해 차이가 있습니다. 여기에서 두 가지 형식을 말할 수 있습니다. 하나는 '일통'이요 또 다른 하나는 '합중'입니다. 이 둘은 또 지방이 갖는 권력의 많고 적음에 따라 각각 나눌 수 있습니다. 중앙 집중의 '일통'과 지방에 위임된 '일통'입니다. 그리고 '합중'에도 역시 연방국가와 국가연합의 차이가 있습니다. 이러

· · · · · · · · · · · · ·

39 동주(東周)는 기원전 770년 주나라 평왕(平王)이 도읍을 산시(陝西)의 하오징(鎬京)에서 허난(河南) 뤄양 부근으로 옮긴 이래로 기원전 249년 진나라에 멸망할 때까지를 말한다.
40 원문은 "神聖同盟".
41 원문은 "聯邦".
42 원문은 "邦聯".

한 구분을 일관되게 설명하면 실로 모두 지방자치권의 유무와 다과로 등급을 나누는 것입니다. 민권의 다과와 유무는 여기에서 논의되지 않았습니다. 도시국가의 시대에는 민권이 중했지만 그 사이에 독재도 행해졌습니다. '일통'의 조정에서는 군권이 중하지만 영국과 프랑스는 모두 민권이 가장 강했습니다. 민권에 관해서는 지금은 시간이 없으므로 다음 기회에 말씀드리도록 하겠습니다.

국가 분류도

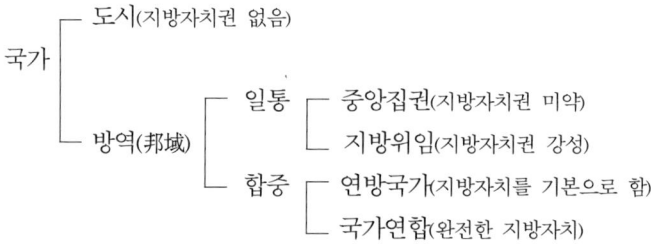

민권과 자유란 무엇인가

서양의 학교에서는 정치학을 강의하는 시간에 지식이 얕은 자들은 대체로 지루하고 답답해하다가, 민권과 자유를 언급하는 소리를 듣고서는 비로소 흥미를 가집니다. 서양의 나라에서도 이와 같으니, 우리는 어떠할 것인지 짐작할 수 있습니다. 하물며 지난 몇 년 이래로 사대부들이 새롭고 기이한 학설을 즐겨 듣고서 마치 구법은 더 이상 시행할 수 없고 모두 유신[1]에 참여해야만 우리나라의 문제가 해결될 것이라 생각하고 있으니, 자유를 이처럼 숭배하는 것도 기이한 일은 아닙니다. 그러나 애석하게도 정치학이 밝히고자 하는 것은 곧 관리(管理)[2]의 기술입니다. 관리는 본래 자유와 반대의 의미입니

....

1 "周雖舊邦, 其命維新"(『詩經』「大雅·文王」)에 나오는 말이지만 여기에서는 캉유웨이(康有爲), 량치차오 등이 중심이 되어 의회의 설립 등 제도 개혁을 주창한 변법유신운동을 가리킨다.
2 정부의 행정 활동(government)을 말한다. 이 책에서는 '관리' 이외에, '치리(治理)', '관할(管

다. 자유란 오직 개인이 하고 싶은 일을 하는 것입니다. 관리는 개인[3]이 하고 싶은 일을 줄이고 사회의 공익을 꾀하는 것이며, 자기를 버리고 사회를 위하는 일입니다. 물론 자유는 진실로 최고의 행복입니다. 다만 인간이 사회에서 살고 있는 이상 행복의 열매, 즉 최대다수의 최대행복을 누리고자 한다면, 이 자유는 정치적 관리[4]와 함께 시행되어야 합니다. 정치적 관리만 있고 자유가 없다면, 그 사회는 발달할 수 없습니다. 완전히 자유만 있고 정치적 관리가 없다면, 그 사회는 안정을 얻을 수 없을 것입니다. 이 둘 사이를 고려하여 서로 방해가 되지 않고 함께 조화를 이루도록 하는 것이 정치가의 일이요 또한 오늘 우리의 문제입니다.

정치적 자유[5]는 아직 우리나라에서는 논의된 적이 없었던 것 같습니다. 요순 삼대 이래로 지금까지 중국에서 정치를 논한 저술은 매우 많지만, 인민이 자유를 얻는 것이 최고의 정치라는 주장은 들어 본 적이 없습니다. 저의 좁은 지식으로 말하자면, 단지 양웅[6]이 『법언』에서 "주나라 사람은 행동이 많고, 진나라 사람은 질병이 많다."[7]라고 한 말이 있습니다. 여기에서는 행동과 질병이 대조적으로 거론되고 있습니다. 이때 행동이 자유의 의미에 해당합니다. 그밖에는 대체로 없는 것 같습니다. 중국에서 나라가 잘 다스려진 시기는 일사분란하고 풍속과 도덕이 획일적인 때가 많았습니다. 황로에서 말하는 청정무위[8]의 방법이 간혹 사용되었지만 주류는 아니었습니다. 도저

. . . .

轄', '관속(管束)', '관섭(管攝)', '구속(拘束)' 등의 용어가 동일한 의미로 사용되고 있다.
3 원문은 '箇人' 상무본은 '箇人'으로 되어 있으나 남양본은 '箇人'과 '個人'이 함께 사용되고 있다.
4 원문은 '治理'.
5 원문은 '政界自由'.
6 양웅(揚雄, 기원전 53~기원후 18)은 전한 시대의 문인이며 자는 자운(子雲)이다. 저작으로는 『법언(法言)』, 『방언(方言)』, 『태현경(太玄經)』 등이 있다.
7 "周之人多行, 秦之人多病. 行, 有之也. 病, 曼之也. 周之士也貴, 秦之士也賤. 周之士也肆, 秦之士也陋."(『법언』권8)에 나오는 말이다.
8 원문은 '黃老清靜無擾之術'. 황로술은 전국시대에서 한나라 초기에 걸쳐 유행한 사상으로서

히 이해하기 어려운 것은 최근 새로운 학문을 공부한 사대부들이 한편으로는 서양의 자유의 학설에 깊은 공감을 표하면서, 다른 한편으로는 중국의 황로 학설을 통렬하게 비난하고 있는 일입니다. 이들은 자기모순에 빠져있다는 것을 스스로 전혀 모르고 있습니다. 정확하게 말하자면, 이렇게 주장하는 자들은 양쪽의 사상을 다 모르는 것입니다.

서양인의 정치론은 다음과 같습니다. 정부가 처음 수립될 때는 오직 각 기관이 제대로 기능하지 못할까 염려할 뿐입니다. 각 기관이 제대로 역할을 수행하지 못하면 정치가 시행되지 못합니다. 정치가 시행되고 기관이 제대로 작동하게 되면, 이제는 권력이 과대해져 개인의 자주권[9]이 침탈당하고 모든 일에서 정부의 명령에 따르게 될까 염려합니다. 포악한 군주와 가혹한 관리가 이러한 때를 이용하게 되면, 인민의 삶은 숨도 제대로 쉬기 어려울 정도가 됩니다. 이러한 현상은 18세기 유럽에서 가장 많이 볼 수 있었습니다. 그래서 저술가들은 큰 소리로 호소하면서 어디서나 자유주의를 주창하였으며, 신으로 떠받들기도 하고 혹은 기치로 내걸기도 했습니다. 여러분은 멕시코의 은화를 생각해보기 바랍니다. 한쪽 면에는 날고 있는 매가 발톱에 뱀을 물고 있고, 다른 면에는 돌덩어리의 주위에 칼과 창이 빽빽하게 꽂혀 있는 것처럼 보입니다. 이것은 당시 멕시코 사람들이 쓰던 자유모(自由帽)입니다. 사방으로 빛을 내고 있는 것은 영광스러움의 뜻을 드러내는 것이며, 돌덩어리에 칼과 창이 있는 것이 아닙니다. 주의(主義)로 숭배함이 이와 같았습니다. 그렇지만 롤랑부인[10]은 "자유여, 자유여, 천하의 얼마나 많은 일들이 너의 이름을 빌려

<hr>

백성을 번거롭게 하지 않는 무위(無爲)의 정치를 주장했다. 전설적 인물인 황제(黃帝)와 노자(老子)의 이름을 표방하고 있지만, 실제로는 도가와 법가, 그리고 음양가, 유가, 묵가의 관점이 혼합되어 있다.

9 원문은 '自主之權'. liberty의 번역어이다. 이 용어는 캉유웨이의 『실리공법전서(實理公法全書)』에서 처음으로 보이며, 이후 19세기 말의 문헌에서 널리 사용되었다.

10 롤랑부인(Madame Roland, 1754~1793)은 프랑스혁명의 시기에 활약했던 지롱드당의 주요 인

행해진 것인가!"라고 말했습니다. 서방의 세력이 점차 동쪽으로 밀려오면서 정치론이 날마다 변하였고 오늘에 이르러서는 그 변화가 더욱 빨라졌습니다. 이러한 단어와 사상들이 앞으로 우리의 귀와 입으로 전해지는 일이 날로 늘어날까 염려될 뿐입니다. 이것이 좋을지 나쁠지, 이로울지 해로울지는 여기에서 논할 여유가 없습니다. 다만 이러한 낱말들이 이미 이처럼 일상적으로 사용되고 있기 때문에, 우리가 정치학을 연구하는 이상 깊은 논의와 상세한 분석을 통해 실제 의미를 살펴보지 않을 수 없습니다. 그러므로 오늘밤 제가 여러분과 나눌 이야기는 자유를 빼면 아무 것도 없습니다.

서양의 정치를 말하기 위해서는 자유에 관해 깊이 논하지 않을 수 없습니다. 다만 논리적으로는 먼저 관할(管轄)을 말하지 않을 수 없습니다. 관할이라는 것은 정부의 전문적 직무이며 자유와 반대되는 것입니다. 정치학에서 정부를 논하는 것은 경제학에서 재화를 논하는 것과 같습니다. 어떻게 정부를 먼저 논하지 않고 자유의 원리를 먼저 다루겠습니까? 그러므로 우리는 지금까지 몇 회에 걸쳐 먼저 각종 형식의 정부에 관해 간략히 분석하면서 여기에 이른 것입니다. 사실을 말하자면, 자유에 관한 논의도 역시 국가를 구별하고 정부의 성질을 직접 조사하는 일이라는 것을 앞으로 여러분은 스스로 알 수 있을 것입니다.

민권의 주장이 일어나자, 공공 연설과 민간 거리에서는 격앙된 기분으로 소리높여 외치면서 언제나 자유를 최고의 가치로 여기며 절대로 노예가 되어서는 안 된다고 주장합니다. 기분 좋게 술을 마실 때는 때때로 모두 기쁘게 손뼉을 치면서 자유를 따라 외치기도 합니다. 이처럼 서양인의 뇌리에는 이 두 글자가 깊이 박혀 있습니다. 그렇지만 이 단어는 일상적으로 사용되면서 의미가 점차 모호해졌습니다. 일상생활에서 행복한 일에는 모두 자유라는

· · · · · · · · · · · · · ·

물이었으며, 공포정치 시기에 단두대에서 처형되었다.

용어가 사용되고, 심지어 자유와 전혀 무관한 일에도 이 말이 사용되고 있습니다. 단어의 의미는 시대에 따라 바뀌어 갑니다. 오늘날 우리나라에서 새로운 학문을 주창하는 자들이 말하는 '경제'가 어찌 옛날과 같은 의미이겠습니까? 신문과 언론에서 자주 사용하면서 그 의미가 점차 바뀌게 된 것입니다. 그렇다면 저들이 앞에서 언급한 일상적 의미를 모두 포함하도록 자유의 의미를 확장하고자 하는 것도 있을 수 있는 일입니다. 그러나 우리가 말하는 정치학은 곧 과학입니다. 과학이라고 말한 이상 여기서 사용된 단어의 의미는 반드시 분명하게 정의되어야 하며 조금이라도 애매해서는 안 됩니다. 그렇지 않다면 아무리 많은 말을 할지라도 여러분에게 전혀 도움이 되지 않을 것입니다.

그러므로 자유를 논하기 위해서는 먼저 이 두 글자의 정확한 의미를 알아야 합니다. 이 두 글자의 단어가 정치학에서 사용된 것은 우리가 아니라 서양인으로부터 시작된 것이므로, 그들의 용법이 무엇인지 살펴보지 않을 수 없습니다. 여기서 저는 몇 가지 예를 들어 여러분과 함께 생각해보고자 합니다. 프랑스에서 혁명군이 봉기했을 때 자유의 학설이 가장 많이 주장되었습니다. 영국의 유명인사인 코울리지[11]는 다음과 같은 시를 지어 자유를 칭송했습니다. "언제 보아도 하늘의 흰 구름, 한가로이 모였다가 흩어지네, 언제나 마음이 안락하니, 자유의 극치로다."[12] 프랑스혁명을 거치면서 백성이 가혹한 정치로부터 벗어나게 된 것을 보고, 프랑스인의 마음을 흰 구름에 비유한 것입니다. 국가의 정법을 어떻게 하늘에 떠도는 구름과 같이 볼 수 있겠습니까? 이는 시인의 시적 감수성과 관련된 일이요 일반적인 이치로

· · · · · · · · · · · · ·

11 코울리지(Samuel Taylor Coleridge, 1772~1834)는 영국의 낭만주의를 대표하는 시인, 비평가, 철학자이다.
12 1798년 4월 16일자 Morning Post에 게재된 프랑스 송가(France, An Ode) 제일 절의 일부분에 해당한다. "Ye Clouds! that far above me float and pause, Whose pathless march no mortal may control! ⋯⋯ The spirit of divinest Liberty."

따질 수 없으므로 논외로 해도 좋을 것입니다. 역시 영국의 대학자인 러스킨[13]은 홀로 코울리지를 다음과 같이 반박했습니다. "흰 구름이 자유롭게 떠돌아다니는 것처럼 보이지만 실제로는 그렇지 않습니다. 지구에는 인력과 빛과 열의 법칙이 있습니다. 늘어나고 줄어들며 변하고 없어지는 것은 실제로는 모두 법칙의 작용에 따라서 일어나는 일입니다. 조금이라도 마음대로 움직이는 것이 아닙니다." 이러한 주장은 훌륭합니다. 다만 이렇게 말한다면, 일체의 세간에는 처음부터 자유라는 것이 없다는 것도 알아야 합니다. 비단 하늘에 떠 있는 구름뿐이겠습니까? 프랑스혁명조차도 여러 가지 원인에 의해 생겨난 결과이며, 내재적으로 작용하는 인과관계 속에서는 한 순간도 자유의 원리가 작용할 수 없습니다. 그렇지만 뜻밖에도 러스킨은 다음과 같이 계속 말했습니다. "흰 구름이 생기고 없어지는 것은 비록 자연의 법칙을 따르지 않을 수 없지만, 프랑스 국민은 그렇지 않습니다. 왜냐하면 프랑스 국민은 인간이기 때문입니다. 오직 인간만이 스스로 시대를 만들고 시대의 흐름을 거스를 수 있습니다. 그러므로 프랑스 국민이 자유를 누릴 수 있게 된 것은 그들이 스스로 많은 복을 추구한 것입니다." 두 학자의 주장은 문학자의 관점에서 보면 재미있겠지만, 과학의 관점에서 판단하면 모두 참으로 어린이들의 장난에 지나지 않습니다. 또 셸리[14]라는 위대한 학자가 있었습니다. 1820년 영국의 노동자들이 굶주림으로 고통 받고 있었을 때 저술을 통해 자유의 국토에서는 지금의 영국과 같이 배고픈 국민이 있을 수 없다고 말했습니다. 이와 같다면 자유라는 단어에는 따뜻하게 입고 배불리 먹는다는 의미까지 포함되어 있습니다. 이처럼 다양하게 변화하는 의미를 우리가 어떻게 다 따질 수 있겠습니까?

. . . .

13 러스킨(John Ruskin, 1819~1900)은 영국의 미술 비평가이며 사회 사상가이다. 저서로는 『근대화가론』, 『건축의 7등(七燈)』, 『베니스의 돌』, 『이 최후의 사람에게도』 등이 있다.
14 셸리(Percy Bysshe Shelley, 1792~1822)는 19세기 영국의 낭만주의를 대표하는 시인이다.

어떤 사람은 다음과 같이 말할지도 모르겠습니다. "이들 세 사람은 모두 시인입니다. 시는 감흥과 심상을 중시하므로 논자가 이런 것에 얽매여서는 안 됩니다. 다시 말해 글자에 얽매여 문장의 의미를 해쳐서는 안 된다는 것입니다." 그렇다면 역사가의 예를 들어보는 것이 어떻겠습니까? 로마의 호라티우스[15]와 레오니다스[16]는 모두 성을 지키고 적을 막은 용맹 덕분에 자유의 간성(干城)이라 불립니다. 로마의 브루투스,[17] 영국의 햄던[18]은 패권 왕조에 항명했지만 역시 똑같은 칭호를 받았습니다. 그러나 칭호가 동일하다 해도 내용은 크게 다릅니다. 신하가 군주에게 항명하는 것과 장수가 외적을 막는 것은 전혀 다른 일입니다. 포악한 군주와 부패한 관리에게 항거하는 것은 자유를 보호하는 것이라고 말할 수 있습니다. 외적을 막는 것은 국민의 자유를 보호하는 것이 아니라 국가의 독립을 위해 싸우는 일입니다. 독립은 영어로 independence이며 자유liberty와 혼동하지 말아야 합니다. 또한 애국은 영어로는 patriotism이며, 이는 외적을 막는 일에는 사용할 수 있지만 폭군에게 저항하는 일에는 사용할 수 없습니다. 서양인의 일상 언어에서도 역시 엄밀한 구별이 없습니다. 그래서 프랑스의 혁명당은 모두 애국자로 칭해집니다. 그리고 지난번에 말씀드린 지방자치[19]도 역시 지방자유권[20]으로 불리기도 합니다. 지방자치와 중앙정부는 두 정부가 대립하는데, 큰 것이 작은 것을

....

15 호라티우스(Horatius Cocles)는 리비우스의 『로마 건국사』에 등장하는 인물로 한 눈을 가진 전설적인 영웅이다.
16 레오니다스(Leonidas, ?~기원전 480)는 스파르타의 왕으로서 테르모필레 전투에서 페르시아와 마지막까지 싸우다가 전사하였으며, 나중에 그리스의 국민적 영웅으로 받들어졌다.
17 브루투스(Marcus Junius Brutus, 기원전 85~기원전 42)는 로마 공화정 말기의 정치가이며 군인으로서 카이사르의 부하였으나 그를 암살했다.
18 햄던(John Hampden, 1594~1643)은 영국의 하원 의원으로 찰스 1세가 의회의 승인을 거치지 않고 해군 증설을 위해 선박세를 부과하자 이를 거부하였다. 재판의 결과 그는 패배했지만, 이 사건은 패정을 국민에게 알리는 기회가 되었으며 청교도 혁명의 도화선이 되었다.
19 남양본은 '地方分權'.
20 남양본에는 Local Liberty라는 설명이 추가되어 있다.

돌보는 관계입니다. 다른 곳에서 사용되는 자유는 전적으로 정부에 대한 인민[21]의 자유입니다. 여기에서 사용된 자유는 대정부에 대한 소정부의 자유입니다. 자유라는 호칭은 동일하지만 그 결과에는 큰 차이가 있습니다. 왜냐하면 소정부가 자유를 얻게 되면, 지방정부의 치하에 놓인 인민은 이로 인해 노예가 될 수도 있습니다. 서양의 법전과 조약에서는 이러한 단어의 정의가 명확하지 않아 실제로 무수한 갈등이 드러났습니다. 예를 들면 게르만의 소국 연방이 로마와 나폴레옹시대에 자유를 위해 싸웠다고 종종 일컬어지지만, 실제로 그것은 전제를 위한 싸움이었습니다. 공자는 이름이 바르지 않으면 백성이 손발을 둘 데가 없다고 말씀했습니다.[22] 참으로 옳은 말입니다. 참으로 옳은 말입니다.

정치학 강의에서는 자유 이 두 글자의 단어를 사용해야 합니다. 사용하지 않아도 된다고 한다면 지나친 말일 것입니다. 다만 사용하더라도 이 단어에 얽혀있는 여러 가지 의미에 주의해야 합니다. 반드시 명확하게 정의를 내리고 정치적 자유에 한정한 이후에야 사용할 수 있습니다. 정치적 자유는 윤리학에서 말하는 개인의 자유와는 같지 않습니다. 제가 이전에 번역한 밀의 『자유론』[23]은 사회에 대한 개인의 자유를 논한 것이지 정치적 자유를 논한 것이 아닙니다. 정치적 자유는 관속(管束)과 반대입니다. 정치학의 논의 대상은 일군의 인민이 정부의 관할을 받는 것입니다. 관할이 지나치면 이에 반항하는 자유주의가 발생합니다. 『자유론』은 개인의 언행이 사회의 여론과 권위[24]에 위협을 받는 것을 지적하고 있습니다. 이 일은 매우 중요하며 또한

· · · · · · · · · · · · ·

21 원문은 '民人'.
22 "名不正, 則言不順. 言不順, 則事不成. 事不成, 則禮樂不興. 禮樂不興, 則刑罰不中. 刑罰不中, 則民無所措手足."(『논어』 「자로」)에서 유래한 말이다.
23 옌푸는 밀의 『자유론』을 '군기권계론(群己權界論)이라는 제목으로 번역하였으며, 초판은 1903년 5월 상무인서관에서 출판되었다. 1920년까지 7판이 간행되었다고 한다.
24 원문은 '衆口衆力'. 밀이 『자유론』에서 개인의 자유에 대한 위협으로 간주한 사회의 여론과

정부와 관련될 때도 있습니다. 그렇지만 이 문제를 직접적으로 정면에서 다루고 있지 않기 때문에 나중에 다시 말해도 될 것 같습니다.

이제 국민에게 자유가 있고 정부는 법률상 시행할 수 있는 권리가 있다고 한다면, 개인의 자유에 맡겨두고 정부가 개입하지 말아야 하는 한계를 어떻게 정해야 하며, 각 국가에서는 이러한 권한의 차이가 어떠한가 하는 물음을 제기하고자 합니다. 여기에 대한 대답도 역시 역사 속에서 찾아야 할 것입니다. 그리스와 라틴 시대를 살펴보면, 자유라는 단어는 노예와 반대되는 것이 었습니다. 그때는 국민들 사이에 자격의 차이가 있었습니다. 일등의 자격을 가진 국민은 자유평민으로 불렸고, 이러한 자격이 없으면 노예였습니다. 마치 중국 저강(浙江)의 타민,[25] 푸젠(福建)의 어호,[26] 광둥(廣東)의 단가[27]와 마찬가지였습니다. 그러므로 이와 같이 사용된 자유는 정치적 의미의 단어가 아니라 법전 상의 단어입니다. 왜냐하면 이 용어가 구별하고자 하는 것은 국민과 정부의 구별이 아니라 국민과 국민의 구별이기 때문입니다. 한쪽은 국민의 자격을 지니고 있고, 한쪽은 그렇지 못합니다.

훗날 언론에서는 어떤 정부의 압제가 지나치게 심한 것을 비난하면서 거기에 살고 있는 사람들을 노예라고 말합니다. 실제로 이것은 신하가 자신을 낮추어 개와 말이라 칭하는 것과 같은 비유입니다. 그들이 자유가 없는 것을 보고, 마치 옛날의 노예가 쇠사슬에 묶인 채 붉은 색의 옷을 입고 마구간과 논밭에서 일하는 모습과 비슷하다고 보고서 그렇게 비유한 것입니다. 실제로

권위를 가리킨다. 옌푸는 밀이 경계한 사회적 전제를 '衆情時論'(다수자의 감정과 의견), '衆同之威'(획일화의 위협) 등으로 번역했다. (『群己權界論』「首篇引論」).

25 타민(墮民)은 겁련호(怯憐戶), 개호(丐戶), 낙호(樂戶) 등으로 불리며 주로 저강 지역에서 천민으로 취급된 사람들을 말한다.

26 어호(漁戶)는 구성어호(九姓漁戶)로서 전당강(錢塘江) 상류 지역에서 수상생활을 하면서 어업으로 생계를 이어가던 사람들을 말한다.

27 단가(蜒家)는 단호(蜑戶)로 불리기도 하며 광둥, 푸젠 등의 연해안에서 어업으로 살아가던 사람들을 말한다.

그렇다는 것은 아닙니다. 실제의 상황을 말씀드리면, 노예는 금세기의 유럽에 없을 뿐만 아니라, 지금의 중국에서도 첩이 된 여자, 만주 팔기군의 종, 조정의 환관을 제외하고는 역시 없습니다. 그리고 정말로 노예라 하더라도 고통과 학대가 언제나 함께 주어진 것은 아니었습니다. 물론 학대받는 노예가 있었지만, 주인의 총애를 받아 평민보다도 더 위세와 복락을 누리면서 기세를 떨치던 자도 언제나 있었습니다. 고통과 즐거움은 다르겠지만, 다만 그 사람이 노예인 것은 틀림없습니다. 왜냐하면 자격이 그렇기 때문입니다.

이로부터 보면, 사람들은 걸핏하면 포악한 정부 밑에 살고 있는 국민을 노예라고 부릅니다. 정부가 포악하면 국민에게 자유가 없는 것 같습니다. 그러나 이것은 반드시 사실에 부합하는 것이 아닙니다. 백성의 부모라고 자임하는 인애한 국가를 만나서 살아가는 백성이 있다면, 농사지을 때는 씨 뿌리고 수확하는 때를 정해주고, 장사할 때는 세금과 수익을 정해 주고, 물건을 만들 때는 일정한 도구를 마련해주고, 지식인에게는 따라야 할 도리를 가르치고, 백성은 어린 아기처럼 보자기에 싸서 업어줄 것입니다. 백성은 자신의 의지나 생각을 펼칠 일이 전혀 없습니다. 아, 중국에서는 이러한 통치자를 받들어 천지신명과 같은 부모라 부르고, 자신이 천재일우의 좋은 시절을 만났다고 합니다. 그런데 서양인은 이러한 정부야말로 참으로 자신의 자유를 빼앗는 것이요, 자신의 생활은 참으로 노예와 다르지 않다고 생각합니다. 그래서 서양에서 부모정부[28]라는 말은 좋은 의미를 지닌 명칭이 아닙니다. 부모처럼 자상한 정부는 국민의 자유를 빼앗을 수 있습니다. 반대로 호랑이나 이리처럼 포악한 정부도 국민의 자유를 빼앗지 않을 수 있습니다. 이는 역사적으로 볼 때 한두 번에 그치는 일이 아닙니다. 아시아에서는 유럽보다 더 많은 사례를 볼 수 있습니다. 여러분은 이 말을 믿을 수 있겠습니까?

. . . .

28 실리의 원서에서 mild and paternal government로 되어 있다.

원나라, 명나라에 해당하는 시기에 러시아는 몽고의 지배를 받았습니다. 역사에서는 이 시기를 그 참혹상과 끔찍함이 고금에 일찍이 없었던 일로 기록하고 있습니다. 그렇지만 당시 러시아 사람들이 누린 자유는 유독 많았습니다. 어떤 이들은 농사일을 하면서 정부가 무엇인지도 모르고 살았습니다. 몽고인의 무리들은 저희들끼리 도읍을 정하여 파오에 거주하면서, 매년 일정한 시기에 약탈을 하러 나오는 일이 있었지만 그밖에는 거의 서로 모르고 지낼 지경이었습니다. 다만 모스크바의 공작과 노브고로드 도시의 사람들이 때에 맞춰 몽고의 칸에게 공물을 바치고 침략과 반란을 일삼는 신하가 되지 않겠다고 서약하면 충분했습니다. 그 정부는 전혀 인자하지 않았습니다. 그럼에도 국민은 오히려 자유롭게 지냈습니다. 이밖에도 터키제국이 역시 그러했습니다. 터키에 예속되었던 기독교 지역은 매우 자유로웠고, 터키는 극도로 포악했습니다. 이로부터 우리는 실컷 먹고 배부른데 황제의 힘이 무슨 필요가 있을까 하는 태평성대의 노래가 요순시대뿐만이 아니었다는 것을 알 수 있습니다.

정부가 자애롭고 인자하다고 불리더라도 국민이 자유롭지 못했던 증거로서 백 년 전의 남아메리카를 들어보도록 하겠습니다. 당시는 스페인이 이 지역을 막 개척하기 시작한 때였습니다. 식민지가 된 국가는 예수회 소속의 천주교 선교사가 관할하였습니다. 이는 몽테스키외의 『법의 정신』에서 일찍이 언급된 것입니다.[29] 파라과이 정부[30]가 시행한 정치는 하나같이 자애와 은혜에 바탕을 둔 것이었고, 참으로 백성의 부모라 부를 만했습니다. 그렇지만 그 정부는 백성의 군주가 되고 부모가 되어, 그들의 몸과 마음을 모두

· · · · · · · · · · · ·

29 옌푸는 몽테스키외의 『법의 정신』을 '법의(法意)'라는 제목으로 번역하였다. 1902년 상무인서관에서 일부분의 번역이 출판되었으며 1909년 전부가 번역되었다. 파라과이에 관한 기술은 『법의 정신』 제4편 제6장 「제6장 그리스인의 몇 가지 제도」에 나온다.
30 실리의 원서에서는 the Jesuit government of Paraguay로 되어 있다.

속박하며 말과 행동에 전혀 자유를 허락하지 않았습니다. 일상적인 행위에도 모두 매우 세밀하고 자세한 규칙을 세워 두었습니다. 다른 나라에서는 틀림없이 국민의 자주(自主)에 맡길 남녀와 음식의 일까지도 이 나라에서는 교회 정부가 선각자와 선지자의 책임을 내세우면서 스스로 떠맡았다고 합니다. 사람들이 행동거지를 신중하게 하지 못해 사악한 길로 빠져들 것을 염려하여, 규칙을 자세하게 만들어 놓고선 요령을 흔들고 종을 치면서 지도했습니다. 사소한 일이나 눈에 띄지 않는 일까지 모두 규제하고자 했습니다. 이 정부는 국민을 갓난아기를 돌보듯이 보살폈습니다.[31] 중국 법가의 말로 표현하자면, 이는 하늘의 섭리에 맡기지 않는 일이라 하겠습니다.[32] 그렇지만 지금 만일 영국, 프랑스, 독일, 오스트리아에서 이러한 방법이 시행된다면, 사람들이 필히 매우 싫어하며 단호하게 거부할 것은 너무나 분명합니다. 설령 그러한 정치가 국민으로부터 용납된다고 하더라도, 결과적으로는 사람들로 하여금 천부의 재능을 드러내지 못하게 하고 마침내 약한 나라가 되고 말 것입니다. 요컨대 자유의 의미가 포악함이나 불인(不仁)과 반대라면, 파라과이 정부는 자유라고 칭해야 할 것입니다. 그러나 만일 그렇게 칭할 수 없다면, 앞에서 말씀드린 러시아를 지배한 몽고 정부를 포함하여 이상의 두 가지 예를 함께 생각해볼 때, 국민의 자유 여부는 정부의 인자함과 포악함과는 전혀 상관이 없다고 할 수 있습니다.

따라서 정치적 자유는, 일반적으로 말하자면, 과도한 구속과 반대됩니다. 노예에게 자유가 없다고 말하는 것은 역시 노예가 된 사람은 머리끝에서 발끝까지 몸과 마음이 모두 한없는 구속을 받기 때문입니다. 우리 보통 사람들도 본래 다른 사람으로부터 구속을 받지 않는 때가 없지만, 그런 일은

. . . .

31 원문은 '如保赤子'. 『書經』 「周書・康誥」에 나오는 말이다.
32 원문은 '不溺天職'. "不爲而成, 不求而得, 夫是之謂天職."(『荀子』 「天論」)에서 유래하는 말이다.

법률에 의거하거나 혹은 계약에 따른 것이며, 혹은 승낙이 있기 때문입니다. 승낙이란 문자 없는 계약입니다. 비근한 예를 들어보도록 하겠습니다. 저는 청년회 여러분에게 매주 금요일 저녁 8시부터 8주에 걸쳐 정치학을 강의하겠다고 승낙했습니다. 이미 약속을 한 다음에는 언제나 이 시간이 되면 저는 절대로 자유로울 수 없습니다. 설령 자유롭게 행동한다면 사람의 도리에 어긋나는 일입니다. 이는 문명인이 약속을 가장 중시하는 이유입니다. 그렇지만 이는 모두 제한적인 일입니다. 그러나 노예는 그렇지 못하고 죽을 때까지 자유의 날이 없고 오직 주인의 명령만 받들 뿐입니다. 그는 불쌍합니다. 가령 지금 정부가 인민에게 정부의 의도만 강요하고, 백성의 시간, 백성의 근력, 그리고 백성의 재산과 처자식까지 모두 오직 위에서 군림하는 정부의 명령에 따르게 할 뿐이요, 명령을 어기거나 반란을 일으키지 않고서는 백성이 정부와 싸울 수 있는 법률이 없다고 합시다. 이때의 정부는 전제정부이며 인민은 자유가 없다는 노예라고 합니다. 입헌은 법을 세우는 것이지, 인민을 다스리기 위해 형법을 만드는 것이 아닙니다. 이러한 법은 입헌이 있기 이전에도 이미 있었습니다. 입헌이란 것은 즉 우리 평범한 사람들이 날마다 군주와 싸울 수 있는 근거가 되는 법전을 세우는 것입니다. 이것이 없다면 이른바 입헌은 전혀 없는 것입니다. 이는 군주의 인자함이나 포악함과는 전혀 관련이 없습니다.

정치적 자유의 의미는 이와 같습니다. 만일 이 단어를 과학적 규정에 의거하고 다른 데 사용할 일이 없다면, 우리가 지금 사용하기 위해서는 단지 정의를 내리기만 하면 충분합니다. 그러나 불행하게도 이 단어는 일상적으로 사용되면서 잎에서 거론한 깃과 같이 의미가 크게 변히였습니다. 앞에서 거론한 것 이외에 다른 의미로 통용되기도 합니다. 예컨대 서양인이 어떤 나라의 사람들에게 자유가 있는지를 물을 때, 그 숨겨진 의미는 그 나라에 자기 나라와 같은 상원과 하원이 있는지를 묻는 것입니다. 영국에서 의회가 권력을 갖기 시작한 것은 중국의 청나라 왕조 초기 때 일입니다. 그때 영국인의 혁명에서는 찰스 1세가 살해되었습니다. 그 뒤 군주와 인민의 싸움이 해결되자 군주가 다시 등장하고, 마침내 의회 정권이 수립되었습니다. 18세기에 이르러 중국의 건륭·가경 시기[33]에 대체적으로 유럽은 이를 모방하게 되었습니다. 프랑스인의 혁명 이후에는 대륙의 각국이 대부분 의회를 갖게 되었습니다. 그래서 서양인이 가리키는 자유국가란 반드시 법을 만드는 기관으로서 의회를 가지고 있는 것입니다. 정부의 행정은 반드시 의회에 대해 책임을 져야 하고, 정부의 행위는 반드시 의회로부터 감찰을 받아야 합니다. 만일 정부의 행정이 민심에 부합하지 않으면, 의회는 정부를 바꿀 권리를 갖고 있습니다. 이른바 자유국가의 의미는 이와 같습니다. 여기에 포함된 의미는 앞의 몇 가지의 사례보다 더 넓습니다.

여러분은 저의 말을 듣고서 이것이 자유에 대한 정확한 정의라고 말할 것입니다. 그렇지만 다시 천천히 생각해보도록 하겠습니다. 우리는 자유라는 단어를 정치학에서만 제한적으로 사용하고자 합니다. 그래서 이 용어에 얽힌 여러 가지 의미를 제거하고 나면, 자유는 관리나 속박과 반대되는 의미라고 정의할 수 있습니다. 자유란 구속을 받지 않는 것을 말합니다. 혹은 구속을 받더라도 규정이 지나치게 세세하지 않음을 말합니다. 그렇지만 이제 우리는 관용적으로 자유의 의미가 의회와 서로 맞물려 있다는 사실을 보았습니다. 과학에서는 하나의 단어는 단지 하나의 의미만 가져야 합니다. 따라서 우리는 이 두 의미가 서로 양립할 수 있는지 물어야 합니다. 양립할 수 있다면 매우 다행이지만, 만일 서로 충돌한다면 하나를 취하고 하나는 버려야 합니다. 그래야만 그 단어를 사용할 수 있고 의미의 모순을 금하는 조항을 어기지 않게 됩니다. 이제 다시 질문해 보겠습니다. 규정이 세세하지 않다는 것과

. . . .

33 건륭(乾隆, 1735~1795)은 청나라 왕조 제6대 황제 고종의 연호이고, 가경(嘉慶, 1796~1821)은 고종의 뒤를 이은 인종의 연호이다. 건륭과 가경 연간을 통상 건가(乾嘉) 시기라고 부른다.

의회가 있다는 것 이 두 가지 의미가 과연 양립할 수 있겠습니까? 만일 양립하지 않는다면 두 가지 의미 가운데 어느 쪽을 버리고 어느 쪽을 따라야 하겠습니까? 여러분은 제가 하고 있는 이러한 강의가 번쇄하고 무익하다고 생각할지 모르겠습니다. 그렇지만 이것이야말로 과학에서 가장 중요한 일입니다. 이렇게 하지 않으면 과학이 아닙니다. 공자는 "반드시 이름을 바로잡는다."[34]라고 말했습니다. 단어의 의미가 모호하지 않아야 사물의 이치를 명백하게 논할 수 있습니다. 여러분이 이러한 점을 주의하기만 해도 과학을 어느 정도 이해한 셈이 될 것입니다.

　역사적 사실로부터 말하자면, 국가에 의회가 있다는 것과 법이 복잡하지 않다는 것 이 두 가지는 전혀 관련이 없습니다. 앞에서 말했듯이 전제국가의 조정이 인민을 잔악하게 학대하는 것은 사실입니다. 그렇지만 인민의 일에 오히려 간섭하지 않고 세상에서 혼자 살다가 혼자 죽도록 맡겨둡니다. 세금과 부역을 요구하며 거두어가지만 그밖에는 아무런 관심이 없습니다. 의회가 설립되고 새롭게 민권이 도입되면, 때때로 크고 작은 사회가 모두 법을 만들고 감독하고 다스리고자 해서 도리어 번거롭게 됩니다. 그 증거로서는 프랑스혁명의 일을 보면 충분합니다. 프랑스는 1792년에 군주의 권력을 축출하고 국회를 설립했습니다. 그때 프랑스 국민의 개인적 사업 가운데 정부로부터 받게 된 구속이 그 이전과 비교해서 어느 쪽이 더 많았겠습니까? 물론 그 권력은 국회로부터 나온 것입니다. 그러나 국회는 결코 개개인으로 하여금 자신의 일을 자신이 처리하도록 하는 것이 아니라, 개인의 사업에 구속을 가합니다. 종교를 개혁했지만 국민에게는 신앙의 자유가 없어졌습니다. 군정은 징병제였으며 사람들은 모두 군법에 의해 조직되었습니다. 요컨대 의회가 생긴 것은 통치권의 축소가 아니라 통치권의 확대입니다. 통치권이 확대되

<hr />

34 "子路曰, 衛君待子而爲政, 子將奚先. 子曰, 必也正名乎."(『논어』 「자로」)에 나오는 말이다.

면, 개인이 자기가 하고 싶은 일을 할 수 있겠습니까? 이는 삼척동자라도 그렇지 않다는 것을 잘 알 수 있습니다.

그 까닭은 매우 알기 쉽습니다. 전제군주는 본래 간섭을 해서 얻을 수 있는 이익이 없습니다. 간섭이란 몸소 국민을 위해 일을 하는 것입니다. 이사는 「독책서」에서 전제국가의 특성을 상세하게 설명했습니다.[35] 형벌과 법률을 엄격하게 하는 것은 신비한 권위로 인민 위에 군림하면서 일을 줄이고 안락을 바라기 위한 것입니다. 그렇지 않다 하더라도 전제군주는 본래 인민과 적이 아닙니다. 그래서 전제는 통제를 하지 않습니다. 우리나라에서 태평한 시대에는 이른 아침부터 밤늦게까지 바쁘게 일하는 군주가 많았고 쇠퇴한 시기에는 이와 같지 않았던 것은 바로 이 때문입니다. 의회와 민권의 시대에 이르면, 모든 일을 모두 자신에게 절실한 것으로 여기고 무슨 일이든지 제한을 가하고자 합니다. 수백 수천 사람들의 눈과 귀, 손과 발로서도 오히려 부족할 정도입니다. 국가의 자제에게는 교육을 시켜야 하며 농상공의 산업은 발전시켜야 합니다. 변방을 튼튼히 지켜야 하고 주권을 높여야 합니다. 규정과 통치가 많으면 많을수록 배려와 염려가 많아집니다.

그래서 민권정부[36]는 일이 너무 많아지기 쉽고, 이에 비해 군권정부[37]는 일이 너무 적어지기 쉽습니다. 유럽의 여러 나라를 살펴보면 이것이 참이라는 것을 더 잘 알 수 있습니다. 18세기 이래로 민권은 날로 신장되어 왔습니다. 정치의 영역에서 변화가 많아질수록, 법제도 더 많아지고 통치 또한 보다

· · · · · · · · · · · · ·

35 이사(李斯, ?~기원전 210)는 순자에게 제왕의 치술을 배웠으며 진시황의 신하가 되어 법가 사상을 바탕으로 천하통일의 발판을 삼았다. 「독책서(讀責書)」는 이사가 진나라 2세 황제 호해(胡亥)에게 올린 글이며 『사기』 「이사열전」에 실려 있다. 독책이란 신하와 백성에게 죄를 살피고 형벌로 엄중하게 책임을 묻는다는 말이다. 이사는 이러한 방법으로 신하와 백성이 법을 어기지 않도록 해야 제왕이 안락을 즐길 수 있다고 주장했다.
36 실리의 원서에는 parliamentary government 혹은 popular government로 되어 있다.
37 실리의 원서에는 absolute government로 되어 있다.

치밀해졌습니다. 정론가가 큰 소리로 부르짖고 경제학자, 철학자 등이 방임주의를 힘써 주장했지만, 오늘날의 국가에서는 법제의 복잡함과 기관의 치밀함이 18세기에 비해 실로 열배 이상이나 됩니다. 만일 자유를 구속을 받지 않는 것으로 정의한다면, 정치의 영역에서 국민이 가질 수 있는 자유는 극히 적다고 할 수 있습니다.

민권정부는 일이 지나치게 많고 전제정부는 일이 지나치게 적습니다. 이들 두 국가의 이익과 손해에 관해서는 지금 자세히 말할 시간이 없습니다. 간단하게 말하자면, 유럽의 정부는 청정무위(淸淨無爲)를 잠언으로 삼아야 하고 아시아의 정부는 통치의 확대에 힘써야 한다고 저는 말하고 싶습니다. 지난날 프랑스의 위대한 정치학자 토크빌[38]은 일찍이 혁명 이전의 정부를 다음과 같이 평가했습니다. "전제정부는 비록 교만하지만 실제로는 겁이 매우 많고, 민권정부는 그렇지 않습니다. 전제정부가 모든 일에 간여하지 않는 것은 이득이 없기 때문만이 아닙니다. 높고 높은 자리에 앉아서 인민의 실정과 멀리 떨어져 있기 때문에 어떤 일을 하고자 해도 밤중에 산길을 걷는 사람처럼 사정에 어둡기 때문입니다. 민권정부는 이미 인민의 실정을 잘 알고 있고 또한 항상 상당히 많은 사람들이 뒤에서 방패가 되어 지지해 주고 있습니다. 그래서 민권정부는 대담합니다."

지금까지의 이야기를 총괄하면, 여러분은 자유라는 이 단어 속에 두 가지 의미가 들어있다는 것을 알 수 있을 것입니다. 하나는 정부의 명령이 작고 가볍다는 것이요, 하나는 대표제 의회가 있다는 것입니다. 이 두 가지 의미는 서로 양립하지 못할 뿐만 아니라, 실제로는 서로 충돌합니다. 서로 양립하기 위해서는 국가에 의회가 있을 경우 국가에서 정부의 명령이 간단해야 합니

- - - - - - - - - - -

38 토크빌(A. C. H. Clérel de Tocqueville 1805~1859)은 프랑스의 정치학자, 역사가, 정치가이며 저서로는 『미국의 민주주의』(1835, 1840), 『구제도와 프랑스혁명』(1856) 등이 있다.

다. 혹은 정부의 명령이 간단하다면, 국가에 의회가 있다는 것을 알 수 있어
야 합니다. 그렇지만 지금 이미 그렇지 않다는 것을 증명했습니다. 따라서
비록 일상 언어에서는 이 두 가지 경우에 다함께 자유라고 칭하지만, 우리의
정치학에서는 이러한 용어를 사용할 수 없습니다. 이 두 가지 의미 가운데
한쪽은 받아들이고 다른 한쪽은 버려야 합니다. 지금 국가에 대표제 의회가
있다는 것은 다름이 아니라 정부의 행위가 국민 대중으로부터 감찰을 받아야
한다는 것입니다. 만일 이와 같다면 자유라는 용어를 사용하여 이 나라의
국민 대중을 자유로운 국민 대중이라고 칭할 필요가 있겠습니까? 단지 이
국가가 세운 것은 책임정부라고 하면 충분할 것입니다. 정부에 책임이 없는
것은 전제정부입니다. 오직 하고 싶은 대로 하고, 국가를 모욕하고 국민에게
누를 끼치며 배상금을 물고 영토를 할양하더라도 높고 높은 자리에 앉아
편안하게 부귀를 누리고 지냅니다. 만일 책임이 있다고 한다면 그것은 자기
보다 더 높은 군권(君權)이나 혹은 가까운 적국에게 지는 것입니다. 법제상으
로 보자면, 자기 나라의 백성에게는 전혀 책임이 없습니다. 만일 의회가 있으
면 의회의 권한은 정부를 바꿀 수 있습니다. 그래서 책임정부라 불리는 것입
니다. 이러한 이름이 성립된 이상, 자유라는 두 글자는 최초의 의미에 한정하
여 정부의 명령이 복잡하게 많거나 혹은 정치적 관할이 지나치게 많다는
것에 대립하는 개념으로 정의해야 할 것입니다.

일상용어로서 자유를 말하더라도 역시 편안함, 즐거움, 고통없음 등의 의
미는 없습니다. 자유란 자신이 주도적으로 하고 싶은 것을 한다는 것일 뿐입
니다. 이 단어는 관리를 받는 것과 반대이며, 학대를 받는 것과 반대는 아닙
니다. 학정(虐政)에는 저절로 나쁜 결과가 따릅니다. 그렇지만 단지 자유를
파괴한다는 측면에서라면, 미국과 프랑스의 인정(仁政)과 거의 차이가 없습니
다. 학정이나 인정은 모두 정치입니다.[39] 우리가 이미 정치적 통제를 받고
있는 이상 자유롭지 못하다는 것은 너무나 분명합니다. 그러므로 자유는
관리를 받는 것과 반대입니다. 관리를 받는다는 것은 정부의 관리를 받는다

는 것입니다. 그러므로 자유는 정부와 반대입니다. 논리적으로 끝까지 밀고 나가면, 자유는 정부의 명령이 번잡하고 관리가 과다한 것과 반대일 뿐만 아니라, 실로 정부의 명령과 관리 자체와 반대됩니다. 그래서 인간의 삶에는 완전하고 충분한 자유가 없습니다. 만일 있다고 한다면 그것은 정부가 없고 국가가 없는 상황입니다. 정부가 없고 국가가 없으면 다스리거나 다스림을 받는 일이 없습니다. 이렇게 되면 군신의 윤리는 무너집니다. 또한 군신의 윤리가 무너지는 데 그치지 않고, 부자와 부부 등 일체의 오륜이 모두 무너집니다. 논리학의 법칙에 의거하여 단계적으로 추론해 가보면, 이것은 절대로 피할 수 없는 일입니다.

그러므로 우리는 언제나 어떤 나라의 국민은 자유롭고 어떤 나라의 국민은 자유롭지 못하다고 말합니다만, 본래의 취지는 완전한 자유를 가리키는 것이 아닙니다. 사람이 국가사회 속에서 살게 되면, 일생 동안 그의 행위와 언행은 언제나 둘로 나누어집니다. 하나는 타인의 의지로부터 명령을 받는 것이요, 또 하나는 자신의 마음에 따라 스스로 제어하는 것입니다. 각 국가는 정치와 풍속이 다르므로 이 두 부분은 언제나 많고 적은 차이가 있습니다. 외부의 의지로부터 명령을 받는 것이 많을 수도 있고, 자신의 의지에 따라 스스로 제어하는 것이 많기도 합니다. 후자를 자유민으로 부르고 전자를 부자유한 국민으로 부릅니다. 자유가 있고 없다는 것이 아니라, 많고 적음을 말하는 것입니다. 마치 과학자가 어떤 물건이 차다고 할 때 정말로 차가운 것이 아니라 다만 열이 적다고 하는 것과 같습니다. 열이 없는 물건은 없기 때문입니다.

그러므로 정치적 자유의 의미는 최초에 정의한 대로 구속이 없고 관리와 통치가 없는 것이라고 할 수 있습니다. 여기에서는 의미를 다소 수정해서

· · · · · · · · · · · · · ·

39 실리의 원서에서는 good government와 misgovernment가 대비되어 있다.

구속이 적고 관리가 복잡하지 않은 것이라고 합시다. 이렇게 수정한 의미가 곧 국민이 실제로 누리고 있는 자유입니다. 다만 각국에서 실제 누리고 있는 자유를 고찰할 때 법령의 좋고 나쁨을 물어서는 안 되며, 역시 국정이 의회와 민권에 의해 운영되고 있는지 아니면 전제 군권에 장악되어 있는지를 물어서도 안 됩니다. 이러한 차이는 비록 매우 중요한 문제이기는 하지만 실제로는 자유와 상관이 없습니다. 최근 사람들의 저술과 연설에서는 자유라는 단어를 즐겨 사용하고 감격에 겨워 소리치면서 국민이 자유롭기만 하면 국가는 강하고 국민은 부유하게 되며 정의가 크게 신장될 것이라고 말합니다. 오랫동안 사용하게 되면서 두 의미가 마침내 분리될 수 없게 되었습니다.

그렇지만 여러분은 이미 앞에서 했던 강의를 들었으므로, 이것은 과학자의 일이 아니라는 것을 알 것입니다. 과학자는 사물에 대해 질과 양을 구분합니다. 질은 그 물건이 어떠한 것인가를 묻는 것이요, 양은 그 물건이 몇 개인가를 계산하는 것입니다. 국민이 자유로운지 그렇지 않은지 하는 것은 법령에서 양과 관련된 문제이며 질과 관련된 문제가 아닙니다. 인민의 행위가 간섭을 받는가 아니면 자신이 원하는 것을 할 수 있는가 하는 것을 물어야 합니다. 혹은 간섭을 받는다고 할지라도 법률의 시행이 하나하나 최소한의 사정에서 말미암은 것인가, 즉 국민에게 맡길 수 있는 모든 것은 국민에게 다 맡긴 것인가 하는 물음입니다. 이 물음에 그렇다고 대답한다면, 국민에게는 자유가 있는 것입니다. 비록 폭군이 있고 폐정이 있더라고 국민에게 자유가 있다는 것은 명백합니다. 만일 이 물음에 그렇지 않다는 대답이 나온다면, 요순의 시대라 할지라도 그 사람들에게는 자유가 없는 것입니다.

저는 여러분이 의미를 명석하게 구분할 수 있도록 일부러 이처럼 위험한 어조로 말했습니다. 아마 여러분은 제 이야기가 평소 들어본 것과 크게 다르기 때문에 "선생님의 말씀이 사실이라면, 자유가 어찌 행복이 될 수 있습니까?"라고 일어나서 힐문할지도 모르겠습니다. 그러면 다음과 같이 대답하겠습니다. 자유는 행복이 될 때도 있으며, 재앙이 될 때도 있습니다. 자유 그

자체에는 행복도 재앙도 없습니다. 사용하는 자가 어떻게 하느냐에 달려 있습니다. 너무 빨리 사용하거나 도가 지나치게 사용하면 자유가 재앙이 된다는 것은 거의 확실합니다. 다만 그것이 재앙이 되었을 때 자유의 학설을 좋아하는 자는 이것은 자유가 아니라 방종일 뿐이라고 말할 것입니다. 그러나 제 생각으로 그들은 참으로 양자를 명확히 구별할 줄 모르는 것입니다. 아, 유럽 국민의 기질은 우리 아시아와 다릅니다. 그들은 압제를 강하게 받았을 때 자유라는 구호를 내세우면서 많은 사람들을 불러 모았습니다. 이미 구호로 내걸고 있는 이상, 자유를 완전무결한 것처럼 떠받들며 하늘 높이 걸어 놓지 않을 수 없었습니다. 이 덕분에 유럽의 국민이 실제로 복을 받은 것은 역사에 기록이 끊이지 않았습니다. 자유가 어려운 것이 아니라 자유의 복을 누릴 수 있는 수준에 이르는 것이 어렵습니다. 수준에 이미 이르렀는데도 복을 누리지 못했다는 것을 저는 본 적이 없습니다.

오늘 저녁에 말씀드린 것은 대체로 자유의 정의를 넘지 않았으며, 개인의 자유가 아니라 정치적 의미에서 국민의 자유였습니다. 그렇지만 제가 강의를 시작할 때 이미 분명하게 일러두었듯이 이러한 강의는 역시 국가의 정체(政體)를 구분하기 위한 것이었습니다. 이제 여러분을 오랫동안 붙잡아 두었고, 시간이 많이 지났기 때문에 다음 시간에 다시 이 이야기를 매듭짓는 것이 좋겠습니다. 조금도 피로한 기색을 보이지 않고 강의를 들어준 여러분에게 정말로 감사드립니다.

정부의 권력과 국민의 자유란 무엇인가

　자유라는 단어가 정치적으로 너무 많이 사용되면서 여러가지 의미가 생겨 났습니다. 지난번에는 하루 저녁의 시간을 다 써가면서 여러분과 함께 이 애매한 용어의 뜻을 분석하였습니다. 그리고 이 용어에 얽힌 여러 부차적 의미를 제거한 뒤에 국가를 분류하고자 했습니다. 일상어에서 말하는 자유의 용법이 실제로 과학적이지 않다는 것을 알았습니다. 만일 과학적 용법에 따라서 자유의 의미를 끝까지 밀고 나가면 무정부와 같은 의미가 됩니다. 일상어에서 자유는 의회가 있다는 의미로 사용되고 있습니다. 따라서 어떤 국민에게 자유가 있다는 것은 그 국가에 헌법이 있다는 것입니다. 입헌정부 는 국민이 따르지 않으면 바뀔 수 있으며, 국민은 자신의 의견에 맞는 정부를 수립합니다. 또한 입헌제 아래의 국민은 정부의 행위에 대해 모두 논의할 수 있으며, 신문과 잡지를 통해 여론[1]을 형성합니다. 정부는 언제나 이를 보면서 조치를 취합니다. 이것은 모두 사람들이 일상적으로 말하는 자유국가 입니다. 그렇지만 제 생각으로는 이와 같은 경우에 자유라는 용어를 사용하고 있지만, 이러한 정부는 국민에게 책임을 진다는 것에 불과합니다. 혼란스럽게 자유라고 지칭할 필요가 없습니다. 자유라는 단어는 방임주의 정치체제만 지칭하도록 놓아두는 것이 좋을 것입니다.

정치학에서 논하는 것은 정부의 일입니다. '정(政)'이라는 글자는 중국의 육서로 보면 복(攴)[2]과 정(正)으로 이루어져 있으며, 인민을 막아서 올바른 곳으로 나아가도록 한다는 것을 말합니다.[3] 그렇다면 정치는 구속하고 관할하는 일입니다.[4] 자유란 국민이 하고 싶은 일에 구속을 받지 않는다는 것입니다. 그렇지만 아무리 엄격한 국가라도 국민의 모든 일에 간섭하고 모든 행위에 제약을 가할 수는 없습니다. 그들의 시간과 힘을 다 빼앗을 수도 재산을 수탈할 수도 없습니다. 반드시 국가가 개입할 수 없는 부분이 남아 있으며, 그러한 부분은 국민이 스스로 자신의 일을 처리하도록 맡겨 둡니다. 스스로 처리한다는 것은 모두 자유입니다. 예를 들면, 고대 국가에서는 일찍이 인민의 의복과 음식을 통제하면서 이를 사치금지법[5]이라고 했습니다. 지금은 이런 법이 없는데, 이것은 생활의 자유입니다. 또 정부가 수출하는 화물의 운송과 무역을 국민에게 맡겨 놓고 규칙을 정하지 않으면, 이를 자유무역이라고 합니다.[6] 다만 각 국가에서는 천시(天時), 지리, 인사가 다르기 때문에 간섭하고 방임하는 부분에 각각 차이가 있습니다. 그래서 간섭이 많으면 자유가 없다고 하고, 방임이 많으면 자유라고 합니다. 이것 또한 자유의 한 가지 용법입니다.

이상의 내용을 요약하자면, 일상적으로 사용되는 자유에는 대체로 세 가지

. . . .

1 원문은 '國論'. 남양본에는 '西語曰 Public Opinion'이 추가되어 있다.
2 상무본 '支'는 '攴'의 잘못, 남양본과 중화서국본 '文'은 '攴'의 잘못이다.
3 『설문해자』에는 "政, 正也. 從攴正, 正亦聲."으로 되어 있다.
4 실리의 원서에는 "And government is a power of constraint or coercion."으로 되어 있다.
5 원문은 "生事律". 남양본에는 "Sumptuary Laws"가 추가되어 있다.
6 남양본에는 "謂之 Free Trade"가 추가되어 있다.

의미가 있습니다. 첫째, 국가가 자주 독립하여 강대국의 견제와 간섭을 받지 않는 것을 자유라고 합니다. 이러한 의미는 가장 오래된 것이며 역사와 전기, 시가에서 가장 많이 나타납니다. 둘째, 정부가 국민에 대해 책임을 지는 것을 자유라고 합니다. 이러한 용례는 옛날에도 있었고 지금도 있습니다. 유럽에서 군주와 인민의 싸움이 일어난 것은 모두 이 때문입니다. 그래서 자유는 피를 먹고 자라는 나무와 같다고 말합니다. 셋째, 정부의 통치권을 제한하는 것을 자유라고 합니다. 종교의 자유, 무역의 자유, 언론의 자유, 혼인의 자유, 집회결사의 자유 등이 여기에 해당합니다. 이러한 종류의 자유는 때때로 두 번째의 자유와 함께 나타납니다. 그렇지만 이는 모두 일상어의 의미로서는 매우 중요하지만, 과학은 이것을 따를 수 없습니다. 과학에서는 하나의 단어가 서로 다른 두 가지 의미를 함께 가질 수 없고, 서로 모순되는 것을 용납하지 않습니다. 앞에서 든 몇 가지는 서로 모순되며 양립할 수 없는 의미를 함께 지니고 있습니다. 이에 관해서는 지난번에 상세하게 말했습니다. 따라서 지금은 세 번째 의미에 따라서 정부의 명령이 약소한 것을 정치적 자유로 정의하도록 하겠습니다.

물론 정부의 일이 적으면 국민은 자유롭습니다. 그렇지만 정부의 일이 적다고 하면, 그 나라에서 모든 부분이 잘 다스려지는 것은 아닙니다. 국민의 행복 여부는 정말 말하기 어렵습니다. 자유가 극점에 이르면 무정부입니다. 정부가 없고서도 잘 다스려진다는 것은 이상적으로는 있을 수 있지만 실제로 그러한 경지가 언제 실현될 수 있을지 알 수 없습니다. 지금의 국민 도덕을 생각해 보면, 최고의 문명이라도 불가능한 형편입니다. 전기의 기록을 살펴보면, 인류의 훌륭한 업적은 모두 도리에 합당한 정부가 달성한 것입니다. 따라서 정부가 없을 수는 없습니다. 그렇지만 정부가 있게 되면, 무책임해지기 쉬운 경향이 있습니다. 무책임하다는 것은 정부가 자유로운 것입니다. 정부가 무제한의 자유를 가진다면, 국민이 얼굴과 눈썹을 찡그리며 힘든 표정을 지을 날이 올 것입니다. 그러므로 서양의 저서에서 비분강개하며 자유를 꿈꾸는 것은 실제로는 정부와 군주의 폐지를 요구하는 것이 아니라, 국민을 짓밟는 일이 없도록 군주와 정부에게 요구하는 것입니다.

지난번에 제기한 문제는 국가의 권한이 어디까지 가능한지 묻는 것이었습니다. 이는 국가가 어떤 일을 국민의 자유에 맡기고 어떤 일은 맡길 수 없는지를 묻는 것과 같습니다. 이것은 정치학에서 지극히 중요한 문제입니다. 서양에서 정치를 논하는 대가들도 역시 종종 이 문제를 고찰하고 논하였습니다. 그들의 견해는 대체로 정부의 권력은 부득이하게 생겨난 것이며, 원리적으로 따지자면 마땅히 제한이 있어야 한다는 것이었습니다. 예컨대 스펜스 등 여러 학자들의 저술에서는 사회 속의 일을 들어서 어떤 일은 정부가 간섭할 수 있고, 어떤 일은 정부가 국민에게 맡겨두어야 한다는 것을 각각 구분하였습니다. 그러나 우리의 방법론에 의거해서 말하자면, 이러한 구분은 아무리 세우고자 하더라도 불가능합니다. 왜냐하면 진화론적 방법론에서는 국가의 행위는 인간이 주도적으로 할 수 있는 것이 아니라 내적 요인과 외적 요인이 합해지면서 어떤 형국이 이루어져 가는 것이라고 보기 때문입니다. 인간의 사회는 각자가 자신의 본성에 의거하여 스스로의 생존을 추구하기 위해 결합된 것입니다. 국가를 잘 만들 수 있기 때문이 아니라, 국가가 없을 수 없기 때문입니다. 여러분이 정부의 권력을 어디까지 제한해야 하는가를 묻는다면, 저는 곧 "제한을 둘 수 없습니다. 다만 이때 얼마만큼의 권력을 지닌 정부가 필요하다면, 정부는 더 많지도 않고 적지도 않은 그 필요한 만큼의 권력을 저절로 갖게 됩니다. 이는 자연적으로 이루어지는 것이지 인력으로 되는 일이 아닙니다."라고 대답하겠습니다.

여러 현명한 학자들은 정부를 논하면서 매번 정부가 당연히 해야 할 일과 하지 말아야 할 일을 구분하고 이를 통해 정부의 권한을 설정하고자 합니다. 그렇지만 저는 이러한 생각에 반대합니다. 다만 정부 권한의 크고 작음은 진화의 원리에 따른 자연적인 일이며, 국가가 처한 자연적 조건, 지리적 형세, 국민의 자질 등이 어떠한가 하는 조건에 따라야 한다고 생각합니다. 정부의 권한이 커야 하는데 작다면 그 국가는 불안합니다. 정부의 권한이 작아야 하는데 크다면 그 국민은 원망할 것입니다. 정부 권한의 크고 작음이 시대적 조건에 맞아야만 국가가 무너지지 않습니다. 이는 필연적 추세이며 당연한 이치입니다. 어떤 사회의 결합을 보도록 하겠습니다. 밖으로는 외적이 있고 안으로는 흉악한 도적이 있으며, 더구나 가뭄과 홍수가 발생하면 이는 완전한 재난입니다. 정부가 성립하게 되면서 이러한 재난이 줄어들면, 거기에 살고 있던 사람들은 흩어지지 않습니다. 정부가 성립하게 되면, 생존경쟁과 자연선택이 일어나면서 언제나 정부의 형식은 점차 변해 갑니다. 통치권의 크고 작음은 시대에 따라 달라집니다. 통치권의 크고 작음은, 뒤집어 말하면, 자유의 많고 적음과 다르지 않습니다. 그러므로 자유의 많고 적음으로 국가를 구분하고자 한다면, 정부의 권한을 어디까지 설정할 것인가 하는 문제로 싸울 필요가 없습니다. 다만 사실로 이미 드러난 사례를 제시하면 충분합니다.

정부의 권력 행사는 때로는 개인의 자유를 고려하지 않습니다. 이러한 정부의 권리가 공리에 합당한 근거를 가졌는가 하는 문제는 지금도 논쟁거리로 남아 있으며, 확실하게 말할 수 없습니다. 그렇지만 정부가 어떤 원인에 의해 성립되고, 또 그 원인으로 인해 단계의 차이가 생기며 통치권의 크고 작음과 관대함과 엄격함이 나누어진다는 점은 제대로 논의할 수 있습니다. 이러한 논의를 할 때도 반드시 자연유기체의 국가를 선택해야 하며, 전적으로 정벌과 경영으로 성립된 국가는 대상으로 삼을 수 없습니다. 자연유기체의 국가는 처음에는 대체로 외부의 위협으로 인해 성립된 국가이며, 그 이후의 발달 또한 마찬가지입니다. 외부로부터의 재난이 있기 때문에 사회를 만들어 힘을 모읍니다. 사회를 만들고 힘을 모아 정부 기관을 세웁니다. 그렇다면, 이로부터 정부 권한의 크고 작음은 그 국가에 주어진 외부로부터의 압력이 어떠한가에 달려 있으며, 민중의 자유는 이와 반비례한다는 것을 알 수 있습니다.

예를 들면 영토가 광활하고 비옥하여 삶이 풍족하고 또 외적의 침입이 없는 국가에서는 국민이 누릴 수 있는 자유가 커질 것입니다. 만약 사방을 경계해야 하거나 전쟁의 요충지에 자리 잡고 있다면, 이 나라 정부의 명령은 틀림없이 복잡할 것이고 국민의 자유 또한 작을 것입니다. 이것은 법칙입니다. 이로부터 여러분이 영국과 독일 두 나라의 국민을 비교해 보면, 영국 국민이 누리는 자유가 유독 많은 이유를 알게 될 것입니다. 왜냐하면 영국은 바다를 성으로 삼고 있는 섬나라이며, 독일 지역은 사방이 트인 유럽의 요충지에 처해 있으므로 무력 방위를 준비하지 않을 수 없습니다. 무력 방위를 준비한다면 국민에게 자유가 있다 하더라도 주어진 자유가 적게 됩니다. 앞으로 만일 우리나라가 강성하게 될 날이 온다면, 정부의 권력은 날로 팽창하고 국민이 누릴 자유는 점점 줄어들지 않을까 염려합니다. 무책임하던 정부가 책임 있는 정부로 바뀌게 되면, 이러한 일은 필연적인 추세입니다. 왜냐하면 만일 그렇지 않다면, 강성하게 될 날이 오지 않기 때문입니다.

앞에서 말한 법칙은 서양의 역사에서 살펴보면 매우 많은 증거를 찾아볼 수 있습니다. 국민의 자유는 북미만한 곳이 없습니다. 그들은 언제나 이를 자랑삼아 앵글로 인종은 강건한 성질을 지니고 있어 남으로부터 억압을 받지 않는다고 말합니다. 그렇지만 제가 보기에 이는 사실이 아닙니다. 실제로 영국과 북미는 지세로 인해 그렇게 된 것입니다. 미국은 대륙에 위치하고 있지만 실제로는 좌우로 큰 바다에 둘러싸여 있으며 남북으로는 강한 이웃나라가 없습니다. 대륙에 거하고 있지만 섬과 다름이 없습니다. 따라서 두 나라의 정치는 모두 방임을 주의로 삼을 수 있었습니다. 프랑스와 독일은 그렇지 못합니다. 17세기에 이르러 영국에서는 민권이 날로 신장되었습니다. 그렇지만 프랑스는 루이 14세가 국왕이 된 이후 정치가 날로 전제로 나아갔고, 프로이센의 프리드리히 대왕 부자도 역시 대단한 전제군주였습니다. 그 까닭은 어디에 있을까요? 이들 나라는 천지간에 생존을 도모하는 것이 급선무였습니다. 생존을 도모하기 위해서는 무력 방위를 준비하지 않을 수 없습니다.

무력 방위를 준비하기 위해서는 통치권이 확대되지 않을 수 없습니다. 통치권의 확대란 간섭이 많고 방임이 적다는 것입니다.

국민의 자유가 인종적 특성에 기인하거나 혹은 종교 때문이라고 한다면, 당시 프로이센은 튜턴 인종이 아니었습니까? 루터의 신교가 행해진 나라가 아니었습니까? 그런데 정치적으로는 전제 체제였으며, 영국과 미국과는 같지 않았습니다. 아마도 18세기 초의 프로이센은 지리적 형세로 볼 때 서로 분리되어 통행하지 못하는 세 개의 분리된 지역으로서 방어하기가 가장 어려웠습니다. 프리드리히 대왕 부자의 정치 체제가 전제였다는 것은 틀림없지만, 이로 인해 국가는 결국 망하지 않았습니다. 북에는 카를 12세[7]가 있었고 동에는 표트르 대제가 있었고, 서남쪽에서는 프랑스와 오스트리아가 기회를 노리고 있었습니다. 지금 프로이센의 개혁을 살펴보면, 모두 온갖 전쟁을 직접 거치면서 이루어진 것이었습니다. 폴란드의 국민 또한 방임을 누리고 있다고 할 수 있습니다. 그래서 폴란드의 유명한 바토리왕[8]은 일찍이 폴란드인에게 "아, 폴란드인이여. 폴란드가 지금까지 망하지 않은 것은 법전 때문이 아니라 여러분이 법전을 받들지 않았기 때문이며, 정부 때문이 아니라 여러분이 정부에 복종하지 않았기 때문이다. 그럼에도 국가가 망하지 않은 것은 천만다행한 일"이라고 말했습니다. 국가의 풍속이 이와 같으니 자유라고 할 수 있지만, 백여 년이 지나지 않아 폴란드는 분할되었습니다.

그러므로 서양의 역사를 읽는 방법은 중국의 역사를 읽는 것과 다릅니다. 치란과 성쇠의 원인을 찾거나 혹은 종합적인 관찰을 통해 일반적 법칙을 정립하기 위해서는 내적 요인을 보아야 할 뿐만 아니라 외적 원인도 함께 고찰해야 합니다. 대체로 어떤 국가든지 이렇게 살펴보면 외부로부터 받는

. . . .

7 칼 12세(Karl XII, 1682~1718)는 절대주의 시대 스웨덴의 왕(1697~1718년 재위)이다.
8 스테판 바토리(Stefan Batory, 1533~1586)는 폴란드 국왕(1567~1586년 재위)이며 두 차례에 걸친 러시아와의 전쟁에서 승리하였다.

영향이 언제나 많습니다. 내부의 자체적 힘 또한 민족적 특성이라고 쉽게 규정할 수도 없습니다. 예컨대 그리스인이 가장 빨리 개화를 한 것은 민족적 성질이 가장 우수했기 때문이라고 말한다든지, 앵글로 인종이 먼저 의회를 갖게 된 것은 그들이 자유를 가장 존중하기 때문이라고 말하는 것은 가장 무가치한 해설입니다. 견식이 있는 자는 하지 않는 말이며, 배우는 자가 깊이 경계해야 할 일입니다. 이제 다음과 같은 법칙을 세울 수 있습니다. 국가의 성립에서 외환이 강하면 내치가 조밀해지고, 외환이 약하면 내치가 느슨해집니다. 내치가 느슨하면 국민은 자유를 누리고, 조밀하면 이와 반대입니다. 물론 이것은 큰 원칙이며, 다른 요인이 작용하면 별도의 법칙이 생길 수 있습니다.

자유에 관한 논의는 곧 국가를 분류하기 위한 것이라고 지난번에 말씀드렸습니다. 그렇다면 국가 분류의 근거는 무엇일까요? 간섭과 방임으로 구분합니다. 이 둘의 비율은 국가가 처한 경우의 차이에 따라 정해집니다. 그러므로 상세하게 논하자면, 차이가 일정하지 않고 나라마다 서로 다르다고 말할 수 있습니다. 그렇다면 어디에 최대의 기준을 설정할까요? 자유를 기준으로 국가를 구분하기 위해서는 자유의 유무로서는 말할 수 없고 또한 자유의 다과(多寡)로도 판단할 수 없습니다. 다만 국가의 통상적 정무와 통상적 기관에서 나타나는 간섭과 방임의 차이를 살펴서 구분할 수 있을 따름입니다. 간섭이란 법도를 세워 획일적으로 만들고자 하며 다양성을 허용하지 않습니다. 방임이란 국민이 스스로 하도록 놓아두며 경쟁을 허용하고 일률적이기를 바라지 않습니다. 방임이 많을수록 자유가 많고, 방임이 적을수록 자유는 적습니다. 국가의 구분은 곧 여기에 따라서 말할 수 있습니다.

정부는 일국의 주권이 귀속되는 곳입니다. 만일 정부의 주권이 완전무결하다면 본래 국가의 모든 일에 간섭하며, 그리고 한 사람이든 일군의 집단이든 전 국민이든 상관없이 모두에게 간섭합니다. 근세의 정치학자는 통치권이 비대해져 가혹하고 협애한 정치가 발생할 것을 염려하여 정부가 할 수 있는 일을 구별해 두고자 합니다. 예를 들면, 종교적 신앙, 사회의 언론 등등 무려 수십 가지의 일은 모두 정부가 간여해서는 안 되며 국민이 스스로 하도록 맡겨 두어야 한다고 합니다. 또 병역이나 형벌 등등은 정부가 반드시 많은 힘을 쏟아야 할 일입니다. 그렇지만 반드시 힘써야 할 일도 적으면 적을수록 좋다고 합니다. 그들의 학설이 이와 같습니다.

우리의 방법론에 따르면, 이러한 주장은 어떤 한 사회 한 시대에 적용되는 것일까요, 아니면 모든 국가에 통용될 수 있는 보편적 법칙일까요? 만일 전자에 해당한다면 이 주장은 아마 유용할 것입니다. 만일 후자의 의미라면 도저히 사용할 수 없는 커다란 오류일 것입니다. 왜냐하면, 이 세상의 모든 국가는 각각 시대적 형세와 국민의 자질이 같지 않기 때문입니다. 지금은 국민의 자유에 맡기는 일이라도 백년 이전에는 정부가 반드시 간섭했던 일이 있습니다. 또한 이 나라에서는 국민의 자유에 맡기는 일이라도 다른 나라에서는 반드시 정부가 관리하기도 합니다. 이것을 일률적으로 논의하는 것은 큰 오류입니다. 종교적 신앙의 자유를 예로 들어 보겠습니다. 지금은 오대주에서 공인되어 있으며, 정부가 신앙의 자유를 조금이라도 억압하거나 금지할 수 없다고 합니다. 그렇지만 이러한 일은 영국에서조차도 엘리자베스 시대에 이르러 비로소 시작되었습니다. 프랑스, 이탈리아, 스페인 등의 나라에서는 종교의 자유가 백여 년에도 이르지 않았습니다. 저들 나라의 선조들이 모두 어리석은 자들이었을까요? 대체로 국가가 추구하는 것은 우선 치안이며, 생명과 재산을 보호하는 일이 급선무입니다. 이러한 치안을 달성할 수 있다면, 정부는 자신의 모든 권력을 사용하지 않을 수 없습니다. 만일 십자군이 성행하던 시대에 종교적 사유를 주장했다고 가정한다면, 유럽 사회가 안정과 위기, 치세와 난세 가운데 어느 쪽으로 나아갔겠습니까? 옛 사람들의 행위에 전혀 이유가 없는 것은 아닙니다.

고대에도 국가가 같은 종족과 같은 언어의 집단이라는 이유만으로 결합된 것은 아니었습니다. 섬기는 신이 반드시 같고, 이해하고 받아들일 수 있는 도리와 이치도 반드시 같았습니다. 이러한 것들이 다르면 국가를 같이하고자 하지 않을 것이며, 억지로 같은 국가에 소속시키면 혼란이 발생합니다. 이러한 사례는 멀리서 찾을 필요가 없습니다. 중국에서 해상 무역 금지령을 풀고 항구를 개방한 이래로[9] 맺은 조약은 대체로 외국인에 의해 주도된 것이었으며, 이 역시 시대적 형세로 보아 어쩔 수 없는 일이었습니다. 그 가운데 가장 불행한 것은 선교를 허용한 일입니다. 선교 자체가 불행한 것은 아닙니다. 불행한 것은 전쟁의 결과로 치외법권이 그대로 시행되는 시대를 맞이하게 된 일입니다. 이 일의 경험은 저와 여러분이 직접 보아온 것입니다. 교안[10]이 발생하면 문명사회에서는 사람들 누구나 슬프게 생각합니다. 이런 일이 다시는 발생하지 않기를 바라지만, 얼마나 오랜 시간이 지나야 가능할지 알 수 없습니다. 선교사가 국내 지역을 다니지 않도록 서로 약속하든지 혹은 중국이 '교육보급'[11] 이 네 글자를 충실히 실행할 수밖에 없습니다. 이 두 가지는 모두 지금은 기약할 수 없는 일입니다. 서양인 친구인 미키[12]는 "중국은 일종의 모래 돌과 같고 서양의 종교는 물과 같습니다. 돌 속으로 물이 스며들면 겨울에는 얼었다가 봄에는 가루처럼 분해됩니다."라고 일찍이 말했습니다. 이야말로 참으로 우리나라의 가장 큰 걱정입니다. 재앙의 근원을 살펴보면,

· · · · · · · · · · · · · ·

9 중국이 영국과 맺은 난징조약(1842)에서 광저우, 푸저우, 아모이, 닝버, 상하이 등 5 개 항구를 개방한 이래로 서양 열강과의 불평등조약을 통해 계속해서 더 많은 항구를 개항한 것을 말한다.
10 교안(教案)은 청말의 중국에서 일어났던 기독교 배척 운동을 말한다.
11 옌푸는 「교육과 국가의 관계를 논함」(『中外日報』 1906년 1월 6일, 나중에 『東方雜誌』 第3 年 第3期에 전재, 1906년 4월)에서 당시 중국이 시급히 해야 할 중에서 교육 보급의 중요성을 역설했다.
12 미키(Alexander Michie, 1833~1902)는 스코틀랜드 출신으로서 중국에 와서 The Chamber of Commerce at Shanghai를 조직하여 의장을 지냈다. 중국의 서부 지역을 중심으로 선교 활동을 하면서 타임지의 중국 특파원으로 활동했다. 저서로는 The Siberian Overland Route from Peking to Petersburg, through the Deserts and Steppes of Mongolia, Tartary, etc.(1864), Missionaries in China(1891), China and Christianity(1900), The Englishman in China during the Victorian Era(1900) 등이 있다. 옌푸의 『지나교안론(支那教案論)』(1899)은 미키가 지은 Missionaries in China를 번역한 것이다.

외국인의 선교에 대해 우리나라는 보호의 책임만 지고 있고, 허가와 거부의 권한이 없기 때문입니다. 사람들에게 신앙의 자유는 참으로 자유에 맡겨야 할 일이지만, 재앙이 이와 같습니다. 선교사가 살해된 일은 참으로 슬픈 일이지만, 우리나라에 미친 결과는 더 큰 슬픔입니다.

이것은 여담이며, 여기에서 말하고자 하는 것은 다음과 같습니다. 정부가 당연히 해야 할 일은 시대적 조건에 따르며, 처음에는 제한이 없습니다. 국민의 자유도 역시 지식, 도덕, 힘 이 세 가지 수준에 따라 정해지며 처음부터 정해진 원칙이 있을 수 없습니다. 다만 지금 우리의 본래 과제는 국가의 구분입니다. 구분의 기준은 즉 정부가 간여할 수 있는 일과 간여할 수 없는 일의 차이입니다. 그렇지만 정부가 하는 일과 하지 않는 일을 살펴보기 위해서는 먼저 모든 정부가 공통적으로 하는 있을 고찰해야 할 것입니다. 공통적으로 하는 일은 곧 정부의 천직입니다. 일반적으로 말하면, 바다와 육지의 군대입니다. 군대란 무엇입니까? 법으로 국민을 조직하여 함께 국가를 지키는 일입니다. 평시에는 방어를 하고 전시에는 공격을 합니다. 그래서 강화와 전쟁을 결정하는 권한은 반드시 정부에 속합니다. 다음으로는 형벌이 있습니다. 서양의 국가에서 형벌을 내리는 권한은 독립해 있지만, 이는 나중의 일이며 처음에는 정부가 주도했습니다. 흉악한 자를 제거하고 간악한 자를 처벌하여 국민의 신체와 가산을 보호하는 것입니다. 형법 이외에 민법이 있습니다. 민법은 소송을 공정하게 처리하고 상거래[13]를 바로잡고 계약의 신용을 보증하는 것입니다. 이것이 모두 정부가 공통으로 하는 일 가운데 분명하고 두드러진 것들입니다.

진화의 단계가 진행될수록 정부의 기관은 더욱 조밀하게 싸여집니다. 조직

· · · · · · · · · · · ·

13 원문은 '質劑'. 고대 중국의 무역 제도에서 관에서 발행하여 사용했던 어음이며, 액면 가격이 큰 것은 질(質)이라 하고, 작은 것은 제(劑)라고 했다.

이 더욱 조밀해질 뿐만 아니라 더욱 활발해집니다. 그렇지만 정부가 발전하면 민간사회[14]도 역시 발전합니다. 민간사회가 발전하면 직업이 더욱 복잡해지고 분업의 영역이 확대됩니다. 산업이 점차 다양화되며 노동력도 달라집니다. 예를 들면, 초급사회는 처음에는 모두 농민이요 모두 병사입니다. 산업은 대체로 모두 논과 주택뿐입니다. 때로는 여러 노동자가 있지만 농사 대신에 급여를 받으며, 사회가 함께 그를 먹여 살립니다. 느리고 빠른 차이가 있지만 결국 이러한 국면은 바뀌게 됩니다. 실업이 번창해지고 인간관계도 날로 복잡해집니다. 제조업과 통상이 발전하면서 자본의 축적이 날로 많아집니다. 산업은 논과 주택에 그치지 않고 온갖 동산도 역시 늘어납니다. 환법[15]이 생기고 화폐가 사용되며, 또한 신용 거래가 시행됩니다. 화폐를 대표하는 것이 지폐입니다. 미술이 있고 과학이 있습니다. 학문과 교육이 크게 발달하여 서적이 많아지면서, 교육 사업이 흥하고 크고 작은 학교가 줄지어 설립됩니다. 이러한 것들은 모두 민간사회가 진화하는 현상입니다. 이런 일이 반드시 정부의 명령과 관련된 것은 아니라 할지라도, 이로 인해 정치 분야의 문제가 때로는 달라집니다. 어떤 하나의 일이 생길 때마다, 이것은 정부가 방임하고 국민의 자유에 맡겨야 할 일인가, 아니면 정부가 당연히 간섭해서 이와 관련된 법률을 제정하여야 할 것인가 하는 문제가 제기됩니다. 예컨대 통상과 관련해서는 통상부를 설립해야 할 것인가? 학문에 관해서는 교육부를 설립해야 할 것인가? 이러한 문제는 각 국가마다 그렇기도 하고 그렇지 않기도 합니다. 여기에서 정부의 기능이 달라지고, 이에 따라 정부의 특성도 때로는 달라집니다. 바로 이 점에서 구분이 생겨나게 됩니다.

독일의 어떤 정치학자는 이 문제를 가장 치밀하게 다루고 있습니다. 그는

· · · · · · · · · · · ·

14 원문은 '民群'. society의 번역어이다.
15 환법(圜法)은 『한서』 「식화지」에 나오는 구부환법(九府圜法)에서 나온 말이며, 화폐를 원활하게 운용하는 법을 말한다.

군대 이외에 아무런 일도 하지 않는 것을 군사국가War State, Der Kriegstaat[16]라고 불렀습니다. 그밖에도 법률국가Law State, Der Rechtstaat,[17] 상업국가Trade State, Der Handelsstaat,[18] 경찰국가Police State, Der Polizeistaat[19]는 모두 각각 한 가지 일에 전념하는 것입니다. 나라 안의 모든 일을 다스리는 것은 문화국가Culture State, Der Kulturstaat[20]라고 합니다. 이처럼 명칭이 번잡합니다. 그렇지만 저의 관점에서 보자면 정부의 분류는 두 가지일 뿐이며, 하나는 부분적이고 하나는 종합적입니다. 이제 다음과 같은 물음을 제기하겠습니다. 하나는 정부가 할 일에 대한 과학자의 견해입니다. 즉 정부의 지식은 일반인보다 뛰어나지 못하므로 정부는 국경의 경비와 국내의 치안에 힘써서 거주민이 불안하지 않도록 하면 충분하며, 나머지는 모두 사회가 스스로 꾀하도록 맡겨두어야 하며, 훌륭한 목수를 대신해서 나무를 쪼개는 일과 같은 어리석은 행동을 하지 말아야 할 것인가 하는 문제입니다. 또 하나는 종교인의 주장처럼 국가는 매우 고상한 목적 아래 설립되었으며, 국민의 보호뿐만 아니라 종교와 도덕, 과학과 미술도 모두 정부가 나서야 한다는 것입니다. 요컨대, 이는 곧 문화국가가 정당한가 하는 물음입니다.

정부의 권한이 당시의 시대적 지리적 조건에 따라 결정된다고 앞에서 말한 것을 여러분은 당연히 기억할 것입니다. 그렇다면 제가 이러한 문제에 충분히 대답을 드리지 못하더라도 저를 비판할 수는 없을 것입니다. 역사에서 나타난 각국의 공론이 어떠하였는가에 대해서는 하나하나 지적할 수 있습니다. 우리나라부터 말해 보면, 요순 삼대 이후로 오늘날에 이르기까지 한결같이 문화국가였습니다. 천자가 군주로서 스승으로서 백성의 부모가 되었으

---

16 원문은 '兵政府'.
17 원문은 '刑政府'.
18 원문은 '商政府'.
19 원문은 '警察政府'.
20 원문은 '敎化政府'.

니,[21] 권력에 무슨 한계가 있었겠습니까? 서양의 국가를 조사해 보면, 명나라 말엽의 17세기 이래로 정치 이론이 활발하게 전개되었습니다. 당시 사람들은 종교와 통치권은 비록 둘이지만 실제로는 하나라고 말했습니다. 그렇지만 시간이 지나면서 이러한 주장이 약해지자, 통치자의 권력에 제한을 두어야 한다는 주장이 연이어 제기되었습니다. 영국에서는 윌리엄과 메리가 함께 왕위에 오른 시대에 이르러[22] 수없이 많은 피를 흘린 뒤에야 종교의 자유가 시행되었습니다. 그 이후로 유럽에서는 또 상업 문제로 분쟁이 있었으며, 대체로 보호무역을 주장했습니다. 중국의 강희·옹정[23]에서 건륭 시기에 해당하는 18세기에 이르러서는 서양의 학자들이 처음으로 국가의 권력이 지나치게 비대하다고 말하기 시작했습니다. 국가의 욕망이 너무 지나치면 도리어 사회에 보탬이 되지 않는다는 것이었습니다. 루소의 정치 이론은 혁명의 선구가 되었으며, 정부의 간섭이 너무 많고 인민이 통치 받는 영역이 너무 크다고 주장했습니다. 그때 종교, 교육, 상업, 정치 등 여러 분야에서 학자들의 주장은 대체로 같은 점이 많았습니다. 따라서 많은 사람들이 모여서 자유방임주의[24]를 주장했습니다. 그 의미는 다음과 같습니다. 군신 간에 윤리가 있지만 이는 부득이하게 생겨났을 뿐이라는 것입니다. 통치를 받는 것은 인간 세상의 고통에서 비롯된 것이며 결코 즐거움을 가져다주는 것이 아닙니다. 그래서 권력은 당장 제거할 수는 없다 할지라도 줄이고 줄여서 더 이상 줄일 수 없을 정도로 줄여야 합니다. 역으로 말하면, 국민에게 최대의 자유를

- - - - - - - - - - - - -

21 『書經』「泰誓」의 "元后作民父母", "天佑下民, 作之君作之師" 등에서 유래하는 말이다.
22 원문은 '獨立之代', 남양본 '雙立之代'에 의거하여 교정한다. 영국 국왕 윌리엄 3세와 메리 2세는 1689년 2월 공동으로 왕위에 올랐다. 재위 기간 중 프랑스의 확장 정책을 누르고, 국내에서는 종교관용법(1689), 왕위계승법(1701)을 제정했다.
23 강희제는 청나라의 제4대 황제(1662~1722년 재위)이며, 옹정은 제5대 황제(1722~35년 재위)이다.
24 원문은 '因任自然無擾無爲之義'. 남양본에는 "Lassez-faire, Laissez-passer"가 추가되어 있다.

누릴 수 있도록 하는 것입니다. 이 말의 옳고 그름은 인간의 삶과 매우 밀접한 관련이 있지만 저는 지금 결론을 내리지는 않겠습니다. 다만 이 학설은 지금도 유럽에서 많은 사람들의 지지를 받고 있고, 19세기 전반까지 유럽의 현상은 대체로 이 학설에 의해 만들어졌다고 하는 점을 말하겠습니다. 지금은 이러한 학설이 점차 동쪽으로 옮겨오고 있으며, 장차 우리 중국 사회에도 커다란 영향을 미치게 될 것입니다.

이 말이 옳고 그른지를 감히 말하지 못하는 것은 통치권이 상대적인 것이라고 생각하기 때문입니다. 어제는 옳았던 것이 오늘은 옳지 못한 것이 될 수 있고, 지금은 바라는 일이지만 나중에는 버려야 할 수도 있습니다. 국가의 인구는 많고 적은 차이가 있으며, 국민의 지적 수준도 밝고 어두운 차이가 있습니다. 진화의 단계도 나라마다 같지 않습니다. 그러므로 여기에서 고정된 법칙을 세울 수는 없습니다. 예컨대 18세기 자유방임의 학설에 대해서는 근래에 이르러 반작용의 힘이 커지고 있습니다. 그래서 모든 정치적 사안에서 이러한 학설이 완전히 적용되기도 하고 완전히 적용되지 못하기도 합니다. 완전히 적용된 것은 종교의 자유입니다. 자유무역은 아담 스미스가 힘써 주장했지만 겨우 세 개의 섬에서 시행되고 있을 뿐입니다. 유럽과 미국의 두 대륙에서 지금도 상업이 정부에 의해 보호되고 유지되고 있다는 것은 우리가 함께 보고 있는 대로입니다. 정말로 정치라는 것은 한쪽 측면만을 논할 수는 없습니다.

20여 년 전 제가 영국에 유학했던 시절에[25] 당시 정부의 추세는 대체로 간섭주의를 크게 내세우고 있었습니다. 교육 사업은 그 전에는 정부가 간여하지 않았지만, 그때는 정부가 권한을 기두이 들여 교육부를 설치했습니다.

· · · · · · · · · · · · ·

25 옌푸는 23세에 영국으로 출발하여(1877년 3월 31일) 영국 그리니지 해군대학에(Royal Naval College)에서 2년간의 학습 과정을 수료하고, 1879년 7월 혹은 8월경에 중국으로 돌아왔다.

초급교육을 의무제로 만들어 전국에 글자를 모르는 사람이 없도록 하고자 노력했을 뿐만 아니라, 고등교육과 관련된 각종 학교를 위한 규칙과 교과과정을 의회가 새롭게 제정하였습니다. 그리고 위생과 검역은 부서를 설치하여 이를 담당하는 전문 관리를 두었습니다. 이런 것들은 모두 그 전에는 정부가 간여하지 않았던 일입니다. 독일과 프랑스에서 먼저 시작된 이후로 영국과 미국도 이어서 이를 시행하게 되었습니다.

더구나 이상한 것은, 여기에서 지적한 것이 법률을 시행하는 권력에 나타난 것에 불과하며, 법률을 제정하는 권력이 이루 말할 수 없을 정도로 확대되었다는 점입니다. 법률의 시행으로 간섭이 지나치게 많아지면, 국민은 자유를 주창하면서 저항의 의지를 드러냅니다. 그렇지만 새로운 법률의 제정에 대해서는 사람들이 이의를 제기하지 않습니다. 그래서 19세기 후반에 각 국가에서 제정된 법률은 옛날 법전에 남아있는 것보다 훨씬 많아졌습니다. 그 전에는 법령과 법전은 대체로 옛날부터 전해져 내려오던 것을 받들어 실행했습니다. 정부는 법률의 시행을 본업으로 여기고 법률의 제정은 정부와 무관한 일로 여겼습니다. 강화와 전쟁을 주도하고 세금을 징수하고 재해를 구휼하는 것이 정부가 힘써 하던 일의 전부였습니다. 법제의 개정은 언제나 사양하였으며, 우리는 선조가 대대로 물려준 것을 지키고 따를 뿐 다른 일은 하지 않아도 된다고 생각했습니다. 19세기 말에 이르러 사정이 크게 바뀌었습니다. 법률의 시행에 관한 권력은 오히려 줄어들었지만, 법령의 제정과 규칙의 개정에 관해서는 정부가 모든 책임을 지고 있습니다. 제정할 수도 폐지할 수도 있고, 늘일 수도 줄일 수도 있습니다. 다만 국민 대중이 모두 찬성의 의견을 표시하고 당시의 국론이 전적으로 동의하면, 의회가 그것을 받아들여 논의에 부치고 곧이어 새로운 법이 제정됩니다. 그래서 옛날 정부가 힘써 하던 일에는 법률의 의결이 적고 법률의 시행이 많았지만, 근래에 정부가 서둘러 하고자 하는 일에는 법률의 시행이 오히려 적고 법률의 제정이 지극히 많아졌습니다. 독일인이 법률국가라는 용어를 만들었지만, 법률국가가 하는 일은 국가의 법령을 지키며 국민의 권리를 보호하는 것에 불과했습니다. 근래의 정부는 바로 입법정부라고 할 수 있습니다. 입법정부는 영어로 Legislation State입니다.

다섯 번째와 여섯 번째 두 강의에서 제가 요지를 분명히 설명하고 애매한 점이 없었다면, 여러분은 앞으로 자유라는 단어를 어디에서 만나더라도 그 의미를 잘 이해할 것입니다. 자유의 많고 적음을 기준으로 국가를 분류하고자 할 때, 그 양에 따라 나눈다면 구분이 어렵습니다. 여러 형태의 국가에서 간섭과 방임의 영역은 나라마다 같지 않습니다. 가장 집중적으로 간섭하는 것을 찾아야만 분류할 수 있습니다. 예컨대 독일학자가 시도한 분류가 이에 해당합니다. 만약 일반화하여 편의적으로 말한다면, 각 국민에게는 본래 자유와 부자유의 차이가 있습니다. 그래서 양웅은 『법언』에서 "주나라 사람은 행동이 많고, 진나라 사람은 병이 많다."라고 말했습니다. 오늘날의 국가를 논하자면, 영국은 물론 자유의 국민이라고 말할 수 있지만, 러시아는 자유의 국민이라 칭할 수 없습니다. 대체로 역사적으로 겸병국가에 살고 있는 국민은 완전히 노예라고 말할 수는 없지만 자유인이라고도 말할 수 없습니다. 이 밖에도 국민의 기력이 활발한가 여부는 인접한 적국의 압박 여하에 달려 있습니다. 그래서 전쟁이야말로 자유의 원수라는 것을 알 수 있습니다. 일단 계엄 상태에서 군법이 시행되면 거주민의 자유는 완전히 없어집니다. 이는 제가 직접 경험한 일입니다. 여러분은 영원히 이러한 상황을 만나는 일이 없기를 바랍니다.

자치와 다수의 통치는 어떤 관계인가

다섯 번째와 여섯 번째 강의에서는 대체로 정치적 자유를 이야기하였고, 국민이 누리는 자유의 많고 적음에 따라 국가를 구별하고자 했습니다. 이제 이미 말한 기준에 따라 역사적으로 있었거나 혹은 지금 세계에 있는 모든 국가를 살펴보면, 국가의 정치권력들은 서로 확연히 다릅니다. 갑국은 간섭이 많고 방임이 적으며, 을국은 간섭이 적고 방임이 많습니다. 이는 자유의 양을 기준으로 말한 것입니다. 만약 자유의 질을 기준으로 말하면, 갑국은 이 일을 간섭하지만 저 일은 방임하고, 을국은 저 일은 간섭하지만 이 일은 방임합니다. 이에 따라 각종 정부의 이름이 달라집니다. 그렇다면 자유를 기준으로 국가를 비교하면, 결국 두 가지 분류가 가능합니다. 하나는 정치 기관의 조직이 조밀하고 느슨한 것을 기준으로 하는 것이요, 또 다른 하나는 정치 기관이 중시하는 일의 차이를 기준으로 하는 것입니다. 어떤 까닭으로 이러한 차이가 발생하는지 묻는다면, 제가 지난번에 이미 제시했던 첫 번째 법칙입니다. 어떤 국가가 성립할 때 국경의 방어가 어렵고 적국이 매우 많으면, 스스로 자신의 생존을 도모하기 위해서 정치와 법령이 강하고 엄하게 할 수밖에 없습니다. 전쟁 중인 성채와 평상시의 도시를 비교해 보겠습니다. 성채 안에서는 모든 일이 법령에 따라 조직되지만, 도시에서는 그렇지 않습니다. 그 까닭은 다름 아니라 적국이 가까이 있기 때문입니다. 국가가 요충지에 위치하고 있으면 언제나 침입의 염려가 있으므로, 정법이 엄하고 조밀하지 않을 수 있겠습니까? 외환이 있어도 이와 같지만, 내우가 있어도 마찬가지입니다. 여항에 분쟁이 있고 간악한 도적이 생겨나면 사회의 안정을 이루기 위해서는 자유를 줄이거나 빼앗을 수밖에 없습니다. 통행금지 시간을 정하고 야간 통행에 등불을 들게 하는 등의 법령은 모두 우리가 직접 경험한 것이며, 우리가 제기한 법칙의 예증으로 삼을 수 있습니다.

이로 보건대 정치의 느슨함과 엄격함 그리고 자유의 많고 적음의 등급은 국가의 위험과 평화, 그리고 내우외환의 완급에 따라 나누어집니다. 또한 각 국가는 풍습이 다르므로 간섭과 방임의 영역이 때로는 크게 달라집니다. 예를 들면, 오늘날 유럽에서는 종교와 학술은 대체로 방임하지만, 고대 유럽이나 지금의 아시아에서는 이 두 부분에 대한 간섭이 매우 심합니다. 이 두 가지가 풍속의 근본과 관련되기 때문입니다. 따라서 자유와 정치적 제도는 처음부터 정해진 규정이 있는 것이 아니라, 반드시 시대적·지리적 조건에 따라 상대적으로 정해집니다. 형법은 자기 방어를 기점으로 삼고, 정치적 법령도 역시 국가의 보존을 근본 취지로 삼습니다. 종교는 방임하지 않을 수 없을 것입니다. 그렇지만 이것은 반드시 국방이 잘 갖추어지고 국민의 지식이 발전한 때라야 가능합니다. 그렇지 않은 경우라면 종교에 대한 간섭도 국가 본연의 임무입니다. 저의 이야기가 미심쩍다면, 200여 년 동안의 서양의 역사를 살펴보기 바랍니다. 아무리 방임을 허용하는 정부라도 예수회 일파를 매우 엄격하게 몰아냈습니다. 그 이유는 다름 아니라 종교 권력의 확대를 꺼렸기 때문입니다. 그리고 제가 지난 해 프랑스에 갔을 때,[1] 의회에서는 정교 분리의 문제가 논의되고 있다고 들었습니다. 이로부터 우리나라의 현재 상황을 알 수 있습니다. 여러 유파의 서양 종교가 국내에서 활동할 수 있도록 조약을 맺게 되었으며, 심지어는 신부나 목사가 권세를 부리며 신도를 비호하여 지방에서는 이를 반대하는 풍조를 불러일으키고 있습니다. 그들은 이를 교섭의 빌미로 삼아 관리를 살해하고 배상금을 요구하며 토지를 빼앗고 항구를 점령하고 있습니다. 이 모든 것은 정치적으로 불공정한 일입니다. 공정한 관점에서 말하자면, 이러한 일에서는 외국인이 반드시 정부와 지방관의 통제를 받아야 합니다.

종교 이외에 군대가 있습니다. 각 국가에는 징병과 모병의 차이가 있습니다. 징병은 국민이 모두 군인이 되는 것으로 독일과 프랑스가 여기에 해당합니다. 모병은 군인과 일반인의 분업으로 영국과 미국이 여기에 해당합니다. 이것 역시 국가 형세의 차이와 이웃하는 적국의 위험과 관련된 일입니다. 앞에서 말한 법칙을 역사에서 증명할 수 있는 사례는 결코 적지 않습니다. 지금은 그러한 예를 다 들지는 않겠습니다. 열심히 공부하는 학생이라면 하나만 듣고서도 나머지를 다 미루어 알 수 있을 것입니다. 이상에서 말한 것은 정부의 행위가 다름으로 인해 국민이 누리는 자유에 차이가 있다는 것이었습니다. 자유에는 질과 양이 섞여 있습니다. 일군의 국민은 각자 기질상의 취향이 있으므로, 오랜 시간이 흐르면 인정과 풍속이 서로 이해할 수 없을 정도에 이르기도 합니다.

우리가 자유를 기준으로 국가를 구분해 본 것은 이상과 같습니다. 그리고 이제 다시 역사 가운데 이 단어가 사용되어 어떤 국가를 자유로 지칭하고 어떤 국가를 부자유로 지칭하는지 알아보겠습니다. 지금까지의 강의를 돌이켜보면 아직 미진한 부분이 있는 것 같습니다. 역사에서는 영국인의 자유는

. . . .

1 옌푸는 개평광무국(開平鑛務局)의 소송 사건을 돕기 위해 1904년 12월 3일 영국으로 출발하여 다음 해 1월 6일 런던에 도착하였으며, 그 해 4월 초 다시 중국으로 돌아왔다.

삼림 속에서 싹트기 시작하였고, 17세기 국가의 헌법이 성립된 이후에야 실질적인 자유가 생겼다고 합니다. 또 프랑스혁명 이후에 대륙의 각국에서는 자유의 열매를 보편적으로 누리게 되었다고 합니다. 이러한 것은 모두 우리가 정한 정법의 느슨함과 엄밀함이라는 기준에 완전히 부합하지는 않습니다. 여기에서 말하는 자유는 과연 앞에서 정립한 의미에 포함될 수 있습니까, 아니면 또 우리가 빠뜨린 또 다른 정의가 있는 것입니까? 이 또한 분명 상세하게 다루지 않을 수 없는 문제입니다.

17세기 이래로 각국의 정치학자가 언제나 정치의 느슨함과 엄밀함을 논하면서 이것을 역시 중대한 문제로 다루었다는 것을 우리는 알고 있습니다. 그렇지만 스스로 자유라고 칭할 때 그 의미는 정치권력의 축소가 아니라 전적으로 정치권력이 시행되는 차이를 핵심으로 하고 있습니다. 이러한 차이는 어디에 있는 것입니까? 일반적으로 말하면, 의회의 입법권을 가리키고 있다는 것은 의심할 여지가 없습니다. 자유라고 말할 때, 첫째 의미는 당연히 근거 없는 간섭을 배제하는 것이며, 둘째 의미는 전제를 금지하고 권력을 휘두르는 독재를 막는 것입니다.

그렇다면 다시 원점으로 되돌아가 기존 아리스토텔레스의 학설을 거론하지 않을 수 없습니다. 그는 다수의 통치와 소수의 통치는 자유가 있지만, 일인 통치의 정체에서는 자유가 없다고 말했습니다. 근세 이래로 정치학자가 말하는 자유는 전적으로 다수의 통치에 속하는 것이며, 또 소수의 통치는 귀족제로 간주되었을 뿐 자유란 이름으로 불리는 것을 들어본 적이 없습니다. 예컨대 영국 의회의 의원이 전국을 대표한다고는 말할 수 없지만, 그들이 대표하는 사람의 숫자는 실로 많습니다. 건륭·가경 연간에 해당하는 시기에는 그들이 대표하는 숫자가 지금보다 적었지만, 다른 나라에 비하면 민권이 훨씬 강했습니다. 이것이 바로 영국인이 많은 사람들에게 자유라는 이름으로 숭배되는 이유입니다. 몽테스키외가 한 말을 보면 더 쉽게 알 수 있습니다. 자유라는 두 글자는 여기에서 용법의 차이가 있다 하더라도 비교의 기준이 되는 단어라는 점에서는 동일합니다. 왜냐하면 영국에서는 본래 민권을 인정하고 있었지만 의원이 모든 국민을 대표하는 것은 아니었기 때문입니다. 여자는 말할 것도 없고 남자라 할지라도 무수한 제한이 있었고, 반드시 자격에 맞는 자만이 선거의 권리를 가졌습니다. 건륭 연간 이래로 영국은 수차례에 걸쳐 선거권을 확대하여 노동자와 농민에게까지 확대되었지만, 지금도 여전히 모든 국민에게 선거권이 주어진 것은 아닙니다. 그렇다고 해서 이를 이유로 영국인은 자유의 국민이 아니라고 말할 수는 없습니다. 왜냐하면 비교이기 때문입니다. 대체로 어떤 자유국가의 의회가 대표하는 인민의 수는 많아야 하겠지만, 반드시 고대 도시국가와 같아야 하는 것은 아닙니다. 도시국가에서는 노예를 제외하고 반드시 전국의 인민이 참여하며, 대표제를 사용하지 않아야 실제적으로 자유라고 칭합니다.

이렇게 자유라는 말을 사용하면 앞에서 내린 정의와 차이가 있습니다. 그렇지만 그 가운데 사실과 진리가 있으며, 여러분이 잘 살펴보면, 다른 듯하지만 실제로는 같다는 것을 알 수 있을 것입니다. 자유란 자기 자신이 주도적으로 일을 한다는 것을 말합니다. 이제 많은 사람들이 모여 국가를 이루면, 국가에는 정부가 있고, 정부로 말미암아 나의 심신을 다스리는 법령이 생겨납니다. 그래서 정부는 자유와 반대라고 말합니다. 그런데 법률을 제정하여 우리의 심신을 다스리게 되는 근거는 내가 스스로 만든 것이거나 혹은 내가 권력을 직접 허용하였기 때문입니다. 그렇다면 비록 통치를 받더라도 나의 자유는 분명합니다. 이것이 정치학에서 말하는 자치입니다. 어떤 정치학자는 자치가 자기모순에 해당하는 단어라고 말하기도 합니다. 세상에는 그러한 이름이 있지만 실제로 그런 일은 없다고 합니다. 인간의 행위는 다음의 두 가지를 벗어나지 않습니다. 하나는 자신의 의지에서 비롯된 것이고, 또 하나는 타인의 의지를 따르는 것입니다. 전자는 자유이며, 후자는 관리를 받는 것입니다. 그래서 일단 통치[治]라고 말하게 되면 자신의 힘[自力]으로 하는 것이 아니며, 자신의 힘으로 한다고 말하게 되면 통치가 될 수 없습니다.

이 학설은 매우 세밀합니다. 우리의 관점에서 보면, 우리가 몸소 하는 일은 본래 두 학설의 중간에 놓여 있습니다. 전적으로 자신의 욕망만을 따르는 것도 아니고 타인을 따르는 것만도 아닙니다. 다만 공익과 관련된 일에서는 피차가 승낙하고, 이미 승낙한 이상 자발적인 행위와 같다고 여깁니다. 이렇게 보면 자치라는 개념도 성립할 수 있습니다. 실제의 예를 들어 설명을 해보겠습니다. 예컨대 한 나라의 국민은 본래 서로 함께 일을 하는 것이 아니라, 자신의 사적 이익을 돌보며 살아갑니다. 그렇지만 만약 사방에 전쟁이 자주 발생하여 다같이 포로가 될 염려가 있을 때는 분연히 함께 일어나 창을 메고 함께 나아가 국난에 임합니다. 이때 비록 장수가 죽이고 살릴 수 있는 위엄을 갖고 명령을 내린다 해도 그것을 두고 국민이 구박과 위협을 받고 있다고 말할 수 없습니다. 왜냐하면 모든 것이 그의 자발적인 마음에서 나왔기 때문입니다. 이와 같은 것이 곧 자치의 일단입니다. 만일 이러한 방법이 시행 가능하다면, 정치의 영역에서 금지와 억압은 없어질 것입니다. 비록 중앙 기구에서 명령이 발동되더라도 아래에 있는 많은 사람들이 스스로 나아가는 것과 다르지 않습니다. 따라서 군주와 인민이 충돌하는 일을 피할 수 있습니다.

따라서 정치 영역에서 최고의 경지는 자치에 이르러 완성됩니다. 인민의 삶은 편리하고 군주는 편안하며 인민은 평화롭고 재산은 풍부하며, 예속이 실현되어 형벌을 사용할 필요가 없고[2] 집집마다 정표(旌表)를 받는[3] 세상은 모두 이러한 방법이 아니면 도달할 수 없습니다. 이백여 년 동안 서양인이 기력을 다하고 피를 흘리는 희생을 치르면서 자치의 실현에 매달린 것도

. . . .

2 원문은 '俗成刑措' 『荀子』 「議兵」에서 유래하는 말이다.
3 원문은 '比戶可封' 『尙書大傳』 卷五에서 유래하는 말이며 비옥가봉(比屋可封)이라고도 한다.

이상한 일이 아닙니다. 그렇지만 이 일은 치밀한 논의가 필요하며, 그런 뒤에야 실행이 어렵다는 것을 알 수 있습니다. 국민이 자치를 하고 있다면, 국민한 사람의 몸[4]은 두 가지 측면으로 나누어 논할 수 있습니다. 하나는 개인으로서의 측면이며 마음속에 품고 있는 희망이 무엇인가 하는 것입니다. 다른하나는 분자로서의 측면이며[5] 사회에서의 기대가 무엇인가 하는 것입니다. 이 두 가지 측면 모두가 만족하게 되면 곧 자치이며, 통치를 받더라도 하고 싶지 않은 것을 억지로 강요당하는 것은 아닙니다. 이런 일이 과연 시행될 수 있을까요?

어떤 사람은 다음과 같이 대답할 것입니다. "이는 시행할 수 있을 뿐만아니라 실제로 각국의 정치 영역에서 이미 시행되고 있습니다. 서양의 여론과 신문을 보면, 어떤 일에 관해서 국민의 의견이 이러하다고 말하고, 이러한의견은 곧 정부가 따르지 않을 수 없다는 등의 기사가 실려 있습니다." 이는국가의 정치 행위가 국민의 의견을 따르고 있다는 것입니다. 그렇지만 우리가 말하는 정치 영역의 최고의 경지는 사회 속에서 한 사람 한 사람이 각각자신의 희망을 실현하는 것을 가리킨다는 것을 알아 두어야 합니다. 만약시행되고 있는 정치적 명령이 한 사람의 의견과 배치된다면, 자치란 말은성립되지 않습니다.

그런데 지금 각국의 선거권은 아직 전 국민에게 보급되어 있지 않습니다. 나라 안의 부녀자와 어린이가 어찌 국민이 아니겠습니까? 왜 선거권이 주어지지 않는 것입니까? 그렇다면 이름은 자치이지만 국민의 과반수가 아직다른 사람에게 지배를 받고 있다는 것입니다. 뿐만 아니라 한 사람이라도 통치를 받으면서도 원하지 않은 일을 강요낭하지 않도록 하고자 한다면,

· · · · · · · · · · · ·

4 실리의 원서에는 each individual citizen으로 되어 있다.
5 실리의 원서에는 as a member perhaps of some universal assembly로 되어 있다.

의회가 하나의 법령을 제정할 때 그들 모두의 찬성을 얻거나 허가를 받아야 만 할 것입니다. 그러나 지금 시행되고 있는 것은 통상적으로 다수결의 원칙[6] 을 따릅니다. 『춘추』에서 난무자(欒武子)는 "균등하게 만들어 놓은 뒤에야 다수를 따른다."[7]라고 말했습니다. 의원의 지식이 과연 서로 균등할까요? 만약 그렇지 않다면, 과연 다수가 옳고 소수가 반드시 틀렸다는 것을 어떻게 알 수 있습니까? 옳고 그름이 아니라 다수의 희망에 따르는 것이라고 한다면, 다수자는 자신이 바라던 것을 시행하므로 자치이지만, 소수자는 자신이 바라 던 것과는 다른 것이 시행되므로 자치가 아니라는 것 또한 분명합니다. 그리 고 비교의 관점에서 말하자면, 10분의 9의 다수결이라도 할 말이 있습니다. 다수라는 것이 지극히 미소한 차이일 때도 있는데, 이를 다른 사람에게 강요 한다면 어떻게 설득력이 있겠습니까? 예를 들면 3000만 명 가운데 2990만 명이 동의한다면 이는 공정한 판단이라고 할 수 있을 것입니다. 그렇지만 영국의 의회는 700명의 의원이 3700만의 국민을 대표합니다. 그 가운데 370 명이 동의하고 330명이 반대한다면 이를 어찌 공정하다고 말할 수 있습니까? 그러므로 다수에 따른다는 다수결의 주장은 본래 공리에 비추어 타당하다고 는 말할 수 없습니다. 그렇게 말할 수는 없는데도 이와 같이 할 수밖에 없는 것은 어쩔 도리가 없고 이 밖에 다른 방법이 없기 때문입니다. 이른바 한 사람 한 사람의 자치라 하더라도, 모든 사람이 자기가 바라지 않는 것을 강요받지 않는다는 주장도 분명 사실이 아닙니다.

근세에 시행되고 있는 정치체제는 두 가지가 있는데, 하나는 일인이 다스 리는 전제이며 또 하나는 자치의 민주제라고 합니다.[8] 이렇게 말하면 잘못이

. . . .

6 원문은 '從衆之例'. 실리의 원서에는 the principle of giving authority to the majority over the minority로 되어 있다.
7 "武子曰善鈞從衆"(『左傳』 成公 6년)에서 유래하는 말이다.
8 실리의 원서에는 the personal government of an individual과 the self-government of all the citizens로 구별되어 있다.

며, 일인이 다스리는 전제가 있고, 다수가 소수를 다스리는 입헌이 있다고 말해야 할 것입니다. 다수가 소수를 다스리는 제도는 정치 영역에서 최고의 경지인 자치라고는 말할 수는 없지만, 이 밖에 다른 방법이 없기 때문에 입헌은 오늘날 가장 중요한 정체가 되었습니다. 다수가 소수를 다스린다는 것은 실제로는 공리에 부합한다고 말할 수 없습니다. 불행하게도 한유가 말한 공언(公言)과 사언(私言)은 잘못되었습니다.[9] 다수가 찬성하는 정치가 소수가 찬성하는 정치보다 낫다는 주장도 반드시 옳지는 않습니다. 그래도 괜찮다고 할 수 있는 것은 3분의 2가 찬성하는 것입니다.[10] 이 일은 실행하기 쉽습니다. 또 숫자가 지극히 많아지면 점차 정의에 가까워집니다. 통치권은 본래 국민이 두려워하는 것입니다. 이 제도를 시행하면 두려움을 최대한으로 줄일 수 있습니다.

국민의 우열은 지식, 도덕, 힘 이 세 가지 측면에서 말할 수 있습니다. 다수를 따르는 제도는 비록 지식과 도덕 이 두 방면에서는 반드시 우수한 것은 아니지만, 힘의 방면에서 뛰어나다는 것은 분명 믿을 수 있습니다. 그리고 이는 고대 이래로 정치 영역에서 가장 중요한 새로운 방법입니다. 이 제도가 시행된 이후로 인류가 보호를 받고 격렬한 분쟁이 멈추어 수확은 실로 많았습니다. 말할 수 있는 것은 이것뿐입니다. 다수가 따르는 것이 곧 이치에 맞고 우수한 것이라고 말하지 않기를 바랍니다. 또한 국민의 다수가 곧 전체의 공(公)과 같다고도 말하지 않기를 바랍니다. 이러한 주장은 곧장 오류가 될 뿐입니다.

. . . .

9 한유(韓愈, 768~824)는 당대 중엽의 사상가이다. 자는 퇴지(退之)이며 스스로 창려(昌黎)의 사람이라고 했다. 공언과 사언은 한유의 「원도(原道)」에서 유래한 말이다. "대체로 내가 말하는 도덕이라는 것은 인과 의를 합해서 말하는 것이며 천하의 공언(公言)이다. 노자가 말하는 도덕이라는 것은 인과 의를 버리고 말하는 것이며, 천하의 사언(私言)이다."

10 원문은 '三占從二'. "立時人作卜筮, 三人占, 則從二人之言."(『書經』「周書·洪範」)에서 유래하는 말이다. 세 사람이 점을 치면 두 사람이 일치하는 의견에 따르는 것을 말한다.

우리는 진화론에 근거하여 정치를 이야기하면서 정치 영역 속의 일은 대체로 자연적으로 이루어진 것이지 인력에 의한 것이 아니라는 것을 잘 알고 있습니다. 유독 다수결의 원칙과 또 한 가지가 정치 영역에서 통용되고 있는데, 모두 인간이 만든 것입니다. 또 한 가지란 무엇일까요? 그것은 대표제도입니다. 이 두 가지가 시행되면서 서양의 정법이 크게 변했습니다. 『사회통전』에 자세하게 설명되어 있습니다. 특이하게도 다수결의 원칙은 유럽의 고중세 사람들이 이미 사용한 것이지만, 대표제는 그리스, 로마의 두 민주제에서 꿈에도 생각하지 못했던 것입니다. 그 원인은 아마 이 두 나라가 모두 도시국가였기 때문일 것입니다. 도시국가는 영토가 작고 인구가 적기 때문에 공적인 일이 있을 때마다 전국의 사람을 다 모아서 논의했습니다. 그리스와 로마의 국회는 모두 거기에 거주하는 자유민들이 다 모인 것이며, 한 사람이 100명 혹은 1000명, 혹은 한 지역의 주민을 대표하는 것이 아니었습니다. 로마 정부에도 일찍이 원로원이 있어 전국의 인재들을 모아두었지만, 이는 능력이 뛰어난 인재를 뽑아서 국사를 맡긴 것이지 이른바 대표제는 아니었습니다.

서양인의 고대 제도와 오늘날의 제도를 서로 비교해 보면 우리는 두 가지 큰 차이를 발견할 수 있고, 또한 이를 통해 정치 영역의 실제적인 진보를 알 수 있습니다. 일인 통치와 다수의 통치는 모두 고대에 있었습니다. 다만 다수의 통치라는 것은 도시국가의 국민을 가리키는 것이었습니다. 지금의 국민은 모두가 선거의 권리를 갖고자 요구하지만 불가능합니다. 고대의 국민은 한 사람 한 사람 모두가 의원이었습니다. 어떻게 해서 그것이 가능했는가 하면, 국민의 숫자가 매우 적었기 때문입니다. 이러한 사실은 고대 희곡에서 찾아볼 수 있습니다. 아리스토파네스가 지은 『아카르나이 사람들』[11] 일막에

---

11 아리스토파네스(Aristophanes, 기원전 약 445~385)는 고대 그리스 희곡 작가. 아테네 출생.

서는 막이 열리면 광장에서 회의를 하는 장면이 나옵니다. 광장의 사방에 붉은 색으로 염색된 노끈이 둘러져 있는 것은 도망하는 자를 막기 위해서입니다. 회의는 국민의 의무입니다. 노끈을 설치한 것은 사람들을 막아두기 위한 것이며, 회의가 시작된 이후에 혹 도망하는 자가 있으면 노끈이 옷에 닿게 되고 옷은 붉게 물들게 됩니다. 길가는 사람들은 그 사람을 피하게 됩니다. 오늘날 방역국가는 수천만의 국민이 수십만 평방 마일의 지역에 분산해서 거주하고 있습니다. 고대의 제도를 지키고자 하더라도 방법이 없습니다. 그래서 일찍이 아리스토텔레스는 진정한 국가란 토지가 너무 넓지 않고 인구가 너무 많지 않아야 한다고 말했습니다. 만일 아리스토텔레스가 오늘날의 국가를 다스린다고 가정한다면, 아마도 다스리는 방법을 찾아낼 수 없을 것입니다. 그가 논의한 정체는 오로지 도시국가에서만 사용될 수 있는 것입니다.

대표제가 시행되고 나서 이러한 난제가 풀렸습니다. 해답은 무엇이었을까요? 지극히 공정한 법제를 방역국가에서도 시행할 수 있게 된 것입니다. 세상일은 실행되고 난 뒤에는 매우 쉽게 보이지만, 그 당시에는 몇 차례의 곤란을 거치고서야 정확한 방법을 찾아낼 수 있습니다. 그리고 시행되고 난 뒤에 신기할 정도로 신속하게 발달한 것이 바로 대표제였습니다. 만일 정치의 영역에 대표제가 없었다고 한다면, 서양의 국가가 이렇게 성대하게 발전할 수 없었을 것이라고 거의 단언할 수 있습니다. 후세의 사상과 계획은 언제나 옛 사람들로부터 방해를 받았습니다. 바꾸지 않고 지키기만 하는 것은 동방만 그런 것이 아니라 서양인도 역시 마찬가지였습니다. 모든 성덕대업(盛德大業), 즉 인류가 당연히 해야 할 일이요 할 수 있는 일은 선조들이

· · · · · · · · · · · · · ·

『아카르나이 사람들』은 기원전 425년에 공연되었으며, 스파르타의 침입으로 경지와 과수원이 황폐화되어 곤궁에 빠져 있는 농민을 위해 평화를 주창하며 주전론자인 클레온을 비판한 작품이다.

다 이루어 놓았다는 생각입니다. 이처럼 고루한 생각을 서양의 나라는 유독 빨리 파괴하였습니다. 즉 명나라 중엽의 시기에 해당합니다. 그 원인은 바닷길이 크게 통하고 누차에 걸쳐 새로운 땅을 발견했기 때문입니다. 이로 말미암아 서양 사람들은 그때까지 옛 사람들은 아직 모르고 있었고 하지 않았던 세상 일이 매우 많다는 것을 간파하게 되었습니다. 그렇지만 선조들이 물려준 것은 성덕과 대업, 문장과 의리 이외에도 통치 방법이 있었는데, 이 때문에 옛것으로부터 벗어날 수 없었습니다. 그래서 유럽에서는 명나라 말기까지 봉건의 국면이 지켜졌으며 아무도 고치고자 하지 않았습니다. 그 이후에 이르러서야 비로소 선조들이 한 일도 개량할 점이 있다는 것을 깨닫게 되었습니다. 이렇게 해서 옛 사람들이 고안한 도시국가라는 뛰어난 제도와 좋은 의도를 방역이라는 큰 국가에 적용할 수 있었는데, 그 관건은 대표제를 사용했기 때문입니다.

그렇지만 우리가 논의하고 있는 것이 자치제라는 것을 잊지 않기 바랍니다. 자치라는 것은 내가 준수하는 법령과 규칙이 내가 자발적으로 정한 것이며 타인의 압제와 강압에 의하지 않는 것을 말합니다. 이제 돌이켜 보면 의회가 설립되어 다수결의 원칙과 대표제라는 두 제도가 생겨나면, 이는 자치와 상당한 거리가 있게 됩니다. 왜냐하면 첫째, 법률은 다수로부터 나온 것이지만 여기에서 말하는 다수에는 나라고 하는 개인[12]이 포함되어 있지 않습니다. 둘째, 법률은 대표자에 의해 정해지지만, 대표자는 결국 내가 아니기 때문입니다. 20년 전에 영국의 인구는 대충 잡아 3700만이었으며 국회의 대표는 겨우 700명이었습니다. 이로 미루어 보면, 한 사람이 직접 정권에 참여할 수 있는 부분은 지극히 미미합니다. 강의를 분명하게 하기 위해 하나

---

12 원문은 '小己'. 옌푸는 『사기』 「사마상여열전」에 보이는 '小己'를 전거로 삼아 society와 대비되는 individual을 '小己'로 번역하였으며, 일본에서 유래한 '箇人'과 동일하다고 주장했다. 『군학이언』 「역여췌언」 참조

씩 하나씩 극단까지 논의해 보기로 하겠습니다. 첫째, 영국의 선거권은 본래 전 국민이 동등하게 갖고 있지 않지만 동등하게 갖는 것으로 간주하고 있습니다. 둘째, 영국의 통치권은 모두 하원에서 나오는 것이 아니지만 역시 모두 하원에서 나오는 것으로 간주하고 있습니다. 셋째, 영국의 정치적 법령은 방임이 많았지만, 지금은 의회가 모든 것을 간섭합니다. 국민의 정치적 권력이 이처럼 확장되었지만, 영국인 개인의 경우를 따져보면, 개인이 국가와 정부에 대해 실질적으로 가질 수 있는 권력이 얼마나 될까요? 의원을 선출할 때 정치적 권력이 누구에 의해 장악되어야 하는지를 결정하는 데 불과합니다. 이때 대략 3000만 분의 1을 얻습니다. 이것은 작다고 한다면 정말 작습니다. 프랑스의 정치학자 아부[13]가 프랑스의 민권을 논한 것을 들었습니다. 60년 전의 일로서 프랑스에서 중앙집권이 가장 강하게 주장되던 때였습니다. 그는 "프랑스인은 아침에 일어나 거울을 보면서 2700만 분의 일에 해당하는 패권 군주의 얼굴을 발견하고 스스로 뽐내면서 온몸이 노예라는 것을 잊고 있다."라고 말했습니다. 이 말은 의미심장하다고 할 수 있으며 자유와 자치를 뽐내며 말하는 사람들이 명심해야 할 것입니다.

민권이여, 민권이여. 영국과 프랑스 두 나라에서 국민 한 사람의 권리가 이 정도에 불과합니다. 우리 중국으로 이야기를 돌려보도록 하겠습니다. 언젠가 중국에서 4억의 사람들로 입헌이 이루어진다면 국민 한 사람의 권리는 얼마나 되겠습니까? 이는 여러분이 직접 마음속으로 계산할 수 있으며, 제가 더 이상 말할 필요가 없을 것입니다. 그렇지만 사회의 일에서 지극히 미미하지만 소홀히 다룰 수 없는 것이 바로 이러한 부류의 일입니다. 국민 한 사람의 정치적 권력이 아무리 미미하더라도 포기할 수 없습니다. 그냥 놓아두면

· · · · · · · · · · · · · ·

13 원문은 '阿博'. 실리의 원서에는 약 40년 전 아부(M. About)가 한 말이라고 서술되어 있다. 실리의 강의가 본래는 1885년과 1886년이었다는 점을 고려하여 옌푸가 '60년 전'이라고 말한 것으로 보인다.

죽어버리고 얻으면 살아나는 것입니다. 일찍이 제가 교육의 보급을 논한 것과 마찬가지입니다. 반드시 높은 수준을 추구할 필요가 없고, 다만 20년 후에 우리나라에 글자를 모르는 사람이 없을 정도이면 됩니다. 수준이 지극히 낮더라도 스스로 자신의 이름을 쓸 줄 알고 방향과 숫자를 조금 알 정도면 됩니다. 과연 이렇게 할 수 있다면, 국민의 지적 교화는 이전과 완전히 달라지는 것을 반드시 볼 수 있으며, 우리나라의 이익은 계산할 수 없을 정도로 많아질 것입니다. 이런 일은 나중의 결과를 보고 증명하지 않으면, 듣는 자가 쉽게 믿지 않을 것입니다. 그렇게 되는 이유는 다름이 아니라 보급이 누적되어 나타나는 효과가 크기 때문입니다.

대표제는 유럽에서 이미 시행된 지 오래되어 점차 자연적인 것이 되었지만, 도리어 그 중요성을 모르고 또한 처음 사용할 때의 어려움을 잊어 버렸습니다. 역사에 비추어 보면, 그리스의 도시국가에서 전국의 사람을 함께 모으는 일은 로마로 인해 없어졌습니다. 이 제도가 폐지된 이후로 고대 민주 정치가 함께 사라졌습니다. 역사에서는 그리스인의 자유를 다시는 볼 수 없게 되었다고 말합니다. 로마는 겸병과 침략을 반복하면서 마침내 세 대륙에 걸친 제국이 되었습니다. 이처럼 백여 년을 거치면서 정치 제도가 적지 않게 개량되었지만, 고대에 민주 정치로 불리던 것은 다시는 회복되지 않았습니다. 그래서 유럽의 중세 국가는 전제 이외에 다른 형식이 없었습니다.

그 이유를 찾아보면, 고대의 민주라는 것이 도시국가 제도였다는 것을 알 수 있습니다. 영토가 점차 넓어지면서 도시국가 제도가 시행될 수 없게 되었습니다. 당시에도 역시 국민을 모아서 집정관을 추대하는 일이 있었지만, 모인 것은 도시의 인민에 불과했습니다. 로마의 영토는 남으로 아프리카에 이르고 북으로는 라인과 도나우 두 강을 경계로 삼았습니다. 여러분이 아우구스투스에게 왜 대표제를 사용하지 않았느냐고 묻는다면, 당시의 사람에게 왜 증기선을 사용하지 않았느냐고 묻는 것과 마찬가지로 괴이한 일입니다. 방역국가는 아리스토텔레스의 생각에는 없었던 것입니다. 영토가 확장되고서도 민권을 사용한다는 것은 당시의 사람들로서는 아무리 생각해도 해결책을 얻을 수 없었던 것입니다. 후대 사람들은 로마에서는 민권이 폐지되고 전제가 시작되었다고 말하지만, 도시국가 제도가 사용될 수 없었다는 점을 모르고 하는 말입니다. 대표제는 이와 같이 쉬운 것이지만, 유럽에서는 천여 년을 거치면서 이 방법을 얻게 되었다는 것을 알아 두어야 합니다. 영국이 처음으로 대표제를 사용한 시기는 원나라 시대에 해당합니다. 이 제도가 발생하는 과정에 관해서는 『사회통전』을 참고하기 바랍니다.

대표제는 이처럼 늦게 시작되었지만, 오늘날에 이르러서는 가장 중요한 기관이 되었습니다. 영국에서는 1688년[14]에 시작되었습니다. 전 국민을 대표하는 완전한 대표는 아니었지만, 이 제도로 인해 민권이 크게 신장되었습니다. 이는 영국이 자유라는 이름을 홀로 누릴 수 있는 이유입니다. 프랑스혁명에 이르러 대륙에서도 민권이 비로소 일어나기 시작했으며, 대표제 의회는 1848년 이후에 설립되었습니다. 선거권을 논하자면, 지금은 독일과 프랑스인이 지닌 선거권이 영국보다 큽니다. 요약하자면, 도시국가가 스스로 존립할 수 없게 되면서 민회가 폐지되었고, 이후 천여 년의 전제와 귀족의 통치를 거치면서 원나라 시대에 이르러 유럽에서 민권이 다시 싹트기 시작했습니다. 그 맹아는 대표제를 사용하는 것이었습니다. 대표는 피대표자로부터 추대됩니다. 추대를 하는 사람들은 각국마다 자격이 다르며, 이러한 권리를 누리는 숫자에도 많고 적은 차이가 있습니다. 정치학자는 이를 통해 각국의 자유의 정도를 엿보는 것입니다.

· · · · · · · · · · · · · ·

14 영국의 명예혁명이 일어난 해이다.

전제와 입헌의 차이 및 정치학의 주요 법칙

　지난번 강의에서는 국민의 다수가 소수를 다스리는 제도를 다루었습니다. 오늘 저녁에는 이 제도에 관해 결론을 내리고자 합니다. 다만 결론을 내리기 전에 이와 반대되는 일인 독재에 대해 약간의 설명을 덧붙이면서 여러분이 현재 시행되고 있는 정치 제도를 한층 더 명확하게 이해할 수 있도록 하고자 합니다. 일인 독재라는 것은 한 사람이 억조의 인민을 다스리는 것이며, 오늘날 오대주에서 일반적으로 전제라고 부르는 것이 아니겠습니까? 지금 사람들의 관점에서 보면, 이는 인류의 일대 재앙이며, 소수가 다수를 부리고 약한 자가 강한 자를 부린 이후에야 이런 결과가 있을 것 같습니다. 정치 영역에서는 자유와 민권을 말하면 무엇이든지 복으로 여기고, 일인 독재와 전제를 말하면 곧장 어디든지 재앙이라고 여기게 되었습니다. 전제적 통치는 무력으로 정벌하고 경영하면서 사람들을 노예와 포로처럼 혹사시키는 때가 있습니다. 그러나 우리가 역사를 읽어가면서 세상을 논의해 보면, 일인 통치 제도가 다 그런 것은 아니었다는 것을 알게 됩니다. 여러분은 제가 지난번에 제시했

169

던 하나의 일반 법칙을 기억해 주기 바랍니다. 국가 통치권의 경중과 이로 인한 자유의 다과는 언제나 국가의 내우외환과 비례하여 정해진다는 것입니다. 지금 말한 전제에 대해서도 이러한 법칙을 찾아 볼 수 있습니다. 전제가 성립하는 것은 반드시 성립하는 근거가 있습니다. 원인을 탐구해 보면, 약한 백성을 보호하여 강포한 자의 어육이 되지 않도록 하는 것에서 시작된 것입니다.

예컨대 어떤 나라에서 크고 작은 호걸과 제후들이 수없이 나타나면, 반드시 천자가 위에서 최상의 지위로 전제를 시행해야 비로소 국민이 안심할 수 있습니다. 로마의 카이사르, 영국 튜더왕조의 왕들, 네덜란드의 오렌지공, 원나라 시기에 해당하는 프랑스의 왕들은 모두 군웅들을 제압하였기 때문에 국민이 목숨을 걸고 귀순해 온 것이며, 그래서 전제의 권력을 휘두를 수 있었습니다. 옛날 역사에 기록되어 있으므로 다시 찾아볼 수 있습니다. 지금 러시아 국민은 바야흐로 입헌을 다투고 있지만, 이 나라는 옛날에 전제 중에서도 가장 견고한 형식이었고, 국민이 차르에게 종속된 것도 가장 오래되었습니다. 그 이유를 살펴보면, 군주의 권력을 높이지 않으면 보야르로 불리는 여러 추장들을 제압할 수 없었기 때문입니다. 당시 안나[1]라는 여왕이 보야르의 헌법을 받아들이자 국민은 도리어 함께 봉기하여 반란을 일으켰습니다. 이 헌법을 파기한 이후에야 서로 안정을 누리게 되었습니다. 왜냐하면 러시아 황제가 전제를 시행하지 못해 아래에 있는 여러 권력의 괴뢰가 되면, 국민이 장차 편히 쉴 수 없다는 것을 그들이 알고 있었기 때문입니다. 오늘날의 시점에서 러시아를 보면, 아래에 있는 여러 사람들이 소요를 일으키고 있는 것은, 사실대로 말하자면, 니콜라이 2세[2]의 전제 때문이 아닙니다. 오히

. . . .

1 안나 이바노브나(Anna Ivannovna, 1693~1740)는 표트르 대제(Peter the Great)의 질녀이며, 러시아 제국의 여자 황제로서 로마노프 왕조의 네 번째 군주이다. 재위 기간은 1730~1740이다.
2 러시아의 마지막 황제(재위 기간은 1895~1917)이며 본명은 니콜라이 알렉산드로비치이다.

려 전제가 무너지고 절대 권력이 땅에 떨어져, 신하들과 번진(藩鎭)에 붙잡히는 몸이 되었습니다. 그래서 백성은 착취를 당하고 국사는 파괴되었습니다. 여러분은 정치학을 공부하면서 이런 경우에 대해서는 당연히 면밀하게 분석해야 하며, 남의 말을 따라가서는 안 될 것입니다.

지난번에 저는 자유를 논하면서 결국 자유가 반드시 복이 되지 않을 때도 있다는 것을 밝혔습니다. 지금 전제를 언급하면서, 전제도 때로는 실질적으로 인민을 보호한다고 말했습니다. 이는 여러분이 평소 학생이나 지사로부터 듣던 것과 다르지 않습니까? 그렇지만 역사적 사실을 완전히 속일 수는 없습니다. 그렇다고 제가 완고한 자들을 변호하는 것도 아닙니다. 민권을 실현하는 기관은, 오랫동안의 과도기를 거치면서 국민의 지식이 점차로 높아지지 않고서는, 혹 일시적인 조건의 결합만으로는 성립할 수 없다는 것을 알아야 합니다. 민권의 기관이 성립하기 전에 땅이 넓고 인구가 조밀하다면, 강한 호족의 횡포를 면하고 안정된 세상을 꾀하기 위해서는 최대의 권위를 한 사람의 손에 모아 주어 그것을 억누르도록 할 수밖에 없습니다. 이는 위험한 제도이며 장구한 안정을 누릴 수 있는 방법은 물론 아닙니다. 그렇지만 당시로서는 부득이하게 차선을 생각한 것입니다.

한 걸음 더 나아가 전제라는 단어가 서양인의 정치론에서 큰 비난을 사고 있는 이유를 알고자 한다면, 여기에는 또 다른 학설이 있다는 것을 알아야 합니다. 통치권의 기원에 관해서 서양인들은 두 가지를 제시하지만, 저는 한 가지라고 생각합니다. 먼저 두 가지 기원에 관해 설명하겠습니다. 두 가지 기원이란 통치권의 성립이 위로부터 아래로 내려온 것과 아래로부터 위로 올라간 것이며[3], 이 둘은 밤낮이 서로 합칠 수 없는 것처럼 또렷하게 구별된

러시아 10월 혁명 때 알렉산드라 황후와 함께 볼셰비키에게 처형을 당했다.
3 실리의 원서에서는 inherent authority와 entrusted authority로 구별되어 있다.

다고 합니다. 대통을 계승하고 위대한 터전을 물려받아 선조들로부터 천명을 내려 받아 이 나라를 차지하게 됩니다. 그래서 조서를 내리고 황제라 칭함은 여러 나라가 모두 동일하며, 아랫사람들이 감히 제왕의 뜻을 넘볼 수 없습니다. 이러한 통치권이 인민으로부터 소중하게 떠받들어지게 되면, 왕은 백성의 부모라 불리고, 명실상부하게 말이 순리대로 행해지게 됩니다.[4] 이것은 권력이 위에서 아래로 내려온다는 것입니다. 그런데 이러한 주장에 대해서는 오늘날 다음과 같은 주장이 있습니다. "국민은 왕의 자녀가 아닙니다. 앞에서 말한 것과 같이 가장 총명하며 누구보다도 뛰어나[5] 인민의 부모가 되었다고 하지만, 궁궐 속의 유막에서 태어나 유모의 품에서 길러진 자가 어찌하여 가장 총명하고 누구보다도 뛰어난 자라고 할 수 있겠습니까? 반드시 그렇지 않을 것입니다. 따라서 이러한 학설은 성립할 수 없습니다."

통치권이 아래로부터 위로 올라간 것이라는 학설은 군주가 가진 권력이 국권의 위탁에 불과하다는 것입니다. 군주는 일국의 공복입니다. 국가에는 수천의 인민이 있습니다. 각각의 분자로서는 매우 미천하지만, 전체로서는 더없이 존귀합니다. 비근한 예를 들어보면, 국가의 군왕은 마치 회사나 기업에 사장, 대표, 서기가 있는 것과 같습니다. 이들은 회사 내의 여러 사람들이 권한을 부여하여 그들의 목적을 달성하도록 한 것이며, 그 사람이 본래부터 권리를 지니고 있어 한 기업이나 회사의 우두머리가 되어야 하는 것은 아닙니다. 만일 그 사람의 일 처리가 회사 내의 여러 사람들의 기본적인 지침과 배치되고, 여러 사람들의 생각과 맞지 않는 사례가 많아진다면, 그 사람은 당연히 사퇴해야 하며, 그렇지 않으면 쫓겨날 수 있습니다. 이러한 방식은 루소의 『사회계약론』이 가장 상세하게 다루고 있습니다. 이 학설이 나온

. . . .

4 "名不正, 則言不順, 言不順, 則事不成."(『論語』「子路」)에서 유래하는 말이다.
5 "亶聰明, 作元后, 元后作民父母"(『書經』「周書·泰誓」)에서 유래하는 말이다.

이후로 혁명의 풍조가 크게 일어나게 되었습니다. 이른바 국민이 최고라는 주장[6]이 여기에 해당합니다. 그래서 근세 후반의 유럽에서는 민주제가 가장 올바른 정치 체제로 여겨졌습니다. 혁명의 시대에 이르면, 병권이 전제의 독재자에 못지않습니다. 예컨대 영국의 크롬웰, 프랑스의 나폴레옹이 인민의 자유를 침탈한 것이 찰스 1세와 루이 14세보다 덜했을까요? 그럼에도 불구하고 사람들이 그들을 비난하지 않는 이유는 그들이 획득한 권력은 국민 스스로가 기꺼이 부여한 것이며, 그들의 권력 행사도 역시 국민을 위하는 일에만 시행되었기 때문입니다. 이는 세습 받은 권력을 지키는, 권력이 위에서 아래로 내려가는 옛날의 군주와는 다른 것입니다.

만일 정치 영역에서 이런 구별이 있다면, 우리는 앞의 두 가지 주장을 기억해 두어야 할 것입니다. 뿐만 아니라 역사 속에서 가장 많았던 정치 제도, 예를 들면 아시아에서는 지금도 시행되고 있고 유럽의 각국에서는 2, 300년 전에 있었던 이 제도는 참으로 모두 암흑세계가 될 것입니다. 이러한 제도에서는 국민에 대한 통치가 노예와 포로를 학대하듯이 전적으로 폭력에 의거하는 방법 밖에 없었다고 한다면, 정론가가 심하게 비난하더라도 누가 옳지 않다고 말하겠습니까? 그렇지만 이는 사실이 아닙니다. 왜냐하면 그런 제도는 실행될 수 없기 때문입니다. 비록 실행하고자 하더라도 결코 이러한 권력은 있을 수 없기 때문입니다.

근세의 패주로서는 프랑스의 루이 14세를 최고로 꼽아야 할 것 같습니다. 루이 14세의 일을 생각해 보도록 하겠습니다. 주인과 노예의 관계에서는 백인종이 흑인 노예를 가축처럼 다룬 것이 최악이었습니다. 그렇지만 더할 나위가 없을 정도로 전적으로 폭력을 가했다는 말은 들어본 직이 없습니다. 이런 일은 주인에게 이익이 되지 않기 때문입니다. 폭력이란 것은 힘을 갖고

. . . .

6 원문은 '主義'. 실리의 원서에는 the doctrine of the sovereignty of the people로 되어 있다.

상대를 대하는 것이며, 주인이 이러한 폭력을 가지고 있어 수시로 사용할 수 있다는 것을 말합니다. 주인이 된 자는 노예와 이익을 함께 하므로 서로 돕습니다. 마치 강의[7]가 "친구에게 이익을 주기보다는 종을 돕지 않겠는가."라고 했던 말과 같습니다. 이로 보건대, 만약 루이가 국민에게 쫓기게 된다면 이웃하는 적국의 힘을 끌어와서 자기 국민을 진압하겠습니까? 영국과 프로이센이 그를 위해 병사를 내어 대신 내란을 평정해주겠습니까? 역사 속에서 이런 일은 없었습니다. 당시에 그렇게 하고자 했더라도 역시 불가능했을 것입니다.

그렇다면 루이의 계책은 어디에서 나왔을까요? 루이는 바로 이때에 훈련된 병사를 사용된다고 말하는 자가 있을지 모르겠습니다. 그렇지만 훈련된 병사는 프랑스인이 아닙니까? 앞에서 말한 대로라면 프랑스인은 모두 노예입니다. 그렇다면 저 노예 가운데 갑옷을 입고 병기를 잡고 죽음을 무릅쓰고 전쟁에 임하는 자가 있어야 할 것입니다. 이는 루이에게 위험한 일이 아니겠습니까? 그들은 모두 루이의 당파가 되었고 루이를 즐겨 추대하며, 루이의 손발이요 주구가 되었다고 말할지도 모르겠습니다. 그렇지만 루이의 권위는 병사가 있어야 비로소 갖추어 집니다. 병사는 국민입니다. 국민이란 밑에 있는 여러 사람입니다. 이는 정치권력이 위에서 밑으로 내려오는 것이 아니라 아래에서 위로 올라간다는 것입니다. 비록 기관은 서로 다르지만 국민이 따르고 나서 비로소 권력이 생기게 된다는 점에서는 동일합니다. 근세의 정부는 민심이 따라주지 않으면 무너집니다. 루이 14세도 병사가 반란을 일으키면 손을 쓸 수가 없습니다. 그렇다면 통치권을 위 혹은 아래로부터라는 식으로 두 가지로 나누는 루소 등의 정치론은 사실인 듯 보여도 실제로는

. . . .

7 강의(剛毅, 1837~1900)는 청말의 만주족 기인(旗人)으로서 자는 자량(子良)이다. 군기대신, 공부상서, 협판대학사, 경진(京津) 의화단 왕대신 등을 역임했다.

사실이 아닙니다. 패권을 지닌 군주가 국민을 통치하는 것은 가장이 어린이를 속박하는 것과 같다고 말하는 것도 역시 옳지 않습니다.

국민 가운데 소수의 사람이 패왕의 조정에 동조하여 조직을 치밀하게 짜고 훈련을 잘 시키게 되면, 이로 인해 세력이 생겨나고 다수의 사람을 제압할 수 있다고 말하기도 합니다. 이 말은 사실에 가까운 듯하지만, 이러한 소수자의 동조를 얻고자 하더라도 역시 그들을 무마해야만 가능한 것입니다. 이는 그의 권력이 독자적인 것이 아니므로 동조하는 사람들을 가볍게 대할 수 없기 때문입니다. 군주가 비록 다른 국민에게는 책임을 지지 않는다 하더라도, 동조해 주는 사람들에게는 책임을 지게 됩니다. 그리고 내가 정말로 이해할 수 없는 것은 루소의 학설에서 언제나 힘으로 사람을 복종시키는 것이 전제 정치의 독특한 방법이라고 말하는 것입니다. 진짜 전제라면 갖추고 있는 힘이 최소일 수밖에 없다는 것을 모르기 때문입니다. 아리스토텔레스의 세 가지 정체 분류에서 자력으로서는 가장 잘 유지될 수 없는 것이 바로 전제입니다. 전제는 도덕과 지혜로 사람을 복종시키고, 오히려 소수의 정치와 다수의 정치가 힘으로 사람을 복종시킨다고 말할 수 있습니다. 어떻게 전제의 독부[8]가 혼자서 수많은 백성을 제압할 능력을 가진다고 말할 수 있겠습니까? 이로 보건대, 전제군주는 다른 사람에게 도움을 빌리지 않을 수 없습니다. 도움을 받는 이상, 도움을 준 사람들을 마음대로 대할 수 없습니다. 그러므로 천하에 무책임한 귀족제와 민주제가 있다고 하면 이치가 통하는 말입니다. 그렇지만 무책임한 전제가 있다고 한다면, 고금에 이런 것은 정말로 없었습니다.

우리의 관점에서 보면, 이것은 자명한 이치입니다. 그렇지만 고인의 견해

· · · · · · · · · · · · ·

8 독부(獨夫)는 "獨夫受, 洪惟作威, 乃汝世讎."(『書經』「泰誓」)에서 유래하는 말로서 잔악무도한 통치로 인해 민심을 잃은 군주를 가리킨다.

가 이와 같지 않은 것은 천명론[9]이 뇌리에 깊이 박혀 있기 때문입니다. 반표[10]의 「왕명설」을 읽어 보면, 한나라 사람의 종교적 미신을 알 수 있습니다. 그리고 정이천은 은주 교체기에 천명이 아직 떠나지 않았다고 주장했습니다.[11] 소식은 「신종 황제에게 올리는 글」에서 군주가 의지할 것은 사람들의 마음뿐이라고 했습니다.[12] 따라서 선조들은 제왕이 지위를 얻고 권력을 행사하는 것은 모두 하늘의 도움인 것 같다고 하면서, 도와주는 이유가 무엇인지는 분명하게 말하고 있지 않다는 것을 알 수 있습니다. 영험한 도움이란 과연 실제로 존재하는 것일까요?[13] 아니면 많은 사람들이 마음으로 그렇다고 믿는 것일까요?[14] 이처럼 하늘이 군주를 세웠다고 하므로, 동서양의 종교는 모두 사람들이 군주를 존경하고 법을 받들며 형벌을 두려워하는 것을 사람들이 해야 할 가장 중요한 의리로 삼고 있습니다. 정부는 이를 바탕으로 힘이 점점 강해지고 뿌리가 단단해집니다. 그렇지만 하늘의 음덕이 사실이라면, "호천(昊天)은 밝으시니 네 가는 곳을 따르고, 호천은 빛나니 네 노는 곳을

. . . .

9 남양본에는 'Divine Right'이 추가되어 있다.
10 반표(班彪, 3~54)는 동한 시대의 역사학자이며 반고(班固)의 아버지이다. 자는 숙피(叔皮)이다. 「왕명론」은 『한서』 「서전(叙傳)」에 실려 있으며, 제왕의 지위는 천명에 의한 것이며 지력(知力)에 의해 구할 수 있는 것이 아니라는 내용을 담고 있다.
11 정이천(程伊川, 1033~1107)은 이름은 이(頤)이며 이천은 그의 자(字)이다. 북송시대의 학자로 뤄양(洛陽) 출신이다. 형 정호(程顥)와 함께 이정자(二程子)로 불리며 주자의 사상 형성에 지대한 영향을 끼쳤다. 『이정유서(二程遺書)』 19권에서는 "만일 오늘 천명이 끊어지면 은나라 주왕은 오늘 당장 독부가 되는 것이니, 어찌 3년을 더 끌 수 있겠는가. 오늘 천명이 끊어지지 않았다면 그는 여전히 군주이니 신하된 자가 어찌 병사로 군주를 협박할 수 있겠느냐(如今日天命絶,則今日便是獨夫, 豈容更留之三年. 今日天命未絶. 便是君也. 爲人臣子, 豈可以兵脅其君.)"라고 말하고 있다.
12 소식은 「상황제서(上皇帝書)」에서 "군주가 의지할 곳은 사람들의 마음일 뿐입니다. 군주에게 사람들의 마음이란 것은 나무에 뿌리가 있는 것과 같고 등불에 기름이 있는 것과 같고 물고기에게 물이 있는 것과 같고 농부에게 논이 있는 것과 같고 장사에게 재화가 있는 것과 같습니다.(人主之所恃者, 人心而已.人心之於人主也,如木之有根,如燈之有膏,如魚之有水,如農夫之有田,如商賈之有財木.)"라고 하였다.
13 남양본에는 'Objective'가 추가되어 있다.
14 남양본에는 'Subjective'가 추가되어 있다.

따른다."[15]라고 하고, "빛나는 하늘이 아래에 임하여 살펴주시니"[16]라고 했으니, 하늘의 가호를 받고서야 존립하는 것이 반드시 처음부터 전제와 일인 통치의 정부일 필연성이 있을까요? 귀족 정치나 민주[17] 정치라도 하늘의 도움이 없다면 어찌 존립할 수 있습니까? 선조들이 천명을 전제에 귀속시킨 것은 그들이 본 정부가 대체로 전제가 많았기 때문입니다. 근세에는 민주와 입헌의 정치가 아니면 천심(天心)이 가르쳐준 뜻에서 벗어나는 것이라고 합니다. 이야말로 옳고 그름의 상대성을 보여주는 것입니다.

그렇지만 우리가 여기에서 주목해야 할 것은 통치권이 종교의 도움을 얻어 점차 확대되는 점과 도움이 되는 근거입니다. 이전에는 전제와 일인 통치는 힘으로 사람을 복종시킬 뿐이라고 했지만, 이 학설은 이미 우리가 논파했습니다. 혹은 지존의 권세와 지중한 권위는 상하의 구분이 너무나 분명하고[18] 도저히 범할 수 없는 것은 종교의 도움이 있기 때문이라고 합니다. 그렇지만 밝고 밝으신 상제께서 어떻게 천둥과 벼락을 치고 바람과 비를 내려서 권력을 도와주겠습니까? 어떤 사람은 다음과 같이 말합니다. "이는 잘못된 주장입니다. 종교의 힘은 눈에 보이는 형태가 아니라 사람들의 마음속에 있습니다. 밝은 천명에 의해 존귀한 천자가 되면, 그 과정에서 실제적인 힘으로는 조금도 도와주는 일이 전혀 없었다 할지라도, 국민은 천자를 매우 신비하게 바라봅니다. 일찍이 종교가 없었더라면 틀림없이 불가능한 일이었습니다. 루이 14세는 프랑스인 가운데 가장 약한 체질을 가진 사람이었습니다. 그럼에도 국민은 그를 온 몸에 빛을 발하는 사람처럼 우러러보고 예를 다하여 숭배하고 존경심이 남에게 뒤질까 염려했습니다. 이는 역시 군주를 공경하지

15 『詩經』「大雅·板」에서 인용한 것이다.
16 『詩經』「大雅·皇矣」에서 인용한 것이다.
17 원문은 '庶建'.
18 원문은 '天澤凜然'. "尊卑定位, 天澤凜然"(『周易辨畫』訟卦)에서 유래한 말이다.

제8회 전제와 입헌의 차이 및 정치학의 주요 법칙   177

않으면 반드시 하늘의 벌을 받는다고 하는 종교의 말이 있었기 때문입니다."
이 말이 사실이라면, 종교의 도움으로 전제가 더욱 권위를 갖게 될 때, 그
힘은 바로 민심에서 나오는 것입니다. 이는 앞에서 언급한 것처럼 종교가
실질적 형태로 도움을 준다고 한 주장과는 다르지만, 통치권이 위에서 아래
로가 아니라 아래서 위로 올라간 것임을 분명히 말해주고 있습니다.

다음과 같이 말하는 자도 있습니다. "이는 전제 정치의 사기술일 따름입니
다. 독재자는 분명 자력으로는 아무것도 할 수 없습니다. 소수가 다수를 통제
하는 것은 조직하고 순화시키는 다양한 방법을 사용하지만, 한 사람이 수많
은 인민을 제어하는 것도 역시 술수와 사기가 놀라울 정도입니다. 하늘을
칭하면서 행동하며 자신의 지위를 전혀 의심하지 않고, 하늘로부터 천명을
받아 왕은 죽지 않는다고 합니다. 이는 모두 어리석은 미신을 일으키는 일이
요 세상을 속이고 권력을 훔치는 일입니다."

그렇지만 이러한 일은 반드시 사태의 추이에 따라 일시적으로 행해진다면
혹 뜻을 이룰 수도 있을 것입니다. 만약 역사 속의 전제군주가 모두 이러한
술수를 부린 것이라고 말한다면, 이는 그렇지 않습니다. 다시 프랑스의 루이
14세의 예를 들어보기로 하겠습니다. 그가 국민을 통제한 방법은 사람들로
하여금 천신과 같이 우러러보고 두려움에 떨면서 복종하도록 한 것이며,
여기에는 종교의 작용이 매우 컸다라고 한다면, 이는 믿을 만한 말입니다.
만일 모든 일이 사기에서 나온 것이라고 하여, 루이에게는 국민을 속일 의도
가 있었다고 말한다면, 루이는 아마 왕위를 얻지 못했을 것입니다. 왜냐하면
첫째 위의와 전례, 그리고 화려한 신탁 등 왕의 존엄을 이루는 것들은 루이가
스스로 한 적이 없었으며, 다른 사람으로부터 받은 것이기 때문입니다. 이러
한 뜻은 수천 년 전에 싹트기 시작하였고, 종교와 국속의 도움 속에서 부화되
다가 루이의 몸에 이르러 그 이익을 보게 된 것일 수도 있습니다. 이러한
뜻을 밝히는 신부와 지식인은 루이에게 큰 이익을 가져다주었습니다. 그러나
그들과 루이는 결국 둘이지 하나가 아닙니다. 하나가 아니기 때문에 분리될

수 있습니다. 분리된다면 앞에서 말한 것과는 반대의 설을 주장할 수도 있습니다.

이로 보건대, 루이가 가진 권력의 경중은 자신이 스스로 주관할 수 있는 것이 아니요, 타인에게 의존하는 것입니다. 만일 그가 권력을 확대시키고자 한다면, 이러한 사람들의 기분을 세밀하게 살피고 언제나 그들의 감정을 충분히 만족시키고 그들의 의향에 어긋나지 않아야 할 것입니다. 앞에서 루이의 권력이 다른 사람의 마음에서 시작되었다고 말했습니다. 지금은 또 루이의 권력이 다른 사람의 마음을 잡는 것에서 시작한다는 것을 알게 됩니다. 그래서 역사책에는 루이 14세가 종교 지도자를 가장 우대했고, 프랑스의 종교 지도자가 왕을 가장 힘써 도운 사례로 실려 있습니다. 근세에 전제 권력이 루이를 넘는 자가 없었지만, 프랑스인이 국왕을 존중하고 단결한 것도 이때보다 더 한 시대가 없었다고 논하는 자가 있습니다. 그 아들 루이 15세의 중기에 이르러서는 민심이 크게 바뀌게 되었습니다. 바로 이런 것입니다. 루이가 종교 지도자를 대한 것은 나폴레옹이 자신의 병사를 대한 것과 다르지 않습니다. 과연 전제의 통치권이 위에서 아래로 내려온 것이라 할 수 있을까요?

우리가 지금까지 밝힌 것은 역사 속의 중요한 원리이며, 이를 통해 전제군주의 성립 근거를 깨트렸습니다. 하늘로부터 천명을 받았다거나 권력이 위로부터 나온다는 것은 전제군주에게 듣기 좋은 소리입니다. 맹자는 천명을 논하면서 일찍이 천명은 백성에게서 징표로서 나타난다고 했습니다.[19] 혹자는 맹자의 주장이 단지 이상에 불과하다고 합니다. 그렇지만 우리가 동서양

....

19 『맹자』 「만장」 상에서는 요임금이 순에게 천자의 지위를 물려준 일을 논하고 있다. 맹자는 천자의 제위는 하늘이 부여하는 것이며, 하늘이 직접 말로써 명령하는 것이 아니라 행사로써 보일 뿐이라고 했다. 즉 요가 순을 하늘에 천거하여 하늘이 받아들이고, 백성에게 보여서 백성이 받아들였다고 한다.

의 역사에서 살펴보면, 전제군주는 민심의 귀속과 인민의 추대를 기다려야 비로소 존립할 수 있었습니다. 기다려야 하는 민심의 다과와 강약에 차이가 있고, 이로 말미암아 성패가 갈라집니다. 그렇다면 루소 등이 정부를 둘로 나누어, 위에서 나오는 권력과 아래에서 나오는 권력이라고 구분한 것은 정확하지 못한 설명입니다. 권력은 아래에서 나오지 않은 것이 없습니다.

물론 전제 정치가 완전히 폭력을 사용하여 국민을 노예로 부리는 일도 있습니다. 이는 약하고 우매한 나라를 겸병하거나 혼란하고 망할 나라를 빼앗을[20] 때에 자주 보이는 일입니다. 이것은 즉 앞에서 지적한 무기체 국가입니다. 물론 이때에도 폭력을 사용하는 것은 한 사람에 그치지 않습니다. 언제나 승리한 쪽에는 많은 사람이 있습니다. 승리한 쪽의 사람들은 언제나 군대에 속해 있으며, 한 사람의 영웅에 의해 통솔되고 있습니다. 이것은 또한 유기체의 전제입니다. 유기체의 전제는 한 사람이 사적인 권력을 휘두르면서 아래에 있는 많은 사람들을 학대하고자 해도 불가능합니다. 그를 따르고 순종하는 자가 있을 것입니다. 그들과 호오를 같이 하지 않을 수 없고, 그들의 고락을 묻지 않을 수 없습니다. 그렇게 하지 않으면 패배합니다. 한나라 고조는 두드러진 전제군주가 아니었습니까? 그렇지만 함곡관을 넘어와 유지를 알리면서 부로들의 마음을 얻고 나서야 천하를 얻을 수 있었습니다. 항우는 강했지만 민심을 잃고 결국 무너지고 만 일이 이를 증명합니다. 서양의 역사에서 찾아보면, 영국의 튜더왕조, 프랑스의 루이 14세, 독일의 빌헬름, 러시아의 알렉산더, 오늘날의 니콜라이에 이르기까지 모두 이와 같았습니다. 국가의 형식이 유기체라고 한 이상, 진화의 법칙을 벗어날 수 없습니다. 생물의 원리에 비유하면, 온몸에서 혈액이 흐르고 보태지는 것을 기다리지 않고

· · · · · · · · · · · · ·

20 원문은 '取亂侮亡'. 『書經』 「仲虺之誥」에 나오는 말이다. 『서경』에서는 혼란에 빠져 망조가 보이는 나라를 탈취하는 것을 정당하다고 보고 있다.

두뇌가 혼자서 분발한다고 말한다면, 여러분은 믿을 수 있겠습니까?

일국의 통치권이 반드시 아래로부터 나오는 것이라면, 이전에 시도했던 일인 통치와 다수 통치의 구별[21]은 사용할 수 없습니다. 그런데 이상하게도 일반인들의 정치론에서는 다수의 통치라야 곧 공익[22]이라 할 수 있고, 일인 통치의 군주는 아래의 인민을 학대하는 것을 즐거워한다고 합니다. 이러한 주장의 잘못은 더 이상 논하지 않아도 알 수 있을 것입니다. 통치권을 장악하면 공익의 실현을 염두에 두지 않고 오직 자기가 생각하는 대로만 하는 것을 즐거워한다고 말하지만, 전제가 본래 다 그렇지는 않습니다. 겸병을 하는 시기라 할지라도, 죄 있는 군주를 처벌하고 고통 받는 인민을 위무합니다. 예를 들면, 영국의 튜더, 프랑스의 루이, 프로이센의 프리드리히 대제 등은 분명 전제적인 통치권을 가지고 있었지만, 그들의 호령과 조치는 공익의 실현을 목적으로 한다고 말하지 않은 적이 없습니다. 다만 그들은 이를 위해서 자신들의 행위가 하늘에 대해서만 책임이 있고 국민에게는 본래 책임이 없다고 말합니다. 이는 그들이 하는 행위의 시비와 공죄란 오직 상제(上帝)만이 살펴서 상벌을 줄 수 있다는 말과 같습니다. 국민은 이미 그들에 의해 통제되고 있기 때문에 그들의 일에 참견할 수 없습니다. 그렇지만 어떤 일을 논하더라도 당연히 사태를 잘 살펴야 합니다. 왕이 국민에게 책임이 없다는 것은 말은 그렇지만 실제는 그렇지 않습니다. 영국의 제임스 2세, 프랑스의 루이 14세는 모두 국민에게 책임이 없다고 스스로 말했지만, 제임스는 끝까지 이를 오해해서 실패하였고, 루이는 말과 행동이 달랐기 때문에 권력을 보진할 수 있었습니다.

이상에서 말한 것으로부터 두 가지 법칙을 세울 수 있습니다. 첫째, 일인

---

21 실리의 원서에는 monarchy와 republic or commonwealth가 비교되어 있다.
22 남양본에는 'Commonwealth'가 추가되어 있다.

통치의 권력은 여러 지지자들의 도움에 의존해야 성립할 수 있다는 것입니다. 이 여러 지지자들이란 사대부일 수도 호걸일 수도 있고 국민일 수도 군대일 수도 있습니다. 심지어는 다른 나라 사람들인 경우도 가능합니다. 예컨대 인도와 같은 국가는 지지 세력이 인도의 국민이 아니라 영국의 군대입니다. 둘째, 유기체 국가라 할지라도 언제나 전제의 형식이 있다는 것입니다. 이러한 종류의 국가는 비록 의회가 없다 할지라도 국민의 지지에 의존해서 세워진다는 점에서는 공통입니다. 다만 여기에서 말하는 국민은 반드시 많은 사람인 것이 아니라 일부입니다. 이러한 일부의 사람은 대체로 모두 국민 가운데 우수하고 국가사상을 지닌 자입니다. 여러분은 이 강의를 듣고 집에 돌아가서 고서 가운데 소식의 『지림』에서 전국시대 임협에 관한 편[23]을 읽어보기 바랍니다. 그 내용이 지금 제가 한 이야기를 이해하는데 도움이 될 것입니다.

여러분은 저의 말을 듣고서는 "이는 참으로 기이한 이야기입니다. 천하에 어떤 국민이 전제를 지지하고 노예 되기를 달가워하겠습니까? 국민의 사정을 들어보면 의회의 설립을 바라지 않은 자가 없습니다."라고 말할 것입니다. 저는 다음과 같이 대답하겠습니다. 역사에서는 반드시 그렇지는 않았습니다. 시대적 사정이 다르므로, 국민이 의회의 설립을 원하더라도 불가능할 때도 있습니다. 예를 들면, 러시아에서는 안나 여왕(강희·옹정 연간)의 재위 기간에 국회를 설립하고자 했지만, 귀족을 제외하고는 의원을 모집할 수 없었습니다. 국민은 귀족의 어육이 될 바에야 차라리 지존의 전제에 맡기는 편이 낫다고 생각하였습니다. 그래서 대권이 다시 추락하지 않도록 할 것을 서약하고서 그녀를 왕으로 추대했습니다. 이것이 그 증거입니다.

· · · · · · · · · · · · ·

23 소식의 문집인 『동파문집』 105권 「지림(志林) 13조」의 「논고(論古)」를 가리키는 것으로 추정된다. 이편은 주나라 무왕에서부터 전국시대에 이르기까지 여러 인물에 관한 평론을 담고 있다.

전쟁의 시대가 되면 다수의 정치를 버리고 전제를 사용하는 경우가 더 많습니다. 이때에는 국가의 존립이 급선무이며 국민의 모든 이익은 모두 뒤로 미루어지고, 많은 사람들은 전쟁에서 공격하여 이길 수 있는 능력을 가진 자를 따르게 됩니다. 이것이 일시적인 일이라면 추대된 사람도 일시적으로 기능합니다. 만일 이러한 일이 일상적이라면, 예컨대 프로이센, 루이 14세 이전의 프랑스와 같이 국가가 방어하기 어려운 요충지에 위치하게 된다면, 모두 변방의 경계선이 확정되고 국가의 사방이 견고해져야 다른 일을 논의할 수 있습니다. 그렇지 않으면 전제 정치가 그칠 수 없습니다. 역사 속에서 루이, 프리드리히대제, 나폴레옹이 군주의 지위를 차지하고 권력을 행사한 것은 모두 이러한 이유에서입니다. 그러나 이러한 전제가 한번 성립한 뒤에는 상황이 변하더라도 그 권력을 없앨 수 없다는 것도 알아 두어야 합니다. 처음에는 국가를 멸망에서 구하는 작용이 있었지만, 결국에는 언제나 국민에게 재앙을 안겨주는 근거가 됩니다. 이야말로 이 제도가 천고에 걸쳐 비판을 받게 되는 이유입니다.

제가 여러분에게 명석하게 설명하고자 하는 것은 선입견을 물리치는 데 그치는 것이 아니라 새로운 지식을 찾아내기 위한 것입니다. 기존 논의들에서는 전제의 권력은 위에서 아래로 내려오는 것이요, 다수 정치의 권력은 아래에서 위로 올라가는 것이라고 합니다. 우리는 전제의 권력도 아래에서 위로 올라간 것이요, 만일 아래로부터 말미암은 것이 아니라면 성립할 수 없다는 것을 분명히 밝혔습니다. 기존의 정의는 더 이상 사용할 수 없다는 것이 분명해졌습니다. 그렇지만, 전제와 다수의 정치는 본래 구별이 있습니다. 그 차이는 무엇일까요? 이것이 제8회 강의를 매듭짓는 요점입니다. 지도를 펼치자 비수가 드러났다고 하니,[24] 여러분에게 신중하게 말하지 않을 수

• • • • • • • • • • • • •

24 『사기』 「자객열전」에 나오는 말이다. 자객인 형가(荊軻)가 진나라 왕을 살해하기 위해 비

없습니다. 또한 근자에 우리나라에서도 바야흐로 입헌을 논의하고 있습니다. 입헌은 다름 아니라 다수의 통치입니다. 다수의 통치는 다수결과 대표제를 사용하지 않을 수 없습니다. 이는 모두 서로 관련되어 생겨나는 것이므로 피할 수 없는 것입니다. 그래서 제가 지금부터 여러분에게 분명히 밝히고자 하는 것은 중국이 앞으로 구상하는 국가와 이전의 수천 년 동안의 국가를 구별하는 것입니다. 제가 신중하게 말하는 만큼, 여러분도 신중하게 들어주어야 할 것입니다.

입헌국가와 전제국가의 가장 중요한 차이가 무엇인지 물어보도록 하겠습니다. 이는 참으로 해결하기 쉽지 않은 문제입니다. 정치학은 과학이지만 다른 과학과는 같지 않습니다. 동식물을 다루는 다른 과학에서는 당상에 앉은 재판관이 아래에 있는 당사자들의 곡직을 재판하는 것과 같이 연구하면 됩니다. 그렇지만 정치학은 그렇지 않습니다. 첫째, 우리와 직접적인 이해관계가 있는 일이기 때문에 시비의 판단이 흐려지기 쉽기 때문입니다. 둘째, 연구 대상이 각자 다른 목소리를 내고 있으며, 그것도 반드시 사실은 아니기 때문입니다. 지금 만일 동물학자가 생물을 분류하고자 할 때, 재잘거려대는 연약한 동물들이 목을 내밀어 나는 아무아무 부류에 속한다고 하거나 유기물 혹은 무기물이라고 소리를 낸다면, 동물학자가 그 소리를 듣고서 도리어 망연해 하지 않을 수 없을 것입니다. 오늘 세계의 국민이 바로 이와 같습니다.

최근 저는 길에서 『헌법 고의』[25]라는 책을 발견했습니다. 서양인의 헌법은

· · · · · · · · · · · · ·

수를 지도에 숨기고 들어갔는데, 진왕이 지도를 펼치자 비수가 드러났다는 이야기이다. 일이 마지막 단계에 이르렀다는 의미로 사용된다.

25 『헌법 고의(憲法古義)』는 탕수잠(湯壽潛, 1856~1917)이 1901년 8월(서문)에 편찬한 것으로서 중국의 고대에 체계적인 헌법은 없었지만 헌법의 정신과 원천이 있었다고 주장하여 당시 입헌의 주장을 이끌어갔던 서적이다. 1905년 상하이의 점석재(點石齋)에서 간행된 책이 남아있다.

모두 우리의 고대에 이미 있었다고 합니다. 대체로 애국심을 바탕으로 우리 중국인은 외국인의 장점을 볼 때마다 그런 것이 우리나라에 없었다고는 절대로 말하지 않으려고 합니다. 13경과 24사[26]는 견강부회하기에 좋은 재료가 됩니다. 겉으로는 자존심 때문이지만, 실제로는 대단한 잘못입니다.

그리고 여러분이 앞의 문제를 서양인에게 물어보면 저들 역시 사람마다 다르다고 대답할 것입니다. 어떤 사람은 "전제와 구별되는 입헌의 요점은 오직 하원이 재정조세권을 갖고 있으며, 국민의 승낙이 없으면 정부는 한 푼의 돈도 마음대로 취할 수 없으니, 이것이 재정권입니다."라고 말합니다. 그렇지만 이러한 주장도 잘못입니다. 만일 하원의 힘이 정말로 강하면 하원이 장악하는 권리는 여기에 멈추지 않을 것이며, 하원의 힘이 정말로 약하다면 이런 것조차도 없을 것입니다. 국가가 존재하는 이상, 국사를 처리하는 비용이 들지 않을 수 없습니다. 서양의 나라에서 상고시대의 왕공은 자체적으로 산업을 소유하고 있었고, 산림과 원지가 전국에 깔려 있어 인민으로부터 취하지 않아도 충분했습니다. 수형전[27]이라는 것이 이것입니다. 이러한 때에는 재정권이 있다 할지라도 정부를 곤란에 빠트릴 수 없을 것입니다. 정부가 하는 일은 다양합니다. 지금 다른 것은 그만두고 재정의 사용만을 금지시킨다면, 국민의 재산이 과연 보호될 수 있을지 알 수 없습니다. 아마도 당시는 군주와 인민이 싸우고 있던 시기였고, 국민은 재정 문제를 군주의 급소로 간주해서 이 문제를 붙잡아 군주에게 요구하여 자신들의 최대의 목적을 달성하고자 했을 것입니다. 훗날의 논자들이 이러한 전술을 정곡으로 간주하였으니, 이는 실제와 거리가 먼 이야기입니다.

다음과 같은 주장도 있습니다. "입헌이 전제와 다른 가장 중요한 점은

. . . .

26 원문은 '二十七史' 제2회 주6) 참조.
27 『한서』「선제기(宣帝紀)」에 따르면, 황실의 재물과 돈을 보관하는 관리를 수형(水衡)이라 하며 그가 관리하는 돈을 수형전(水衡錢)이라고 한다.

입법과 행정 권한의 경계를 분명하게 하는 것입니다. 의회는 입법을 주관하는 곳입니다. 군주와 재상에서부터 그 아래의 모든 집사는 모두 법을 시행하는 자들입니다. 당나라 사람의 말에 봉각[28]과 난대[29]를 거치지 않으면 어찌 칙명이라 이름붙일 수 있을까 라고 합니다. 서양인도 역시 국회의 공식적 동의를 거치지 않으면 직권을 행사하여 법령을 만들 수 없다고 합니다. 17세기 영국의 풍조는 이러한 입법권의 독립을 쟁취하기 위한 것이었습니다."
이러한 주장은 앞의 주장보다는 조금 낫지만 전적으로 맞는 이야기는 아닙니다. 삼권분립에 관해서는 몽테스키외의 『법의 정신』에 상세하게 논의되어 있습니다. 프랑스에서 처음으로 의회가 설립되었을 때, 모든 행정 관리는 거기에 함께 앉아 있을 수 없었습니다. 따라서 행정 기관이 크게 곤란을 겪었습니다. 이것은 이치상으로는 매우 알기 쉽습니다. 예를 들면, 재정 관련의 법을 제정할 때 호부(戶部)를 배제하면, 호부가 고생하며 쌓아온 경험이 입법의 논의에 전혀 쓸모가 없게 됩니다. 또 교육 관련의 법을 제정할 때 학무대신(學務大臣)을 배척한다면 거기에서 만들어진 규칙이 어떻게 적절할 수 있겠습니까? 과거의 일을 잊지 않으면 훗날의 스승이 된다고 합니다. 이 말을 믿는다면, 이러한 권력의 구분은 성립할 수 없을 것입니다. 요컨대 이러한 점에서 각국의 의회제도가 각각 다르며, 민권의 신장도 이에 따라 달라집니다. 그 가운데 자세하게 강의해야 것이 매우 많지만, 아쉽게도 지금은 여러분에게 다 설명할 수가 없습니다.

대체로 전제와 입헌의 차이를 알고자 한다면, 기존 논의를 살펴보기보다 현재 실행되고 있는 것을 관찰하는 것이 낫습니다. 영국의 수상을 보면 그는 분명 행정권을 갖고 있습니다. 그렇지만 한 사람의 관리로서 그는 입법권의

· · · · · · · · · · · · · ·

28 봉각(鳳閣)은 중서성(中書省)의 별칭이다.
29 난대(鸞台)는 문하성(門下省)의 다른 이름이며 난당(鸞堂)이라고도 한다. 중서성과 함께 국정의 최고 의결 기관이었다.

영수가 되고, 모든 새로운 법은 수상으로부터 발의됩니다. 자신의 진퇴는 하원의 찬성과 반대에 따릅니다. 만일 의회의 여론이 수상의 의견에 찬성하고 그의 계획에 동의한다고 결의하면, 수상의 권한은 최대가 됩니다. 여론이 수상의 의견과 어긋나면, 그는 위기에 처하게 됩니다. 의회가 수상을 완전히 반대한다고 결의하면, 수상은 사직하고 물러날 수밖에 없습니다. 다음날 다른 사람이 입각하여 새로운 정부를 조직하게 됩니다. 수상은 정부의 영수이지만, 그의 진퇴는 이처럼 민의에 의존하는 것입니다.

제가 앞에서 말했습니다만, 모든 정부는, 설령 전제라 할지라도, 권력이 반드시 밑에 있는 여러 사람들로부터 나온 것이며, 넓고 좁은 차이가 있을 뿐입니다. 정부가 내걸고 있는 명분은 천차만별입니다. 군주가 국가의 토지를 보는 것은 개인이 자신의 논밭을 보는 것과 같다고 하기도 합니다. 혹은 하늘의 도움으로 군주가 되고 스승이 되었다고 하며, 상서[30]와 감생[31]을 말하여 천명을 근거로 삼기도 합니다. 이런 일들의 진위와 시비는 구체적으로 논하지 않겠습니다. 다만 이러한 명분이 제기되면 호응하는 자는 누구이겠습니까? 반드시 많은 무리들이 있을 것입니다. 만일 많은 사람들이 그러한 명분을 받아들이지 않는다면, 그가 어떻게 힘을 얻을 수 있겠습니까? 그러므로 명분이 위에서 세워지면, 아래에서는 그를 따르고 추대하는 자가 생깁니다. 모든 정부가 그러합니다. 그 가운데 입헌정부는 귀순하고 추대하는 자가 전 국민의 반을 넘습니다. 설령 그렇지 않더라도 국가사상을 지닌 사람들의

· · · · · · · · · · · · · ·

30 상서(祥瑞)는 천자가 성덕으로 만민을 통치하면 하늘이 이를 가상히 여겨 좋은 징조를 내려주는 것을 말한다. 이는 폭군의 포악한 정치에는 천변지이(天變地異)가 따른다는 재이설과 함께 고대 중국의 천인감응설에 의거한 정치사상의 일종이다.

31 감생(感生)은 제왕의 권위를 확보하기 위해 탄생 과정을 신비적으로 설명하는 것으로서 감생제(感生帝)라고도 한다. 예를 들면, 『사기』 「은본기(殷本紀)」에 간적(簡狄)이 현조(玄鳥)의 알을 삼키고서 은나라 시조 설(契)을 낳았다는 이야기, 혹은 「주본기(周本紀)」에 강원(姜原)이 들에 나가 거인의 발자국을 밟고 주나라 시조인 후직(后稷)을 낳았다는 이야기 등이 여기에 해당한다.

과반수가 따를 것입니다.

전제와 입헌 이 두 가지가 아래에 있는 여러 사람들에 의해 추대된다는 점에서 동일하다고 한다면, 차이는 어디에 있습니까. 다음과 같이 대답할 수 있을 것입니다. 여론이란 추대하는 의견이 드러나는 것입니다. 전제정부는 여론을 전달하고 측정할 수 있는 기관이 없지만, 입헌정부는 그것을 갖고 있습니다. 하나의 법령을 시행하더라도, 하나의 관직을 설립하더라도 여론의 향배가 또렷이 드러날 수 있을 뿐 아니라 다과의 숫자까지도 분명합니다. 여론의 향배와 다과는 모두 의원의 투표에서 나타나는 것입니다. 여론의 향배와 다과는 의회라는 기관을 통해 전달되고 측정됩니다. 이는 국민이 의회를 가지면, 정부를 건립하고 유지하고 파괴할 수 있는 기관을 갖게 된다는 말이 됩니다.

이것은 정치학에서 가장 중요한 법칙입니다. 여러분이 금방 이해할 수 없을지도 모르기 때문에 분명히 알 수 있을 때까지 제가 반복해서 설명해도 무방할 것 같습니다. 지금까지 설명하였듯이 여러분은 어떤 국가든지 그 가운데 정부를 건립, 유지, 파괴하는 권력이 있다는 것을 잘 알아야 합니다. 건립은 없는 데서 무언가를 만들어 내는 것입니다. 유지는 있는 것을 보존하는 것입니다. 파괴는 있는 것을 없애는 것입니다. 이러한 권력에는 반드시 근거가 있습니다. 백성, 병사, 본국, 외국 등입니다. 공과 사, 선과 악 어느 쪽도 가능합니다. 다만 이러한 권력은 기관을 얻으면 그 힘을 전달할 수 있고, 기관을 얻지 못하면 그 힘이 분산되고 잠복하게 되어 전달되지 못합니다. 분산되고 잠복되어 있다 하더라도 정부의 존폐는 그 힘을 따르게 됩니다. 이전까지 정부를 유지해 온 권력이 어떤 이유로 중간에 생각이 바뀌었다고 가정해 봅시다. 이는 정부의 성립 근거였던, 정부를 지지하고 추대해서 존립하도록 해 준 권력이 지금은 지지하고 추대하기를 원치 않는다는 말입니다. 기관이 없기 때문에 이러한 변화가 전달될 길이 없고, 위에 있는 사람도 기관이 없기 때문에 이를 측정할 수가 없고 어리석게도 모르고 있을 따름입니다. 이때 국가의 모습이 어떻게 될 것인지 여러분이 생각해 보기 바랍니다. 이는 바깥에 압력계가 붙어있지 않는 보일러와 같아서 조만간 폭발이 일어날 것입니다. 폭발이란 무엇입니까? 난리입니다. 폭발이란 무엇입니까? 혁명입니다. 이러한 혁명과 난리는 모두 여론을 전달하고 측정할 기관이 없기 때문이요, 국회와 의회가 없기 때문에 생기는 일입니다.

옛날 러시아는 국회가 없는 나라였습니다. 역사의 기록에는 비명에 죽어간 군주가 가장 많았습니다. 이는 필연적 이치이며 당연한 형세입니다. 러시아의 군주와 신하가 이러한 이치를 몰랐던 것은 아니었습니다. 그래서 국민이 국가사상을 지니는 것을 원하지 않았고, 종교로 사람을 미혹시키고 교육으로 사람을 고생시키면서 마침내는 군대로 인민을 상대하게 되었습니다. 그렇지만 결과는 예견된 대로였습니다. 영국에서는 400년 동안 암살을 당하는 일이 없었습니다. 여기에는 하늘이 준 행운도 있었습니다. 가장 신기한 일은 조지 3세가 정신적 장애를 지닌 사람이었음에도 60년 동안 나라를 다스렸으며, 각종 정무가 날로 흥하고 국가가 날로 강하고 부유하게 되었다는 것입니다. 이는 다름이 아니라 국민의 다수가 다스리는 힘을 전달할 수 있는 기관이 있었기 때문입니다.

전제국가에서는 군주가 권좌에 앉아 있고 재상이 군주를 보좌하지만, 재상의 진퇴는 군주에 의해 정해집니다. 입헌의 국가에서는 군주는 성공을 기다리고 있고 재상이 국정을 운영하며, 재상의 진퇴는 국민에 의해 정해집니다. 이야말로 영국에서 지금까지 혁명이 일어나지 않았던 이유라고 단언할 수 있습니다. 영국에 혁명이 없었다고 할 수 있지만, 영국은 때때로 혁명이 있었다고 할 수도 있습니다. 정부가 한번 교체되는 것도 모두 혁명입니다. 선세국가에서의 혁명은 수많은 사람이 죽고 천지에 피를 흘리며 수십 년의 대혼란이 지나야 평정됩니다. 영국인의 혁명은 간단하고 실행하기 쉬운데, 의회에서 투표로 찬반을 표시하는 것에 불과하기 때문입니다. 장자는 죽는 것이 바로 사는 것이라고 말했습니다.[32] 진짜 입헌제는 바로 이러한 것입니다.

이야말로 국가의 운명이 영원히 이어지고 만세토록 무너지지 않는 황실을 유지할 수 있는 근거입니다.

따라서 정부를 건립하거나 혹은 파괴하는 기관인 의원(議院)으로서 국회가 있고 없는 것이 전제와 입헌 두 정부의 차이입니다. 저는 본래 정치학이 전공이 아니지만, 여러분의 후의를 입어 8회에 걸쳐 저녁 시간에 강의를 하게 되었습니다. 여기에서는 많은 사람들이 인정하는 서양학자의 기존 학설을 많이 채용하였고, 감히 근거 없는 말을 하지는 않았습니다. 유감스럽게도 8회의 시간이 너무 짧아 여러 제도에 관해 상세하게 다루지 못했습니다. 이제 여러분에게 지금까지의 내용을 정리해서 정치의 주요 법칙 12조목을 세우도록 하겠습니다.

1. 정부가 있다면 구속이 따릅니다. 구속이란 반드시 폭력을 가하고 자유가 없도록 하는 것입니다.
2. 정부는 전제가 기본이며 다수의 통치는 변형된 모습입니다. 마치 군대에 한 명의 대장이 있고, 법정에 한 명의 재판관이 있는 것과 같습니다.
3. 그렇지만 한 사람이 많은 사람을 제어하기에는 언제나 힘이 부족합니다. 그래서 여러 사람의 지지에 의존할 수밖에 없습니다.
4. 여러 지지자들의 힘은 반드시 자발적으로 나온 것이어야 합니다. 이런 행동을 하게 된 동기에서 의리와 이익, 공과 사는 묻지 않습니다.
5. 그러므로 한 국가에는 다스리는 자와 다스림을 받는 자의 두 부류가 있을 뿐만 아니라 언제나 정부의 지지자가 그 사이에 있습니다. 그래서 다스리는 자, 지지자, 다스림을 받는 자의 세 부류가 됩니다.[33]

· · · · · · · · · · · ·

32 『장자』「제물론」에 나오는 말이며 삶과 죽음이 엄연히 구분되는 것이 아니라 서로 연관되어 있다는 것이다.
33 실리의 원서에는 the government, the government-supporting body, the governed로 구별되어 있다.

6. 지지할 수 있으면, 무너뜨릴 수도 있으며 새로 만들 수도 있습니다. 그러므로 정부를 지지하는 권력은 곧 정부를 만드는 권력이며, 역시 정부를 파괴하는 권력이기도 합니다.

7. 다만 이러한 권력은 언제나 기관이 없습니다. 혹 기관이 있어도 정부의 지지자라는 이름을 정면으로 내세우지는 않습니다. 예를 들면, 루이 14세는 전 국민의 민심을 얻었지만, 여러 지지자들의 힘이 전달될 기관이 없었습니다. 영국의 크롬웰은 군대를 자신의 보조로 삼고 있었으므로 기관이 있었다고 할 수 있습니다. 그러나 그 이름은 다른 용도로 이용되었기 때문에 그들이 세운 정부를 지지한 것이라고 말할 수 없습니다. 이러한 현상은 전제국가에서 가장 많이 나타납니다. 우리 중국도 바로 이와 같습니다.

8. 정치 영역에서 진화의 정도가 높으면, 그 국가에는 정부를 지지하고 무너뜨릴 권력이 있을 뿐만 아니라, 정부를 지지하고 무너뜨리는 기관이 있어 정부를 지지하고 무너뜨리는 권력을 전달할 수 있습니다.

9. 기관이 갖추어져 있지 않으면, 정부를 지지하거나 무너뜨리는 권력의 작용이 언제나 급작스럽게 결정됩니다. 이는 치란이 반복되는 국면이 생기는 까닭이며, 황실이 결국 무너지는 이유입니다. 기관이 갖추어지면, 지지자의 권력이 군주에게 전달될 뿐만 아니라 예측도 가능합니다. 때에 맞게 처방할 수 있게 되어 난리가 생길 수 없습니다. 이것이 입헌국가에 혁명이 없고 대표하는 황실이 무너지지 않는 까닭입니다.

10. 입헌제의 국회는 국사에 묻지 않는 것이 없지만, 실제로는 묻는 것이 없습니다. 요컨대 현행의 정부를 만들고 지지하고 파괴하는 것을 자신의 천직으로 삼을 뿐입니다.

11. 기관이 갖추어져 있지 않으면, 정부를 지지하거나 무너뜨리는 권력은 언제나 불공평함이 있을까 염려하면서 자신을 드러내거나 감추곤 합니다. 정부는 일인의 통치자가 한 국가를 다스리는 외형을 띠고 있지만,

힘이 실제로는 아래에서 나온다는 것을 모르고 있습니다. 그래서 지지자를 충순하다고 간주하고 파괴자를 반역으로 여깁니다. 그리고 권력은 천명으로부터 받은 것이라 하며 여러 가지 속임수와 부명(符命)이 생겨납니다.

12. 이와 같은 것을 군주제라 하고 전제라 합니다. 앞에서 말한 것은 다수의 정치 혹은 입헌이라고 합니다.

중국어-영어-한국어 대조표

일러두기

* 인명, 지명, 중요 용어 등을 중심으로 선택했다.
* 실리의 원서에 나오는 것을 중심으로 선택했으며, 원서에 없는 것은 당시의 사용법에 근거하여 추론한 것이다.
* 남양본의 원문 영어 표기를 참조하였다.

옌푸 서문

波蘭人	Polish	폴란드사람
歌白尼	Nicolaus Copernicus	코페르니쿠스
日局	the Solar System	태양계

제1회

青年會	YMCA	와이엠시에이
政治一學(宗)	political science / politics	정치학
科學	science	과학
柏拉圖	Plato	플라톤
盧梭	Rousseau	루소
孟德斯鳩	Montesquieu	몽테스키외
因果	causes and effects	인과
公例	general laws	일반법칙
與生俱來具之知能	innate ideas	본유관념
內籒	inductive	귀납적
自然歷史	Natural Hisotry	자연사
李費	Livy	리비
羅馬	Rome	로마
近代	modern	근대
氣候學者	meterologist	기상학자

計學	political economy	정치경제학
刑法之學	science of jurisprudence	법률학
普通	general	일반
專門	special	전문
群	society	사회
社會通詮	A History of Politics	정치학사
圖騰社會	totemistic society	토템사회
宗法社會	patriarchal society	족장사회
軍國社會	military society	군사사회
倫敦	London	런던
巴黎	Paris	파리
法	France	프랑스
美	America	미국
卜魯門拔	Blumenbach	블루멘바흐
烈支孺斯	Retzius	레치우스
伊蘭	Aryan	아리안
教化	civilisation	문명
海峽	Channel	해협
人類所同有	universality	보편성
邦國	state	국가
團體	corporation	단체
進步	development	발전
國群	society	사회
政府	government	정부
名學	logics	논리학
代數	alegebra	대수학
形學	geometry	기하학
外交	the interaction of one state upon another	국가 간 교류
群學	sociology	사회학
民主主客論	Politeía(The Republic)	국가론
官體	structure	구조
功用	function	기능
天演	evolution	진화
法人	French	프랑스인

薩維宜	Savigny	사비니
化學	Chemistry	화학
民約	the theories of an original contract	사회계약
試驗	experiment	실험
輕	hydrogen	수소
養	oxygen	산소
性情	moral	도덕
拔可爾	Buckle	버클
郝伯思	Hobbes	홉스
洛克	Locke	로크
孟德斯鳩	Montesquieu	몽테스키외

제2회

封建	feudalism	봉건
亞刺伯	Arab	아랍
蘇格蘭	Scotland	스코틀랜드
文明之國家	civilised state	문명국가
蠻夷社會	barbarous community	야만사회
雅里斯多德	Aristotle	아리스토텔레스
波立狄斯	Politics	정치학
市府	city	도시
獨治	Monarchy	군주제
賢政	Aristocracy	귀족제
衆治	Polity	민주제
公司	company	회사
利益	interest	이익
波蘭	Poland	폴란드
維也納條約	Wiener Treaty	빈 조약
日耳曼	German	독일
沙遜尼	Saxony	작센
來因	Rhine	라인
奧國	Austria	오스트리아

意大利	Italy	이탈리아
政府	government	정부
語言	language	언어
公道	justice	정의
從星	satellite	위성
彗孛	comet	혜성
有機體 / 有機之體	organism	유기체
有機	organism	유기
器	tool	도구
機關	machine	기계
蒙訥阿基	Monarchy	군주제
亞理斯托括拉寺	Aristocracy	귀족제
波里地	Polity	민주제
專制 / 泰拉尼	tyranny	전제
霸政 / 狄思樸的	despotic	독재
貴族 / 鄂裏加基	oligarchy	과두제
庶政 / 德謨括拉寺	democracy	민주
法國革命	French Revolution	프랑스혁명
市府國家	City State	도시국가
邦域國家	Country State	국가
馬基頓	Macedonia	마케도니아
波斯	Persia	페르시아
巴爾幹	Balkan	발칸
亞烈山達	Alexander	알렉산더
雅典	Athens	아테네
國會 / 額克勒㑨	Ecclesia	민회
柏來斯敦	Blackstone	블랙스톤
英倫	England	영국
普魯士	Prussia	프러시아
比利時	Belgium	벨기에
荷蘭	Netherlands	네덜란드
西班牙	Spain	스페인
波陀牙	Portugal	포르투갈
法國	France	프랑스

美國	America	미국
沁涅特	Senate	원로원
伯理璽	President	대통령
立憲	Constitutional	입헌
共和之制	Republic	공화제
康密沙, 國會	Comitia	인민집회
康蘇勒, 國尹	Consul	집정관
神權國家, 帝巫括拉寺	Theocracy	신정국가
猶太	Jew	유대
阿瑪	Omar	오마르
阿利	Ali	알리
大巫	High Priest	대제사장

제3회

有脊之類	vertebrate	척추동물
文明	civilization	문명
家族, 宗法	family	가족
拿破侖法典	Code Napoleon	나폴레옹 법전
郝伯思	Hobbes	홉스
自由	liberty	자유
希臘	Greece	그리스
凱克祿	Cicero	키케로
羅沐祿	Romulus	로물루스
宗敎	religion	종교
日耳曼	German	독일
后安	Queen Anne	앤 여왕
土耳其	Turkey	터키
亞剌伯	Arba	아랍
埃及	Egypt	이집트
基督	Christ	그리스도
穆護	Mohammed(Mahomet)	마호메트
希百來	Hebrew	헤브라이

麥西	Moses	모세
亞伯拉罕	Abraham	아브라함
亞洲	Asia	아시아
哥蘭	Koran	코란
宗法國家	Tribe	종족
盎格魯	Anglo	앵글로
英吉利	Englishmen	영국인
功利派	utilitarianism	공리주의
程道	degree of development	발전의 정도
性情	kind	성질
利益	interest	이익
壓力	violence	폭력
和約	treaty	조약
賠款	indemnity	배상
諾曼人	Norman	노르만인
自然國家	natural state	자연적 국가
公益	common good	공익

제4회

羅經	compass	나침판
憲法中之自由	constitutional freedom	헌법상의 자유
齊民	Plebians	제민
貴族	Patricians	귀족
立憲	constitutionalism	입헌
君權	royal power	황제권
希百來	Hebrew	헤브라이 사람
摩西	Moses	모세
汝馬	Numa	누마
沃古斯丁	Augustine	어거스틴
法蘭西	France	프랑스
聖路易	St. Louis	성 루이
政黨	party	정당

施爵爾	Stuart	스튜어트
福祿特爾	Voltaire	볼테르
加達支	Carthage	카르타고
雅理斯多德	Aristotle	아리스토텔레스
馬基頓	Macedonia	마케도니아
王國	Monarchy	군주제
專制帝國	Empire	제국
美洲	America	아메리카 대륙
瑞士	Switzerland	스위스
德語	German	독일어
奧國	Austria	오스트리아
麥加拉	Megara	메가라
哥林特	Corinth	코린트
威依	Veli	벨리
辣丁	Latin	라틴
佛羅連	Florence	피렌체
威匿思	Venice	베네치아
軟薄	Nürnberg	뉘른베르크
法蘭佛	Frankfurt	프랑크푸르트
鄂謨	Homer	호메로스
杜雷國	Troy	트로이
德意志	Deutsch	독일인
同種國民	Nation	국민, 민족
察理第五	Charles V / Karl V	카를 5세
中央政府	Central Government	중앙정부
地方自治之制	Local Government	지방정부
聯邦	Federal States	연방
合衆	Federation	합중국
種民國家	Nation State	민족국가
市墟	Forum	광장
義大里	Italy	이탈리아
匈奴	Huns	훈노
斯拉夫	Slav	슬라브
丹麥	Denmark	덴마크

阿爾伏烈	Alfred	알프레드
顯理	Henry / Heinrich	하인리히
鄂圖	Otto	오토
馬支爾	Magyar	마자르
沙格遜	Saxon	작센
倫敦	London	런던
薩圖拉白	Satrap	태수
一統	Unitary	통일
華盛頓	Washington	워싱턴
邦聯	System of confederate states	국가연합

제5회

管理 / 治理	government	통치
社會之公益	public good	공공선
墨西哥	Mexico	멕시코
羅蘭夫人	Madame Roland	롤랑부인
歌力芝	Colerige	코울리지
臘斯金	Ruskin	러스킨
吸力	gravitation	인력
協黎	Shelley	셸리
賀勒休	Horatius	호라티우스
黎恩尼達	Leonidas	레오니다스
自由幹城	champion of liberty	자유의 전사
布魯達	Brutus	브루투스
韓布登	Hampden	햄던
獨立	independence	독립
愛國	patriotism	애국
愛國人	patriot	애국자
地方自由權	Local Liberty	지방의 자유
拿破侖	Napoleon	나폴레옹
穆勒	Mill	밀
群己權界論	On Liberty	자유론

政界自由	political liberty	정치적 자유
箇人	individual	개인
莫斯科	Moscow	모스크바
父母政府	paternal government	가부장제 통치
老高洛	Novgorod	노브고로드
突厥之帝國	Turkish Empire	터키제국
南美洲	South America	남미
殖民之國	colony	식민지
巴拉奎	Paraguay	파라과이
議院	parliament	의원, 의회
察理第一	Charles I	찰스 1세
民權政府	parliamentary government	의회정부
君權政府	absolute government	절대정부
托克斐	Tocqueville	토크빌
仁政	Good Government	선한 정부
虐政	misgovernment	실정
放肆	license	방종
質	quality	질
量	quantity	양

제6회 ···

國論	public opinion	여론
生事律	sumptuary law	사치금지법
貿易自由	free trade	자유무역
獨立自主	independence	독립
無政府	anarchy	무정부
自然有機體之國家	organic state	유기체 국가
北美	the United States	미국
路易十四	Louis XIV	루이 14세
伏烈大帝	Frederick the Great	프리드리히 대제
條頓	Teuton	튜턴
路得	Luther	루터

新教	Protestant	프로테스탄트
察理第十二	Charles XII/Karl XII	카를 12세
大彼得	Peter the Great	표트르 대제
巴陀利	Batory	바토리
額理查白	Elizabeth	엘리자베스
十字軍	the Crusades	십자군
宓克	Michie	미키
民群	society	사회
實業	industry	산업
通商	foreign trade	통상
母財	capital	자본
信用	credit	신용
美術	arts	예술
科學	science	과학
文教	education and literature	교육과 학문
兵政府	War State	군사국가
刑政府	Law State	법률국가
商政府	Trade State	상업국가
警察政府	Police State	경찰국가
教化政府	Culture State	문화국가
行誼	morality	도덕성
因任自然無擾無爲之義	Laissez-Faire	자유방임주의
亞丹斯密	Adam Smith	아담 스미스
衛生檢疫	sanitation	위생
立法政府	Legislation State	입법국가

제7회 ···

耶穌會	Jesuitism	예수회
雅里	Aristoteles	아리스토텔레스
自治	self-government	자치
公益	general good	일반선
分子	a member	구성원

從衆之例	the principle of giving authority to the majority over the minority	
		다수결의 원칙
代表之制	representative system	대표제
雅里斯托芬	Aristophanes	아리스토파네스
阿加黏一	Acharnians	아카르나이 사람들
小己	individual	개인
晏博	M. About	아부
總統	Consul	집정관
沃古斯達	Augustus	아우구스투스
來因	The Rhine	라인
多腦	The Donau	도나우

제8회

圖德	Tudor	튜더
沃郎支	Prince of Orange	오렌지공
沙皇	Tsar	차르
布哇爾	Boyars	보야르
革命	revolution	혁명
國民無上之義	the doctrine of the sovereignty of the people	
		인민주권
安那	Anna	안나
尼古拉第二	Nicholas Ⅱ	니콜라이 2세
可侖謨爾	Crommell	크롬웰
路易十四	Louis ⅩⅣ	루이 14세
天命之說	Divine Right	신권론
存乎事實	Objective	객관적
信以爲然	Subjective	주관적
意念	mind	마음
維廉	Willhelm	빌헬름
亞烈山達	Alexander	알렉산더
尼古拉	Nicholas	니콜라이
公益	common good, commonweal	공익

雅各第二	James Ⅱ	제임스 2세
囊橐法權	right of purse	재정권
立法	legislative	입법
行法	executive	행정
輿論	public opinion	여론
俄羅斯	Russia	러시아
佐治第三	George Ⅲ	조지 3세

옌푸 연보

1854   푸젠성 민허우현(閩侯縣) 양치향(陽崎鄕)에서 태어남.
1866   푸저우에 개설된 구시당예국(求時堂藝局, 훗날 선정학당) 입학.
1871   선정학당 졸업후 해상 실습.
1877   영국 유학. 그리니치 해군대학(Royal Naval College) 입학.
1878   그리니치 해국대학을 수료하고, 파리 여행. 그리니치 해군대학에 재입학.
1879   선정학당에서 교편을 잡음.
1880   톈진의 북양수사학당 교무처장.
1890   북양수사학당 교장
1895   『직보(直報)』에 시사 논설을 발표하면서 언론가로서 활동을 시작함.
1896   베이징동문관의 러시아어관 총판.
1897   톈진에서 샤쩡유(夏曾佑)와 함께 『국문보』 창간.
1898   『천연론』 간행.
1900   상하이에서 명학회를 조직하여 논리학 강연.
1902   경사대학당 편역국 총판. 『원부』 제1부 간행.
1903   『군기권계론』, 『군학이언』 간행.
1904   『사회통전』, 『법의』 제1부 간행.
1905   푸단공학의 설립에 참여. 개평광무국 소송문제로 영국으로 감. 상하이 YMCA
       강연. 『밀의 논리학』 간행.
1906   푸단공학 교장, 유학생시험 심사관, 안징고등학당 교장. 『정치학이란 무엇인가』
       간행.
1908   마가복음 번역 출판. 신정 고문관.
1909   헌정 편사관 이등자의관, 『명학천설』, 『법의』 간행.
1910   문과진사, 주퍄해군사무처 고문관, 자정원 의원, 해군부 일등참모관.
1912   경사대학당(베이징대학) 교장, 문과학장 겸임.
1913   공교회에 발기인으로 참여.
1914   약법회의 의원, 해군편사처 총감독.
1915   중화민국 헌법기초위원회 위원, 주안회 발기인.
1916   『장자』 주석.
1921   서거.

政治講義

政治講義自敍[1]

嚴先生曰, 余治天學, 至於有明之世, 波蘭人歌白尼, 盡破地靜天動舊說, 證地爲日局行星之一, 歲歲繞日, 與諸緯彗孛同以定時循軌. 卽日亦非常靜不徙者, 群從圍繞, 太陽居中, 以空遊懸行, 趨於禦女. 蓋一出入息間, 不知其幾千萬里也. 喟然歎曰, 偉哉科學. 五洲政治之變, 基於此矣.

蓋自古人群之爲制, 其始莫不法於自然. 故易曰, 天尊地卑, 乾坤定矣. 有其至高者在上以爲吾覆, 有其至卑者居下以爲吾踐. 此貴賤之所由分, 而天澤之所以位也. 乃自歌白尼之說確然不誣, 民知向所對舉而嚴分者, 其於物爲無所屬也. 蒼蒼然高者, 絶遠而已, 積虛而已, 無所謂上下也. 無所謂上下, 故向之名天者亡. 名天者亡, 故隨地皆可以爲極高, 高下存乎人心, 而彼自然斷斷乎無此別也. 此貴賤之所以不分, 而天澤之所以無取也.

三百數十年之間, 歐之事變, 平等自由[2]之說, 所以日張而不可遏者, 溯其發端, 非由此乎. 且天演者, 時進之義也. 古之人發此者二三千年, 中西載籍, 莫不有考, 然而最後百年, 其學乃大盛, 得此以與向之平等自由者合, 故五洲人事, 一切皆主於謀新, 而率舊之思少矣.

----

1 남양학회본(이하 남양본)에는 이 서문이 없다.
2 상무인서관본(이하 상무본)과 금마서당본(이하 금마본) '自繇', 남양본 '自由'. 상무본과 금마본에서는 제3회에만 '自由'로 표기되어 있고 그밖에는 모두 '自繇'로 되어 있다. 남양본은 모두 '自由'로 표기되어 있다. 이하 '自由'로 통일한다.

嗚乎.世變之成,雖曰天運,豈非學術也哉.雖然,尚有說焉.夫背苦而向樂者,人情之大常也,好善而惡惡者,人性所同具也.顧境之至也,苦樂未嘗不並居,功之呈也,善惡未嘗不同域,方其言樂,而苦已隨之,方其爲善,而惡已形焉.夫人類之力求進步固也,而顚隮督亂,乃卽在此爲進之時.其進彌驟,其塗彌險,新者未得,舊者已亡,倀倀無歸,或以滅絕.是故明者愼之,其立事也,如不得已,乃先之以導其機,必忍焉以須其熟,智名勇功之意之不敢存,又況富貴利行之汚者乎.夫而後有以與時偕達,有以進其群矣.而課其果效,惡苦則取其至少,善樂則收其至多.噫,此輕迅剽疾者之所以無當於變法,而吾國之所待命者,歸於知進退存亡之聖人也.乙巳十二月二十六日.

第一會

不佞近徇青年會駱君之請,謂國家近日將有立憲盛擧,而海上少年,人懷國家思想,於西國政治,所與中國不同者,甚欲聞其眞際.不揣寡昧,許自今日爲始,分爲八會,將平日所聞於師者,略爲諸公演說.非敢謂能,但此所言,語語必皆有本,經西國名家所討論,不敢逞臆爲詞,偏於一人政見.數會以後,諸公將見此是格物窮理實事求是之學,固無慮意見之偏,宗旨之謬也.

查政治一學,最爲吾國士大夫所習聞.束髮就傳,卽讀大學中庸,大學由格致而至於平天下,中庸本諸天命之性愼獨工夫,而馴致於天下平.言政治之學,孰有逾此者乎.他日讀論孟五經,其中所言,大抵不外德行政治兩事.兩事者,固儒者專門之業也.然則諸公今日,更何必舍其家雞,而更求野鶩乎.

雖然,諸公來意,不佞有以微窺.蓋緣生於二十世紀之中,當天下開門相見之會,親見外洋學術事理,有實比吾國進步爲多者.又數年以來,異說紛起,或稱君臣之倫爲可廢,或謂吾人向稱唯一無二之法制,每爲西人所不由,而其衆亦未嘗去治而就亂,是其所以然之故,必有可言.故欲知西國見行政法之實如何,以與舊聞者比較,使論議有所折中.諸公之意,非如是乎.

此意甚佳,但有不可一蹴而至者.蓋政治一宗,在西國已成科學,科學之事,欲求高遠,必自卑邇.故當開講之始,不妨先告諸公.欲得眞知,先須耐性.且講科學,與吾國尋常議論不同,中有難處,一是求名義了晰,截然不紊之難,二是思理層折,非所習慣之難.故或言者視爲無疑,而聞者猶或待辨,有時語意已極明白,而猶以爲深遠難明, 或自謂已悟,而去實甚遠.今不佞惟有極力求其顯易,用一名義,必先界釋明白,若有未卽領會之處,每期開會之先,祈諸公卽便坦然質問,不佞當依次作答也.

今夕所論,未及政治本題,乃先言政治與歷史相關之理.此語自表面觀之,似若無甚奧義.雖然,俟聞吾言,始知其中大有新理也.蓋二學本互相表裏,西人言讀史不歸政治,是謂無果,言治不求之歷史,是謂無根.諸公無謂此是陳言,須知十八世紀以前,已有言治不由歷史者,希臘時如柏拉圖,最後如盧梭.此二人皆諸公所習知,其言治皆本心學,或由自然公理,推引而成.是故本歷史言治,乃十九世紀反正之術,始於孟德斯鳩,至於今幾無人不如此矣.

我們中國論史,多尙文章故實,此實犯玩物喪志之弊.雖然,外國亦有然者.故當前說出時,或謂以歷史爲科學材料者,文章之美,必不及前,而紀述無文,即難行遠云云.然此皆明於一方之論,不知[1]史之可貴,在以前事爲後事之師.是故讀史有術,在求因果,在能即異見同,抽出公例.此不獨讀史宜爾,即仰觀俯察,人欲求智,莫不當然.尙憶東坡有言,後生讀史,當作數次,每次作一意求之.如求治亂盛衰之故,則專意在此,而置其餘,他日再讀.或爲地理,或爲官制,或爲詞章,亦循此法.如此學成,自然八面可以應敵.其言甚當.此雖古法,至今尙可用也.[2]

蓋天生人,與以靈性,本無與生俱來預具之知能.欲有所知,其最初必由內籀.內籀,言其淺近,雖三尺童子能之.今日持火而燙,明日持火又燙,不出三次,而火能燙之公例立矣.但內籀必資事實,而事實必由閱歷.一人之閱歷有限,故必聚古人與異地人之閱歷爲之.如此則必由紀載,紀載則歷史也.

是故歷史者,不獨政治人事有之,但爲內籀學術,莫不有史.吾國或謂之考.如錢幣考,錢幣之歷史也.三通之屬,至於一切之掌故,蓋皆爲史,不僅編年紀事而後可得此稱.西人於動植諸學,但凡疏[3]其情況,而不及會通公例,與言其所以然之故者,亦稱歷史,如自然歷史是已.

• • • • • • • • • • • • • •

1 남양본 "而紀述無文~不知." 22자가 없다.
2 남양본 "尙憶東坡有言~至今尙可用也." 84글자가 없다.
3 남양본 '跡其情狀'.

212

東西舊史,於耳目所聞見,幾於靡所不書,如李費羅馬史所紀牛言雨血諸事,與春秋之紀災異正同,而史漢書志,劉知幾史通,論之詳矣.而近代之史,置此等事不詳者,亦非盡由人類開化之故,乃因專門之學漸多.如日食星隕,則疇人職之.大雨風雹,則有氣候學家.甚至切於人事之刑政,亦以另有紀載,得以從略.如錢幣則計學,瘟疫則醫學,罪辟則刑法之學,皆可不必如古之特詳.大抵史亦有普通專門二部,專門之史,日以增多,而國史所及,乃僅普通者.

或曰前代之史,所以爲後人寶貴者,不因事實,亦由文辭.顧古史之最以文辭稱者,亦由閎識孤懷,見微知著,其理關於哲學.若第論文辭,則史且不及詩賦.又以其事之重紀實,故其娛人,不及小說家言.雖然,科學日出,史之所載日減於古矣.而減之又減,終有其不可減者存,則凡治亂興衰之由,而爲道國者所取鑒者.是故所謂國史,亦終成一專門科學之歷史.是專門科學何.即政治之學也.[4]

有科學即有歷史,亦有歷史即有科學,此西國政治所以成專科.問中國古有此乎.曰有之.如老子,如史遷,其最著者.而論孟學庸,亦聖人見其會通,立爲公例,無疑義也.顧中國古書之短,在德行政治雜而不分.而西國至十九世紀,政治一門已由各種群學分出,故其理易明,其學易治.

世之有政治,乃五洲不謀而合之一事.其不謀而合者,以民生有群故.群之所始,社會通詮所言,已成不易之說.最始是圖騰社會,如台灣生番之社,西南夷之峒.其次乃入宗法社會,此是教化一大進步.此種社會,五洲之中,尚多有之.而文化之進,如俄國如中國,皆未悉去宗法形式者也.最後乃有軍國社會.不佞今所講者,大抵皆此等社會之政制矣.

宇宙有至大公例,曰萬化皆漸而無頓.是以三社會之變化,方其始異,若不可分,當始成國,若無異於家族者然.雖爲家族之時,其人所屬,常有更大於家族者.譬如遇人,叩其籍貫,其人必有姓有名,有郡望地邑,最後有國,而所以別異其人

4 남양본 "二者相關, 於此不益見乎."가 추가되어 있다.

者始全.名,其身之名也.姓,其族之姓也.郡望,其所居之地,抑所由出之地之名.而所最有關繫重要者,莫如其國.國者,多數衆民所合,而成一特別團體之名也.

是故當知國之爲義,與所居地土之義大有懸殊.吾國之人,所以於政治之學,國家之義,自西人觀之,皆若不甚分曉者,止緣大一統之故.吾所居者,只有天下,並無國家.而所謂天下者,十八省至正大中,雖有旁國,皆在要荒諸服之列,以其無由立別,故無國家可言.如今云愛國二字,今義與古義絶殊.卽言國家思想,亦非箇中人,眞不知爲何等思想矣.今假吾對衆言曰,吾是中國人.諸公試察吾作此言時,意主何義.將謂吾所言者,意主所生長之種族乎.非也.顧此語雖不得以爲全是,要爲近之.何以云近耶.蓋不佞與四百兆人,粗而云之,固同是炎黄貴種,當其太始,同出一源.設此語宜於倫敦巴黎之間,其意尤爲顯著.吾與彼人,語言不通,形貌有異,宗教不一,所謂黄白二種之分是也.所不得以爲全是者,蓋種族與國,絶然兩事.世盡有種族雖同,不必同國.如今日之台灣人,南洋各島之洋籍,甚至日本法美之中,常有與吾同種族,而不可以爲同國者.又有同國矣,而不同種族,則如往者之朝鮮[5]琉球,今日之滿蒙人,皆與之異種,而又爲一國之民者也.

夫人類之爲分,衆矣.治民種之學者,其分法本之外形爲多.如卜魯門拔以色,烈支孺斯以顱,而今有人,又分之以髪,如云將西人之髪横斷,其割面爲橢圓.黑色人之髪,其割面如腰子小豆.中國人之髪,其割面成正圓形是已.而最靠得住者,莫如言語.彼謂印度與歐人,所以同爲伊蘭種人者,以其言語,推至古音,大概相合.如耕田,如磨麥諸語,如父母君民上帝等稱,其原皆出自梵語,所以知之.

顧不佞之意,則不甚謂然.蓋若必用言語,則支那之語,求諸古音,其與西語同者,正復不少.如西云mola,mill,吾則云磨.西云ear,arare,吾則云犁.西云father,mother,pa,ma.吾云父母爸媽.西云Khan,König,吾云君.西云Zeus,Dieu,吾云帝.西云terre,吾云地.甚至西云judge,jus,吾云則.云准.西云rex,rica,吾云

5 남양본 "朝鮮"이 없다.

理,云律.諸如此類,觸處而遇.果使語言可憑,安見東黃西白不出同源.且其分也,在敎化甚高之會乎.雖然,種族之異,非邦國之分.邦國之分,別有關繫,不在語言形色.故美英不爲同國,而海峽中諸島之民,其土語往往爲英人所不省者,可以證之.

何以言邦國之分,於人民有最大關繫耶.一因其事爲人類所同有之區分,二緣自有此分,而生出無窮之效果.吾謂人類所同有者,亦以大經言之,蓋社會必入軍國程度,而後乃眞有此分.其始只分種族峏社宗敎,但隨地之民,皆覺此身於一家而外,另有一團體,甄錄治保其身.此種團體,程度高下迥殊,是爲邦國,或稱國家,西文所謂state是已.

邦國之爲團體也,吾人一屬其中,終身不二,生死靡他,乃至緊要時會,此種團體其責求於我者,可以無窮,身命且爲所有,何況財産.但其責求旣已隆重如此,故必有至精至嚴至善之法制,行乎其中,此則講治理者[6]之所有事也.欲識此等團體爲何物,必察其物之所由生,與其團體之逐層進步.進步之際,形式不同,變象不一,此其自內因言之者也.至於外緣,則二團體相遇,其對待相加之形勢,不相得而爲戰爲剋滅,相得爲聯合,爲交通.此皆有絶大果效者也.[7]內因外緣而外,尙當察其中分子爲何如.蓋人以所居邦國之異,其形體精神,理想行誼,皆從以懸殊,凡此之謂敎化.是故充而論之,人類萬殊,由於所居團體之各異,而此團體,卽政治家所指之國家.

雙稱國家,單擧曰國.國之爲言,與土地殊,與種族殊,又與國民國群等名,皆不可混.諸公應知科學入手,第一層工夫便是正名.凡此等處,皆當謹別牢記,方有進境可圖,並非煩贅.所恨中國文字,經詞章家遺用敗壞,多含混閃爍之詞,此乃學問發達之大沮力.諸公久後將自知之.今者不佞與諸公談說科學,而用本

· · · · · · · · · · · ·

6 남양본 "講政治者".
7 남양본 "此皆~者也."가 없다.

國文言,正似制鍾表人,而用中國舊之刀鋸鎚鑿,制者之苦,惟箇中人方能了然.然只能對付用之,一面修整改良,一面敬謹使用,無他術也.諸公務察此意.

政治問題曰國家.凡是國家,必有治權.而治權以政府爲之器,故天下無無政府之國家.政治之論治權政府,猶計學之言財富,名學之談思理,代數之言數,形學之言線面方圓.而其論國家也,分內因外緣爲二大幹.內因言其內成之形質結構演進變化及一切政府所以用事之機關,外緣言其外交,與所受外交之影響.

學有問題,乃其正鵠目的.[8]但達此目的,得此正鵠,又將由何種之塗術而後能.諸公知學問之事,往往因所由塗術不同,其得果因而大異.此於講求群學之事,所繫尤深,蓋其關於人事最爲密切矣.而其物爲人人口頭共有之談,因其習慣,自詭已明,而其實不爾.若謂他物吾或不知,至於國家政府,吾何不知之與有.吾今所欲聞者,政治以何術爲最善,政府以何形式爲最高耳.以此之故,其入手之始,往往不求知物,不問此係何物,而先問物宜如何.其言政也,則先欲知何者應利,何者應害.其言政府也,則先叩何式爲合,何式爲離.夫假以是爲術,則所求之第一事,將在何者爲最文明之國家,最爲利益生人之治制.此吾國言治之書,自古迄今,莫不如此.且不獨吾國然,歐洲十九世紀以前言治之書,亦莫不爾.柏拉圖民主主客論,其職志也.

是故取古人談治之書,以科學正法眼藏觀之,大抵可稱爲術,不足稱學.諸公應知學術二者之異.學者,卽物而窮理,卽前所謂知物者也.術者,設事而知方,卽前所謂問宜如何也.然不知術之不良,皆由學之不明之故,而學之既明之後,將術之良者自呈.此一切科學所以大裨人事也,今吾所講者,乃政治之學,非爲政之術,故其塗徑,與古人言治不可混同.

吾將視各種國家,凡古今所發現者,如動植學家之視蟲魚草木然.彼之於所學也,初不設成心於其間,但實事求是,考其變相因果相生而謹記之.初不問何

8 남양본 "所謂問題者, 乃此學之正鵠目的也."

等草木爲良草木,何等蟲魚爲良蟲魚.無所謂利害,無所謂功過,而所求明者,止於四事.(一)所察日多,視其不同,區以別之,爲之分類,一也.(二)一物之中,析其官體之繁,而各知其功用,二也.(三)觀其演進之階級,而察其反常,知疾痛病敗之情狀,三也.(四)見其後果之不同,察其會通,而抽爲生理之大例,四也.

故吾黨之治此學,乃用西學最新最善之塗術.何則.其塗術乃天演之塗術也.吾將取古今歷史所有之邦國,爲之類別而區分.吾將察其政府之機關,而各著其功用.吾將觀其演進之階級,而考其治亂盛衰之所由.最後吾乃觀其會通,而籀爲政治之公例.諸公視此,吾黨豈有絲毫之成心,惟祛其成心,故國家之眞理可以見.

諸公將曰,異哉所聞.夫動植之學,所可用若前之塗術者,以其物天之所成,而非人之所設也.國家政府之爲物不然,故其治之也,必問其良否,必分其功過.但如草木,區以別之,未見其術之有當也.則不知邦國政府雖屬人功,而自其大分言之,實遊於天演之中而不覺.大抵五洲民人所共有者,其事皆根於天性.天性,天之所設,非人之所爲也.故近世最大政治家有言(法人薩維宜)[9],國家非制造物,乃生成滋長之物.夫旣屬生成滋長之物,則天演塗術不能外矣.

更有進者,夫世之勤勤於一學,孰不有意於人事之改良乎.顧求至美之物,而卒至於無所得,或所得者妄,而生心害政者,其故無他,坐用心躁耳.故言天學,而淪於星命,言化學而迷於黃白,言政治而乃主民約,皆此類也.

苟必始於知物,則所由內籀之術明矣.內籀必先考求事實,考求事實則一切如群學肆言之所戒.皆必除之而後可.此雖繁難,不可以已也.且政治之考求事實,有較他科不同者.他科可用試驗,如治化學,欲知輕養之合而爲水,取而試之足矣.乃至動植,亦有可試者.顧國家者,天地之大物也.而禍福所及者重以衆,故試驗不行,而惟資於觀察.且觀察矣,又不若天象地文之事也.蓋國家有性情之

9 남양본에는 "(法人薩維宜)"가 없다.

物也.其行事發現,雖關團體,而常假手於一二人,又常出以祕密,而故爲混淆以貿視聽者有之,又以紀載者之不能無成心,而或出於輕忽.此史事所以如時下報章,最爲難信.欲爲考輯,必待能者,而能者則今日所稱之良史也.

古之史家,其亦略知吾說者耶.人或笑左氏爲相斫之書,或謂中國之史,不過數帝王之家譜,此其說似矣.然使知歷史專爲政治之學而有作,將見前人之所詳略,故爲適宜.且中國旣爲專制矣,則一家之所爲,自繫一民之休戚,古人之所爲,殊未可以輕訾也.英國有拔可爾者,嘗著文明史一書,一時風行,幾謂舊史所載,皆無關宏旨之文,而所重者,專在天時地利水土寒熱之間.不知此固重要,而[10]史家專業,在紀人事,而於一切有關政治者,尤所重焉.夫天地之實紀者,自有專家.且十常侍之亂漢,與鄭康成之詁經,二者於社會所關皆巨,而史家終略於此而詳於彼者,何則.以彼之關於政治尤深切而著明耳.[11]

此後吾黨之言政治,大抵不出內籀之術.而同時所爲,有二種功夫,一是區別定名之事,一是考訂沙汰之事.蓋不爲其前,將雖有事實,而無綱紀,不爲其後,將所據已誤,而立例自非.今吾八會所爲,重在會通提挈,而考訂沙汰之事,又不得不藉手於他人所爲者.吾聞西師有言,一二百年以前,歐洲幾無信史可用.史之可信,大概不過百年.是故當時政治大家,如郝伯思如洛克如孟德斯鳩等,皆以蓋世哲家,所成就不過如彼.而此學演進,全俟後人.夫後人之所爲,非果勝於前人也.穆王得八駿,有王良造父爲之先後,而後日行千里.近世走卒病夫,安坐三等汽車,其所行倍之,亦其所權借優耳,後人非能果勝前人也.[12]

. . . .

10 남양본은 "而" 대신에 "但自吾党觀之".
11 남양본 "夫天地之實紀者~尤深切而著名耳." 대신에 "讀古人之史, 與讀今史稍有不同. 今史
    特重事實, 而古人之史與學古人之史, 往往兼重文詞, 蘇軾謂讀史須作數求之, 其法大可用."
12 남양본 "夫後人之所爲~後人非能果勝前人也." 대신에 "夫使西國而然, 則東方人欲治此學,
    又當何如. 西國之民, 所以常伸於物競者, 以一群之內, 常有知兵將衆之人, 又常有立法佈治之
    人, 故常有以保其自由, 而著其愛國之實. 使黃種而欲爭存, 吾輩當知所用力矣."

第二會

前會因爲時太促,於吾人考求政治塗術,所與古人異者,尙未切實發揮.其講義曾經刊列報端,諸公取而觀之,足以補助遺忘.案前會所言,其緊要處,不外數條.一是政治與歷史關係密切,所有公例,必從閱歷而來,方無流弊.二是國家是天演之物,程度高低,皆有自然原理.三是國家旣爲天演之物,則講求政治,其術可與動植諸學,所用者同.一切因其自然,而生公理[1],非先設成心,察其離合.凡此皆前會要旨.諸公於此三者,果克了然,前夕與會,可謂不虛.

政治學之於國家,猶計學之於財貨,故當先求知物.國家爲物,所足異者,人類不謀而合.譬如我們古有封建有五等,歐洲亦有封建五等.吾古有車戰,西人亦然.平常人每見各國之異而怪之.實則異不足怪,可怪者轉是在同.於其所同,能得其故,便是哲學能事.今國家爲物,旣爲人類所同有.(其無有者,大抵地球貧瘠之區.如亞剌伯之遊牧,蘇格蘭之山部.)諸公能言其所以同有之理歟.

然則我輩今講政治,不當如古人之法,但就本己所屬之國家言之,亦不宜但取一切文明之國家言之,而置蠻夷社會於不論.夫論政治,但取己屬之國家,此法不獨中國古人用之,卽西國古人言治,最早如柏拉圖雅里斯多德,無不皆然.如政治學西名波立狄斯Politics,此名卽雅里氏所立者.其中所論,皆當時希臘所現行市府體制.其所分之獨治Monarchy,賢政Aristocracy,衆治Polity,亦皆就市府之所有者言.十八世紀以前,西人言政,無出其範圍者.時至今日,政法不同,

. . . .

1 남양본 "公例".

決非雅里氏之說所能盡.是故僅就本國,及但取文明國而論者,其內籀之所資已狹,立例恐亦不精,而天演階級,亦恐難見,不如通而論之之為愈也.

總之,吾人考求此學,所用者是天演術,是歷史術,是比較術,是內籀術.故古今社會,但成團體,便是吾人所不棄者.非若前人所為,但舉最上法式而言,而置每下愈況者於不顧也.是如動植學家,凡是草木飛走,皆當徵驗.至於分別之餘,且將見程度高者居其少數,而程度低者常居其多數也.

然而區分類別,其界畫又不可不嚴.蓋既稱國家,則必有國家之實.而所謂國家之實,必細論詳審,而後得之.夫謂同國之民,無異同種,而國家即可作種族觀者,此其說誤也.試入英法之境,其中非種之民,不可數計.而英法國家,可於其身責取無窮之義務.然則國非種族明甚.但將謂今之國家,無分種族,直無異商業之公司,以保護利益而後合.且其為合,純由法典,無天屬之可言,此其說亦非.蓋今之國家,一切本由種族,演為今形,出於自然,非人制造.然則國家非非種族又以明矣.惟其非種族,非非種族,故雖今世文明大進之國,言其形質,實與古時草昧者同科.何則.當日草昧種人,亦是大眾聚居,生死相守之團體.其為戰也以眾,其為治也以眾,且其中亦不盡同一血統之民,以有奴虜降人,有占籍,其非種族,非非種族,亦與今日之諸國同也.

前會講義所發明者,有最要之公例,曰國家生於自然,非制造之物.此例入理愈深,將見之愈切.雖然,一國之立,其中不能無天事人功二者相雜.方其淺演,天事為多,故其民種不雜.及其深演,人功為重,故種類雖雜,而義務愈明.第重人功法典矣,而天事又未嘗不行於其中.即今兩國之人,常以種異,輒生齮齕.而英美交情,終較他族為篤.當一千八百十五年維也納條約,更定歐洲各國土地之日,日耳曼讓波蘭與俄,而取沙遜尼及來因諸小部以開霸基.奧國棄其北部,而取償於意大利,終以失策.何以故.德之種純,奧之種雜也.凡此見種族之異,深入人心,雖有大同之世,殆未易泯.又雖天事至多之日,如古之行國,蒙古金遼,徒用宗法,亦不逮事,必有人焉,為法典輔之,而後有立,足以爭存於物競之後.

合二者言之,人之合群,無間草昧文明,其中常有一倫,必不可廢.此倫維何.

君臣是已.君臣者,一群之中,有治人,治於人者也.而出治機關,是謂政府.有群斯有君臣矣,而所謂君者不一體.有君臣,斯有政府矣,而所謂政府者不一形.此五洲治制所由樊然異也.我輩自束髮就傅以來,所讀書自三字經至於二十七史,幾無往不聞君臣之義.以其耳熟,遂若無足深言,無可思忖也者.然須知只此二字之中,一方出令,一方聽令,志氣之行,往往起於一人方寸之中,而千百萬億兆之舉動行止視之.凡歷史中一切重大之事,凡人道所以爲苦樂者,悉由於此.故政治學者,生人至大之學.而政治學所治無他,亦惟此政府之千變萬化而已.

今夫人相合爲群,此群群之中,所相同而可論者衆矣,乃今悉置不論,單學政治一門,而爲之公例,曰凡是人群,莫不有治人治於人之倫理.治人者君,治於人者臣.君臣之相維以政府.有政府者,謂之國家.此四條之公例,非從思想而設之也,乃從歷史之所傳聞紀載而得之,乃從比較而見之,乃用內籀之術,卽異見同而立之.

故曰吾所謂政治之學,乃歷史術,乃比較術,乃內籀術也.東西先儒,言政治者,頗不盡由此術.彼之問題,與吾輩不同,係問人旣合群之後,所相維繫,以何者爲最優.故其所取,往往在文明之國,而棄草昧之群.吾人爲此,眼法平等,所求者不過其國家,其形質,天演之程度,與之演進之定法耳.惟吾意不薄草昧而厚文明,故其視國家也,亦與前人異.前人以此事爲文明之所獨有,故其視政法本於人爲,猶之六書文字.吾人視之,則猶語言,非人之能爲言也,乃人之不能無言也.文明之語言勝於草昧遠矣.顧不得謂草昧者爲不能言.草昧亦有君臣,故草昧亦有政府.政府同而所以爲政府者大殊.吾今欲進而論之,意將由吾意中設最美之目的,以後遞驗古今所有各政府,幾人達此目的,幾人未達,而後治亂盛衰有可論乎.顧此法前人多有由之,卽其所謂最美目的,眞不勝其繁也.

試舉論[2]之,則或曰國家所以抑强扶弱,杜奸欺,鋤頑梗者也.或曰所以持人與

· · · · · · · · · · · · · · · ·

2 상무본 '似'. 남양본에 의거하여 수정한다.

人相將之公道,而平其不平者也.或曰所以禦外侮而以存其群者也.或曰所以達一切衆祈之目的者也.或曰所以扶植民德,期於刑措邦治者也.或曰爲最多數之人,求最大幸福者也.而最後一家,知種種目的,往往徒存虛願,則斂其辭,曰爲國家者,但能永其秩序治安,而眞能爲民保性命財產足矣.至於扶植民德,演進文明,此等事任民自爲可也,不必爲大匠斲也.其爲殊異如此.

彼蓋不知有二問題之異.一曰既立國家,宜以何者爲目的也.一曰歷史所前有之國家,嘗以何者爲目的也.夫講政治,而問國家宜以何爲目的,誰曰不宜,誰不知其所關之重要.但當知此第一問題與第二問題,絕然殊異.且自吾黨言之,其第一問題竟是無從作答.蓋國家卽有目的,亦是隨時不同.古之所是,往往今之所非.今日之所祈,將爲來日之所棄.假有以宋明政策,施之漢唐,或教英法,爲當年之希臘羅馬者,此其爲謬,不問可知.故吾嘗謂中國學者,不必遠求哲學於西人,但求齊物養生諸論,熟讀深思,其人已斷無頑固之理,而於時措之宜,思過半矣.

吾黨今日,姑勿問國家之目的爲何,且與觀察事實,而問所已見於歷史者爲何等.果使從吾此說,將數時之後,自不敢發此等空論.不見彼治生理動植諸學者乎,一人一獸一草一木之生,方其治之,未嘗問此人此獸此草此木以何者爲目的也.固知國家爲物,在天事人功雜成之交,不得純以人獸草木爲擬,顧其中有純出自然而非人力所能及者.故其存立,天運司之.天運之行,無目的也.故斯賓塞諸公,以國群爲有生之大機體,生病老死,與一切之有機體平行,爲之比較,至纖至悉,惜非此時所能詳述.諸公須知,欲社會進退,一切聽命於人爲,此境不知何時可到.但今所可言者,必社會中文明人愈衆,此等分數愈多.若我中國今日之衆,其中識字之民,十不得一,則一切全在氣運中流轉,能者當事,僅能迎其機而導之耳.

治他學易,治群學難.政治者,群學之一門也.何以難.以治者一己與於其中,不能無動心故.心動,故見理難眞.他學開手之事,皆以分類爲先.如幾何,則分點線面體平圓橢圓.治天學,則分恒星行星從星彗宇.政治學之於國家,何獨不然,雅里斯多德之爲分也,有獨治賢政民主等名目.此法相沿驀久,然實不可用.分類在無生之物皆易,而在有官之物皆難.西國動植諸學,大半功夫,存於別類.類別而公例自見,此治有機品諸學之秘訣也.由此言之,正不知類別國家爲難爲易,諸公試爲我猜之.

　類別有生之物,所以難者,以其物大同而又有無窮之別異.常語謂形體心性,無兩人正同者,此言確矣.而形體心性,亦無有兩人懸隔者,此言亦確.人類如此,動植亦然.是知同類之中,其品格同異相雜,言異方同,言同方異,如此者莫若生物.無生之物,如金石水土,從無如此者.乃至形上之物,更無如此者.故形上諸物,別識最易,而無生之物次之,有生之物皆難,而機體愈繁者,其類別愈不易.然則欲知國家爲物之類別難易,當先問其爲生物之有機體否.今請先明何者爲有機之體.

　按有機二字,乃東文取譯西文Organism.其字原於希臘,本義爲器,又爲機關.如桔槹乃汲水之器,便事之機關.而耳目手足,乃人身之器之機關,但與前物,生死異耳.近世科學,皆以此字,命有生者.其物有生,又有機關,以司各種生理之功用者,謂之有機體.不佞前譯諸書,遇此等名詞,則翻官品.譬如人爲官品,以其在品物之中,而有目爲視官,有耳爲聽官,手爲司執,足爲司行,胃爲消化之官,肺爲清血之官,皮膚爲出液之官,齒牙爲咀嚼之官,百骸五藏六腑,無一不有其形矣.有形卽有其用,此兩間品物中,機官之最爲茂密完具者也.

　官品云者,猶云有官之品物也.有機體云者,猶云有機關之物體也.禽獸之爲官品,與人正同,特程度差耳.故曰,人之異於禽獸者幾希.降至昆蟲草木,亦皆官品.如一草,其中必有根荄,爲收吸土膏之官.必有皮甲,爲上布水液之官.葉司收炭吐養,花司交合結子,是官品也,是有機之體也.官品有機體二名,原皆可用,然自不佞言,官品二字,似較有機體爲優.蓋各種木鐵機器,可稱有機之體,而斷不可稱官品.然則官品二字,誠Organism之的譯矣.乃回視非官品物,則又如何.譬如一拳頑石,隨指二部,羌無異同.卽有異形,必無異用.去其一部,亦未見其非完體,不若官品,毀一支部,其生卽傷,甚且因之得死.此二者之異,大可見也.

今試言國家,則其爲官品之列,不必待深辨而可知.蓋國家爲物,非聚一群人民,如散沙聚米,便足當此名也.將必有分官設職,部勒經緯,使一群之中之支部有相資相待之用,而後成爲國家.肢體不具,不可以爲成人.法制不張,不可以爲完國.所可異者,此理在西國,自天演學興,而後其義大著.而吾國則自唐虞上世以來,若已人人共喻.試讀明良喜起之歌,曰元首,曰股肱.更讀靈樞素問,則人身內部,自黃帝以來,卽名藏府.藏府政界中物也.[3]而吾身所有,乃與同稱.他若喉舌心膂之喻,體國經野之談,蓋吾古人之知,視國家爲有機體,爲官品久矣.

是故天演最深之群,其中部分殊別,而亦各有專司.秩序分明是爲禮,和同合作是爲樂.彼西人有此,不獨國家之大朝廷之尊爲然.下至一鄉一邑之中,一旅一城之內,一銀號一兵船,其中莫不有如是之組織部勒.其制立者,而後其事擧.而其爲如是之事者,其語曰Organization.[4]此意猶云取無機之體而與之以機,卽無官之品而賦之以官,得此而後,其物其衆有生命形氣之可言,內之有以自立,外之有以禦侮.其物之生理,乃由此而發達,有以幹事,有以長存於天演界之中.且有此之後,其團體之立,無異一身.故柏拉圖言,人不當云吾指痛,當云吾身之痛在指,不當云民有饑溺,當云國有饑溺受之以民.諸公得此,可以悟合群之義矣.吾國自無此種鄭重名詞,遇此等事,但云定立章程而已.雖然,部署機關是一事,定立章程又是一事,不可混而同之也.

固知人身國體,二者亦有不盡相似之處.然國家爲官品之大,則可斷言.旣爲官品,則類別之難,將不下於諸生物.諸公驟聞此語,或致驚疑,將謂國土寥寥,何至詭質殊形,難分如此乎.則不知此日大地所有國家,言其大體則多同,審其內容者,皆不類.又況四五千年中,東西歷史之所載者,禹不能名,契不能計,不僅草木禽獸然也.蓋國家猶生物然,往往驟而視之,見其同矣,及乎考其演進,察其機

. . . .

3 남양본에는 이 문장이 없다.
4 남양본 "to organize".

224

關,其相詭眞無窮盡.則當區以別之之頃,不得不於部族之外,遞於州家,且得一國制,竟不知當屬何派者,時時有之.諸公若治此學,當自見也.

旣云分類,則請擧最古分類而言之.希臘諸子言治之書,其最爲後來人所崇拜者,莫如雅里斯多德之治術論.其分治制,統爲三科曰獨治,蒙訥阿基.曰賢政,亞理斯托括拉寺.曰民主,波里地.獨治,治以一君者也.賢政,治以少數者也.民主,治以衆民者也.三者皆當時治制正體,然亦有其敝焉者.獨治之敝曰專制,曰霸政,曰泰拉尼,亦曰狄思樸的.賢政之敝曰貴族,鄂里加基.民主之敝曰庶政,德謨括拉寺.其爲分如此,顧名詞沿用,至今有大異其始者.譬如賢政,乃當時最美之制.而法國革命之日,亞理斯托括,幾成痛心疾首之名詞.而鄂里加基之名,又置不用,實則今歐洲所呼爲亞理斯托括者,乃希臘所訾爲鄂里加基者也.又近世之人,幾謂德謨括拉寺爲最美後成之制.而在當時,則並非嘉號.今之所謂德謨括拉寺者,乃古之所謂波里地也.其美惡易位,有如是者.嘗求其故,自是當日少數貴族主治,以美名自呼,而加主張民權之衆以惡謚,稱用旣久,小民不加深考,循而用之,人意之中,同名異實而美惡乃異位矣.

不佞擧此,乃著西人治制分科之常法,明其所由來,並溯變稱之事實.雖然,此學日精,雅里氏舊有分法,實爲無當.又俗人不知當雅里氏時代,希臘但有市府國家City state,壤地極小,如吾古之州蔈毛冊,但係獨立,並無所奉之共主耳.若今世國家,則可謂邦域國家Country   state,壤地廣遠,人民衆多,不可同日而論也.但雅里氏至今,所猶爲政治家所崇拜者,因其書所立大義,有歷古常新而不可廢者耳.

想雅里氏之分政體爲獨少衆三科,當彼之時,自一切徵諸事實,不同後世空談.如專制獨制,有北之馬基頓,東之波斯.而巴爾幹半島之南,與海中小島,各各獨立國家,政權或操之少數,或散之庶民,是以爲分如彼.假使雅里氏生於今世,吾不知彼於諸國,欲爲類別,又當如何.今假有人問僕,意大利依雅里氏分類,係何種國家,爲獨治乎,少治乎,衆治乎.吾眞不知如何置對.蓋意國政令所出,不止一王,尚有他部,分其法柄.此種治制,雅里氏之時,固未嘗有.未嘗有,故爲所不知.正如周孔之法,所不可盡行於今者,亦以今世之事,多爲其所未經耳,非薄之也.

當時波斯只有一王,至尊無對.馬基頓名王亞烈山達,[5]行令立法之際,雖嘗咨諏臣民,顧無上治權,未聞其國另有何人何部,與之分執.如今西國也,至於雅典,則一切法政,必由國會Ecclesia額克勒賒,亦未有一人或少數之人分其權力.後世與古大異,在取三者,雜而用之.故柏來斯敦謂英制一王二議院,鼎足治國,收三制之長,而無其敝云云.然而時至十九世紀,歐洲各國,幾於無一不然.英倫至今,猶名獨治,而有二議院分權,名已異實.而意大利[6]普魯士比利時荷蘭西班牙波陀牙,[7]皆以參用民權,亦名獨治君主.而法美兩國,雖號民權獨用,然國會而外,尚有沁涅特內閣與伯理璽之獨建於上.甚矣,論國之不可徒以其名也.

凡如此者,謂之立憲.立憲,西文曰Constitutional.顧通稱立憲矣,而君臣民治權輕重,隨國不同.英國上院權最輕,而美之上院則至重,美之伯理璽,其權又比英王爲大.夫美號民權,非俗所謂共和之制者歟.而英非向稱獨治者歟.乃獨治之國王,其實權反不及共和之選主,此豈耳食者所能明瞭耶.然則立憲二字,又不可一概而論明矣.

或曰,近世國家,所號爲文明種族者,大抵皆用獨少眾三權鼎足分治之形式.特時勢與民智程度不同,則三者之中,往往有偏重畸輕之實.此與中國歷代之內外權力,常分輕重正同.故無論何等立憲國家,苟察其實,則君主貴族民人三者,其權孰重,大都可見.然則雅里氏之區分,以大意言之,猶可用也.此其說近是,所惜雅里氏當時本旨,在於名實相符.故必如所云,將其分法,舍市府國家,無所可用,入羅馬之世已然,不必至今日也.蓋羅馬政制,複雜難分,不亞近代之英法.如羅馬國會曰Comitia康密沙,有時權力幾於無上.而Senate沁涅特之執國

5 남양본 "亞歷山大".
6 상무본 '義大利'. 남양본에 의거하여 수정한다.
7 남양본 "葡萄牙".

柄,爲時常多.沁涅特則貴族也.雖然,沁涅特尊矣,又未聞有獨操國柄者,下有康密沙之國會,上有Consul康蘇勒之國尹,皆分其權力者也.

考歐史,凡國權入於一夫之手者,必在非常事變之時.而獨用民權者,亦必在山澤瘠小之國.大抵國家之事,有其事權[8],無論何國,皆屬之一人者[9],有到處皆屬諸會衆者,又常有少數之人爲謀謨之所出.蓋人才難得,貴胄無多.凡此皆由於自然而非人意之有所偏屬矣.雅里氏政權獨少衆三者之分,其可言而有用者止此.然謂得此三塗,遂足盡歷史之一切國.此雖愚人,識其不然.蓋國之相異不一端,非政權攸屬人數少多所能盡其度也.此如前謂市府國家,邦域國家,二制相異,效果極繁,不可忽也.市府國家,希臘有之,其風俗政教,皆至極高程度,所不足者,獨國力耳.邦域國家,則近代皆是.十八世紀言治者,多不知有此區分.至於盧梭,乃以市府爲太平之極制,過猶不及也.

尙有國家形式,非雅里氏三科所得賅者,則如神權國家,治柄出自教皇.夫教皇治柄,至一千八百七十年,始行見奪.其中與尋常政府,殊異甚多,而歷史中與之相類,可歸一門者,亦復不少,若但守三科分法,將此等特別國家,必當置諸獨治之列.如此,則其形式功用,皆不明矣.[10]神權政府,所獨異之性質,在奉鬼神天道,以統治權.此如古時猶太,受羈回國之後,卽用此制.降則隋唐間之回部,繼穆護默而起之阿瑪與亞利,在吾國最顯者,莫若西藏之達賴剌麻.而東漢張角張魯,使其成事,亦此制也.此種政府,其在西國,謂之Theocracy帝巫括拉寺.帝巫括拉寺,執柄常以主祭大巫.蓋大巫得衆之後,未有不奪人政柄而立政府者,此歷史所屢見也.

右之政府,亦最重要之一門,所關於人類頗巨,言治者略之疏矣.此由雅里氏所分三門,無所可屬之故.統觀前說,諸公將曉然國家分類於政治學,乃是緊要

8 남양본 "有其權".
9 남양본 "到處皆屬之一人".
10 남양본 "於吾人之學, 又何神乎."가 추가되어 있다.

問題,又是繁難問題.而雅里氏所舊立之門,即今欲取而用之,必不足以包涵一切.然則吾輩欲講此學,自不得不開襟獨行,另立分類之法.古人之說,不足用也.

第三會

祇緣吾黨以歷史天演塗術,講求政治,故其取社會也,須由其最初,不得以其未進文明而棄之也.此亦猶講動物天演,不得獨取有脊之類,雖蠔蚓蝦蟹,乃至最初之珊蟲海綿,皆難不錄.

然而文明與否,自是社會甚大區別.但既言文明,須考吾國所轉譯文明之字,西文係爲何字,並當詳其本義所從,始知西國所謂文明,究是何等境界.[1] 今問在坐諸公,有知文明在西文爲何字者乎.文明者,西人謂之civilization.更問有知其字之原者乎.案其字乃與city市府或城邑之字,同原於辣丁之civitas,所謂一邑之衆是已.可知西人所謂文明,無異言其群之有法度,已成國家,爲有官團體之衆.其人之動作云爲,必與如是之團體社會相宜,懷刑畏法,有敬重國家,扶翼同類之德心,必如此,而後乃稱爲文明人也.然則初級社會,固不可略,亦不便與文明社會,制成法立者,等量齊觀.然文明非文明,二者之別,尚不止此.

夫初級淺演社會,與日後文明社會,其殊異固不一端.然所可通爲經例者,則初級社會,大抵不離家族形質,而文明社會不然.取今世之英法,與當日希臘羅馬極盛時代,雖種界猶存於人心,而謂其國制度,猶有家族餘意者,固無有也.拿破崙法典曰,生於法土者爲法人.即今日華工之子,生於美者,皆爲美民,權利義務,與土人無異,亦其證也.惟家族餘意,絕不可見,故十七世紀歐洲言治之家,有絕不知國家之由宗法演進者.至於近世,乃能明之.如郝伯思謂國家未立之初,

---

1 남양본 "世界".

只是强欺弱世界,必自擁戴一人爲君,情願將己身所享自由呈繳國家,易爲循令守法,而後有相安之一日云云.果如此言,是未立國家之際,人人自立自由,各不相管,如無所統攝之散沙,而其對於外物,全視本人力量如何,强則食人,弱則人食.此論似之[2],但惜其非事實耳.

然持此說者,不止西儒爲然,卽中國先儒,亦復如此.故柳子厚封建論,有爭而不已,就其能斷曲直者而聽命,智而明者,所伏必衆.告以直而不改,必痛之而後畏,由是君長刑政生焉等語.此與郝伯思洛克所主,眞無二致之談,皆不悟人群先有宗法社會.此通詮中所言之最詳者.當是時,卽有孤弱,全爲宗法保護,言其實際,殆較近世國家所以保其人民者,尤可恃.然則未有君上之先,並非散沙,亦非無所統攝境界,實則秩序井然,家自爲政.特其群日大,非用宗法所可彌綸.至今事異情遷,始則相忘其爲種族,繼後竟棄種族之思,如拿破侖法典所言是已.

顧五大洲所有國家,固不必盡由於宗法,而由於宗法者爲最多.如羅馬,如希臘,如英法等,莫不皆然.洎形式漸變,乃忘其本來面目.卽如羅馬,當凱克祿[3]時代,卽是中國西漢末年,其去宗法日久,已與今日西國相若.故凱自述羅馬開基,乃由羅沐祿容納無數遁亡盜賊,後乃劫奪婦女,各以爲妻,因而生聚成國云云.此其所言,與兒童之見何異,後人乃傳爲確說.雖當時宗法遺跡斑斑可考,而今人能知之,當時人不知之也.羅馬人名,例皆三字,其第二字常以ius煞尾者,卽以著其氏族.可知當日人民,分族而居,後乃彙合爲一.羅馬如此,雅典亦然.試取其歷史觀之,由流溯源,無一不入於宗法.且五洲之中,淺演社會,至今猶有存者.卽我中國,當三代以前,又如本朝,當未入關之日,是否宗法用事,諸君能自見之,無待鄙人深論者矣.總觀前說,吾人因之而得社會天演深淺之粗分.淺者不離宗

2 남양본에는 이 구절이 없다.
3 남양본 "西塞祿".

法,深者已離宗法.此歷史之一公例也.

宗法之關係國家程度如此.宗法而外,其關係國家程度者,莫如宗教.大抵初級國家,其中宗教神權皆極有力.國家程度愈進,宗教之力雖不必衰,然教會國家,神權政權常離爲二.且治制改良之秋,宗教之說亦往往屢變.卽如英國,考其舊史,后安Queen Anne以上,國家教會二者,幾於不可區分.他若法國日耳曼諸邦,所立皇帝,亦是教會神權之事.此直至拿破侖破壞舊制,始成今局.總之,歐洲中葉國家,爲基督爲穆護,實無一不仗宗教而後結立.至於累世之後,文明漸啓,教門之力降衰,而國家亦能自立.故後世論政之家,往往忘其如此,與前忘其宗法相同.如雅里斯多德政論,已不及宗教之變,可以知已.於此等處,我輩必不能附和先賢者,緣宗教於初級國家,實有極密切關係.且徵諸歷史,往往獨用宗教之力,卽能造立國家.直至後來,轉以前此體合過深,反爲演進變化極大之阻力.然則徵諸歷史,吾人又得一緊要公例曰,初級國家,其中神權必大,常與治權[4]混不可分,至於深演,宗教國家,乃相離立.

此於歷史,最可見者,莫如回部.當中國梁陳之世,有人起於亞西沙漠行國之中,獨唱新宗,遂將前此散而分立之衆,結成極大團體.所建者立,所攻者破,至於今,其影響猶跨三洲之間,則土耳其亞刺伯埃及等國是已.夫宗教能力如此,其在初級國家,幾於宗法相埒,此其故亦非難言.蓋團體將結,必有其所以結者,而後其群日親,而國家之制以起.宗法謂之天合,一族之內,血胤相同.而宗教則以人合爲天合,所事同神,卽與餘衆相別.當其言宗法也,不必眞同祖先,但令人心信以爲然,足矣.方其言同奉一教也,所奉者卽非眞神,而於社會,卽有聯合之用.每見鄉人,建廟賽神,視爲要典,乃至身羈海外,猶必謹於素所奉事之神.此不特祈福禳災已也,實則團體由之粗立,與其衆程度有相得者,所謂爲之猶愈於已者也.

4 남양본 "政權".

由此觀之,凡眞正國家,將成未成之先,其中常有二種境界,其一家族,其一教會.但今又有一問題,問家族教會之起,是絕然兩事乎.抑二物常相附而見乎.我輩不談空理,但就自古至今歷史事實言之,則二物率常並見.當穆護默之唱教也,其時並非取泛然之衆以爲合也,乃在種類意見宗法制度極明之時.希百來之麥西,亦倡教合群之人.其時亞伯拉罕宗法,亦已大立,此乃見於舊約者.又在羅馬,亦係宗教宗法二者並行.由此言之,社會之中,此兩現象,不能單見.特二物之間,常有畸重之處,此淺演社會之所同者.特至文明大進之時,國家常無待於二者而自爲法度耳.雖然,諸公須知,即至今日,如法蘭西者,可謂最文明最高級之國家,而朝野所斷斷以爭者,尚在政教分立之事,然則古之時,可想見矣.

此二公例,所賅甚廣,然非甚深難明,依歷史及現實所有言之,眞正國家而外,社會實有此二級.但以其治制不精,國家思想甚薄,講此學者,往往置之,以爲無與政治之數.我輩旣以天演術言治,自不能置初級程度不言.且使置宗法不言,則今日所見於非洲之北,亞洲之西,其中各家族社會,何以處之.若夫神權國家,則土耳其回部,及西藏等猶在.此等社會當極盛時,實且不言種族,而專言信向.如回教之法,但使崇信哥蘭,便爲平等法嗣,禍福同享,生死相依.故自回教觀之,天下只有二種人,回教非回教,但是回教,皆兄弟也.

故類別國家,第一層先分三種,眞正國家一也,宗法國家二也,神權國家三也.其西字爲1.State,2.Tribe,3.Theocracy.宗法之國家,其合也以同種族故,同祖宗故.神權之國家,其合也以同信奉故,同宗教故.至於眞正國家,其合也以同利益故,同保護故.是三者,其爲合不同,而一合之後,其爲合皆至堅.假使所身屬之團體有所急難危險,人人自擯,其爲救必惟力是視,乃至毀家亡軀,在己旣所心甘,在人亦以爲榮譽.其膠結之固,必有如此而後可稱國家.

雅里氏之分國家也,以治權操於多寡爲起義.吾人之分國家也,以其所由合者爲起義.如此分法,不特函括無遺,且與科學分別種類之理最合.何以故.因科學於物,所據以分類者,應取物中要點爲之基.治權操於多寡,其關係國家之理,自不及於所以爲合者,是以吾法勝也.

232

惟國家類別,與他有機體類別不同,如動物首分有脊無脊.無脊之物,如欲進步而爲有脊,於天演界中,不知當經幾刧而後能.若夫宗法國家,欲進而爲軍國國家,固有經千載而未能,亦有歷百年而卽至者,但看事勢所遭如何.故前言三種國家,直無異言同此國家,而有三等天演階級而已.非絕然三物不得相企者也.

尤有異者,所言三種,往往同時並見於一社會之中,而論者但取其最顯著者,定其應歸何類.何以言之.譬如英倫,可謂程度最高之軍國國家.軍國國家所以爲合者,由於保護利益.然問英人以彼之所以爲合,則盎格魯同胞之意,幾人人橫亘胸中,故其俗諺有云,血之爲物,必粘於水.此其意卽云,同種之人,終較外人爲親也.至於宗教之異,情尤顯然.彼不但與多神象教爲別甚深,卽與回回猶太等宗,甚至同本異支之基督教,亦立甚嚴差別.是故我輩稱英吉利爲軍國國家,不過取其實行最著者爲言.至於其實,則宗法神權二者,於其社會所以維繫其民者,猶有至大之愛力也.

察深演國家,現象如此.乃反觀淺演,其現象又何如.將謂當爲宗法神權國家之時,所謂保護利益之義,凡今日軍國國家,所據以立國者,當其時乃無有乎.此雖淺人,有以決其不然也.夫宗法宗教二物之相入難分,前旣已言之矣.此如東方諸國,卽如我之支那,其中宗法宗教二者,幾如一物.故孔子有言,知郊禘之義,治天下如視諸掌.蓋吾國人鬼天神並重故也.且天子當陽,動稱以孝治天下,則此邦之爲宗法社會,而卽以宗法爲神權,雖有百喙,殆難解免.然遂謂四百兆爲合,無有相爲保護,同享利益之意,此其說又不盡然.

考古社會之將變也,設有人焉,在上爲政,或在下持論,而謂國家所爲,宜特重保護利益之旨,而輕蔑宗法宗教者,其人必爲守舊之人所痛疾,甚至其身不免刑戮,若秦之商君,其最著者也.中國如此,外國亦然.而群目主此義者爲Utilitarianism,譯曰功利派[5].雖然痛疾之矣,[6]而無如所値之天時人事,交迫俱來,誠欲圖存, 有不變其立國宗旨而不得者.外有敵國強鄰,內有賊民民賊,其民人有屠戮之懼,其國土有蹙削之憂,甚且爲人所全勝而克服之.於此之時,全國之民身與子孫皆奴虜矣.是故除非一統無外,欲爲存國,必期富强,而徒以宗法宗教繫民者,其爲政,輕重之間,往往爲富强之大梗.於是不得不盡去拘虛,沛然變爲軍國之制,而文明國家以興.證以東西歷史,此說殆不可易也.

是故三等之異,在程度而不在性情.而所謂草昧,所謂文明,卽以此判.由草昧以至文明,其中階級,皆國家所必經之程.其演進也,有遲速之異,而無超躍之時.故公例曰,萬化有漸而無頓.凡淺演社會之所有者,皆深演社會所舊經者也.[7]曰宗法,曰宗教[8],曰國家,以斯三者所以爲合之不同,其立國之形制亦異.是三者皆本諸天演之自然者也.雖然,吾今更問諸公,觀歷史與今世現有之國家,將無逾此三種者乎.抑更有其餘,而爲吾輩所未及者耶.

竊料諸公於此無難置對.諸公將謂,在歐洲,如並兼以後之羅馬,如現時之俄國,在亞洲,如元代之中國,如現時之印度.不識於前三者,果何屬也.其國家之成立,其民人之相結,非由同種甚明,亦非由宗教之同其信奉,若云保護利益,則弱肉强食者,不知有何公共之利益,有何相爲之保護.而羅馬,而俄羅斯,而元,而印度,不得謂非國家也.果使國家爲有機之生物,此正如封豕長蛇吞鹿象而入其腹中,徐徐轉化之爲本體.此眞天演之變也.於前三者自然發達之國家,安所屬乎.

設諸公如此難我,吾誠無可置辨,則不得不於前三者所以爲合,各成團體之外,別立一門,爲第四種之國家.此第四種之結合,不以同種,不以同教,亦不以同利益保護,惟以壓力.不幸歷史中此種國家,較之前三,尤爲多有.其始合也,以威力,以恐怖.其繼成也,以馴服,以漸忘.然此種國家,言政治者,不以爲有機體,不以爲官品,而以爲無機體,而以爲非官品之國家.所以立此別者,良亦有故.

5 남양본에는 이 구절이 없다.
6 남양본 "雖然惡矣恨矣".
7 남양본 "凡東方之所有者, 皆西國所舊經者也."
8 남양본 "敎會".

蓋既以國家爲有機體,斯其演進之事,與生物同.生物受自然之陶鑄,本天生之種性,與乎外力逼拶之威,而一切之官體漸具,由此有以自立於天地之中,不亡於物競之劇烈也.人群亦然.其始本於家族神權之相合,逼之以天災人禍,相救以圖自存,於是其形式漸立,其機關漸出,而成此最後之法制.凡此皆演於自然者也.乃所謂第四種之國家不然,以其不然,故不得稱爲有機體,亦不得稱爲官品,則直謂之爲無機體,非官品可耳.

雖然,此無機體非官品之國家,其始常由有機體官品之社會出也.何以言之.人類相合,分處爲群,境地犬牙相錯,爭戰之事,興於其中.且其爭戰也,非若近世文明之戰,常終於和約與賠款也,往往志在相滅,則見滅之國,時時有之,宗廟墜地,社稷爲墟,宗法宗教,二者皆盡,政府除撤,一切舊有制度,蕩然無有存者.亡國臣民,身命財産,皆非己有,一聽命於勝者之指揮署置而已,於是而新政府立.其中官吏,無慮皆敵人也.前此分爲兩群者,乃今合爲一群.故不佞謂比如封豕長蛇吞食鹿象,入其腹中.鹿象機關,至此盡成齏粉,徐徐轉變,化合新體.諸公思之,非如此乎.

諸公須知,吾所將此第四種國家,特爲分別立論者,並非於並兼力征之國,有所憎惡詆諆.一緣吾學眼法平等,視一國一朝無異一蟲一草,原無所容心於其間.二緣此等並兼力征之事,論其古初,何國蔑有.卽如英國,便是舊有諾曼人之所剋減者.特勝家見勝二種,一世之後,不立區分,故百年之餘,合同而化耳.卽物窮理之事,於物無所愛憎,而所不能不立此分者,因自然演立之國家,與力征經營之國家,必不可等視齊觀,並爲一談.故謂前三種爲自然國家,謂後一種爲非自然國家.

且諦而論之,此等非自然國家之中,實具二相,新勝之家,如封豕長蛇,自成有機之體,一切尙循天演之常,且是極爲强立之官品.其無機而消散者,獨見勝之群,見滅之國耳.譬如回部土耳其之起,乃極强有力之神權國家,組織獨立政府,而所克取之基督教諸部,則頹墮委廢,無有機體之可言.又如中國元代,太祖起於漠北,能取散沙之衆,與之以極靈極有力之機關,於是奮跡歐亞之間,至世祖忽必烈而破中國.當此之時,元民自有團體,自有國家,而吾族則無有此.又如今之印度,滅之者英人也.豈得謂英人在印爲無團體無機關乎.雖然,有此者自是英人,而印度之民,自是泛然之無機體.此言政治者,所當深著分別者也.

此會所講,至此可以總結.蓋政治家上觀歷史下察五洲,知人類相合爲群,由質而文,由簡入繁,其所以經天演階級程度,與有官生物,有密切之比例.故薩維宜謂國家乃生成滋長,而非制造之物.而斯賓塞亦云,人群者,有機之大物,有生老病死之可言,皆此義也.其始由蠻夷社會,而入宗法.宗法既立,欲有以自存於物競之中,於是變化分合,往往成有機之大團體.又或以宗教崛興,信奉既同,其衆遂合.而以戰爭之故,有部勒署置之事,而機關亦成.此謂宗法神權二種國家,方其起也,往往同時而並見,特所主有畸重輕,故言政治者,得以分論.至於歷久之餘民,識合群之利,知秩序之不可以不明,政府之權不可以不尊,夫而後有以維持其衆也,於是公益之義起焉,保民之責重焉.而其立法也,乃漸去於宗法神權之初旨,而治權獨立,眞國家之體制以成.其始也,宗法重於國是,神權隆於政柄.其後也,政權最尊,而二者皆殺,此天演之國莫不然.雖時有遲速,期有長短,而其所經歷者,固未嘗不同也.雖然,三者而外,有其群之演進,非出於自力而受制於外緣者,則以壓力强合者也.此不可以自然論.而其國家,亦不可謂有機之體.蓋亡國之民,雖有國家,實非其國家.

第四會

前會大意,是將古今所有國家先分兩大類,一爲草昧,一爲文明.草昧者,其團結成體,或由宗法家族,或由宗教神權.而文明國家,則漸離此二宗旨,而以保護利益爲重,是以政權獨尊,如今日西國是已.但國家又有一種分法,一爲自然發達之國家,一爲非自然發達之國家.自然者,如前所言三等,非自然者,乃以兵力並兼.故總前所言,國家共有四種,宗法也,教會也,軍國也,並兼也.宗法之合以同種,教會之合以同教,軍國之合以同利,並兼者之合以壓力.五洲歷史,所有諸國,無論如何複雜,皆可以四者區分,以見其性情作用之異.如此區分,於政治學實大有用處.

我輩中國人,童年讀史,所知者不過自唐虞三代以降所有之國家,歷代有盛衰治亂之殊,至於治制,大抵相若.故其意中,以此爲惟一之法式,乍見異族所爲,往往不勝詭異.乃今世界交通,苟欲圖存,勢須知彼.學問之事,縱極繁難,不可以已.非如頑固者,但傲然弗恤,便足了事.且風聞朝廷有立憲之意.夫立憲義法固繁,而語其大綱,要不過參用民權而已.不過使國中人民,於政府所爲之事,皆覺痛癢相關而已.假使如是,則政治一學,乃人人應得留意之學.而五洲歷史,又不可不攬其大凡,非讀一部易知錄,遂無餘事者.惟是中國歷史治術繁矣,而外洋之歷史治術愈繁.讀覽之際,最苦滿屋散錢,無繩索爲之貫串.又政治之事,是非得失,殊不知何者當爲主義.譬行大沙漠洋海之中,既無望物,又乏羅經,則治之雖勤,終歸無補.歐洲近日政界方針,大抵國民則必享憲法中之自由,而政府則必去無責任之霸權.

然此今日文明國家則然,至舊日初級社會,其事大異此.當彼之時,社會所爭,別有所在.如羅馬齊民,亦嘗與其貴族爭矣,而所爭者,卻非自由.執今世之意見,以觀古時史事者,眞無當也.是故自由立憲,限制君權,議立大典,定國民應享權利等語,皆五百年來[1]産物,非西國當日所舊有者,不可取論以前之世局.今如有人,謂漢祖入關,爲除專制,黃巢革命,乃伸民權,諸公聞之,必將大笑.卽在歐洲,以今槪古,亦猶是也.

是故草昧社會之所爭,與文明國民之所求,二者其爲物大異,而欲知其主義,當察諸社會轉變之秋.故其始則宗法與初出之神權爭存也.遲之又久,則政權又與神權爭存也.如大食之穆護,如希百來之摩西,如羅馬之汝馬,皆破宗法之局而立神權政府者,他若羅馬之沃古斯丁,法蘭西之聖路易,乃托神權而立國者.入後神權又衰,於是政權漸出.故山苗爾以民欲立王而大震.王室漸興,其始也必受命於教王,彼若代行天命者然.王者必得此,而後有不可侵犯之實.馴至今日教力之衰,不及古之百一.顧其遺意,猶可見於典禮間.此當歐君卽位加冕之日,所顯然可察者也.

故歐洲古昔,亦有政黨,特其所爭,與今世異.近世史家,大抵置宗教起滅不言,別立教史,以求國史之嚴潔[2].顧不知初級國家,政權宗教,二者本不可分.譬如英史,當施爵爾朝代,政府所爲,無往不涉宗教.當此時所爭,非民欲得權而惡政府之專制,乃政府欲保全權而惡宗教之牽掣耳.

吾輩考鏡歐美政治,見其現象,往往爲吾國歷史所未嘗有者.卽如民主之治,貴族之治,其形式實皆爲中國之所無,勉強附會,[3]徒見所言之謬而已.二制不徒中國無之,卽亞洲全部,亦所未有.夫同此民物,同求治安,何因歐有此制,而亞獨無.此其原因,必有由起.又如地方自治之制,與漢世三老孝弟,亦未可强合.中國

1 남양본 "二百年來".
2 남양본 "敬潔".
3 남양본 "如曾小候謂唐虞抑讓, 卽爲選主先驅云云."이 추가되어 있다. "抑讓"은 "禪讓"의 잘못이다.

居今見其制之利,欲仿而行之,則此中緣起發達,直至成於今式,皆不可不略考者也.

爲此,除前會所講四式國家而外,今將更論一最大區別,將歷史上國家分二大類.吾輩所立分別,皆取最有關係之異同言之,其無關係者,未暇及也.考歐洲政治程度最高時代,除自十九世紀以來而外,則莫若古之希臘羅馬.此二者之程度,眞可與今世並駕齊驅.其他初級社會,乃至歐洲中葉諸國家,方之蔑矣.希臘以風俗勝,羅馬以法度勝.譬諸文章,希臘似史記,羅馬似漢書[4],皆不廢江河萬古流也.故近哲福祿特爾謂歷史隆盛之時,惟路易第十四與希臘羅馬極盛之時,爲可紀述,至於其他,忘之可也.福祿特爾生當革命之前,是時法雖强盛,民權未伸,國會未立.使生今世,古今二民主之相似,直是疊矩重規,不知此老更將如何稱頌休明.夫古今二時,相似如此,然則其異安在.豈悠悠二千載,彼族所爲,不外復古,而無進步之可言耶.

曰有之.但使自其表面觀之,將二國家之相異,不過在幅員大小戶口多寡間,而其實不止此.蓋希羅當日國家,所謂市府國家,而今世國家,乃邦域國家.欲論民權,與地方自治發始,非詳論此二者不可.前名詞正翻中文邑字,從口從卪.一圈之地,而有法度者也.後名詞正譯國字.古國爲或,從口從一從戈.一圈之地,有兵戈之所守者也.諸公苟通二中文之義,於二種國家,思過半矣.

吾所指之希臘羅馬,非當並吞席卷,拓爲帝國之時,乃當民主得權之日.此時市府民主,尙不止二者.如非洲北岸之加達支,與羅馬爭衡者,亦一市府民主之盛者也.他若馬基頓,則王國者也.波斯則專制帝國也.而埃及此時,成最古國.是二者,大抵皆無民權可道.故古今最要別異,在雅典羅馬二市府能以大不逾一郡縣之地,衆不及數兆之民,勒成獨立有機之團體.而今世亞歐美三處國家,動括數萬里之地,數十兆之民,而以經緯發皇,挈領振綱,各爲獨立之有機體也.

---

4 남양본에는 "希臘~漢書"가 없다.

雖然,其有機則一,而所以爲機不同,此非依次論之,不可見也.如今世列强,其所謂國家[5]者,其語言皆一,而無龐雜之憂.有時一國之內,用二三種語言,然其中常有一主.如瑞士,國有三種語言,而通行者,則德語也.奧國所用尤多,而其弊在各不相下.希臘羅馬市府之世,往往語言雖同,然不爲一政府之所轄,如中國之戰國三國時.希臘則有雅典,麥加拉,哥林特,而意大利則有羅馬威依及辣丁諸部.凡此皆獨立而分爭之市府國家矣.逮至後世,意大利瑞士中,亦有然者.此則當十四世紀中,歐洲大陸,羅馬護法皇帝權力中衰,於是往往有自立之市府.此如意大利北部之佛羅連威匿思,日耳曼中之軟薄法蘭佛等,皆此時自立之小民主矣.雖然,世運旣遷之餘,此等國家,其勢終不可以久立,錯綜離合,浸假而皆成於大邦,其民人增至數十兆矣.

夫古日市府國家,其形式大似今日之租界,其與邦域政府機關,自不可相持而並論.又況當此物競大烈之秋,求以此獨立,以爲兵戰,尤不易者也.乃不謂十八世紀歐洲,言治諸公,尙有以復古爲說者,盧梭氏其職志也.此其意甚美,然而法[6]之良否,斯無待深論者矣.

市府邦域二種國家,固爲絶大區別,得此民生世變,因以不同.然言此之時,當知於歷史中,欲分市府時代何時而終,邦域時代何時爲始,則又不能.蓋歷史中大半爲過渡之世.戰爭紛紜,出此入彼.卽如羅馬解紐,爲歐史中一大事因緣.顧篤而論之,則爲分結邦域國家而有事者,只此一事,上下蓋數百千年也.

十八世紀之政治家,意輒謂邦域國家,卽非人功所締造,至市府國家,以幹局之小,當係用民約所公立者.此盧梭等所以多主小國分治之說也.顧考諸歷史之事實,則又不然.市府之成,其本於家族教會之漸變,歷歷有據.如希臘之雅典,義大利之羅馬,其始之有神話時代,宗法時代,無異英倫德意志諸邦.然則謂市

5 상무본 "國民", 남양본에 의거하여 수정한다.
6 남양본 "治'.

府國以其小狹,其成立本於人爲者,其說誤矣.

市府始成,常由宗法.宗法云者,謂一群之民,所由出者同也.但人生世間,若擧其最初,則誰非同種.故同種無窮,而宗法所公認之同種則有限.以此有限,加約束焉,而爲宗法,卽爲國家.顧其同種,非此國家所統治者所能盡也.故雅典羅馬兩市府,乃以公認之同種而立於所相忘同種之中.當未與異族相見之時,所公認之同種,與彼有關係,所相忘之同種,與彼無關係.無關係,故與締結國家之果無涉.

尤可見者,凡一種人民,未與異類他種相見之時,往往無自呼之種名.卽如吾輩祖父以上,未聞自分同類人爲華種,至於今日,而後稱者日多.又如漢魏以來,自呼漢種,亦必俟與北族交接,思自立別,而後有之.此在西國亦然.如希臘當鄂謨時代,無自稱其種之公名,卽當時所與戰之杜雷國,係與同種否,至今不知.而日耳曼之衆,而無總稱名號,直至宋世,始自稱爲德意志.德意志云者,猶言平民耳,其浮泛如此.他若穆護以前之亞剌伯亦然.由此可知,當日必一家族公認之同種,乃有團體,而相忘之同種,如今日所謂同種國民,西語所謂Nation者,卽無團體,亦無機關也.

無甯惟是,同種之中,往往各自成國,相爲寇仇,而卽以其時物競紛爭之烈,天時人事相逼之急,而機關漸完,團體彌固.此卽前會所言,由宗法神權,而成軍國國家之理也.假使此時有異種驟然臨之,如漢代之匈奴,如古希臘之馬基頓,其攘外機關往往不足,以此而剿絶渙散者,時時有之.蓋彼之能事,僅資鬬牆,而不足於禦外侮,此正如咸同間中國,平洪楊之難有餘,禦英法聯軍不足矣.希臘如此,意大里亦然.故當中葉,察理第五入之,所向皆破.於此之時,或市府自相聯合,由小成大,或爲新君之所並兼,皆成大國.然而國則大矣,而欲守往日民主市府之制,各相雄長,則其勢不能.於是並合之餘,必定一尊.而所合小邦,往往尙得稍享舊日自由,循用前此法律,此中央政府與地方自治之制之所以成也.孟子對梁襄王猝然之問曰,定於一.此其事,往往於西史見之矣.

由此而兩種之大團體以成.使其僅資聯合,爲戰守計,如是者,曰聯邦,曰合衆.

使其機關完密,盡祛別異,同軌同文,若秦代之所爲者,如是曰邦域國家,曰種民國家,而皆爲一統.顧右之所言,不過指其常道,而邦域國家,歷史中亦有不由聯合兼並小市府而成者.假如地勢平曠,生事[7]優遊,亦有市府之治未成,有能者出,收而治之,蔚然遂成大國.大抵西史中,市府國家成立,多在山國.如希臘,如意大里[8],如瑞士,皆山國也.據險設防,砦堡林立,而其下則爲市墟,至今入其國境,猶可得見.此皆古市府國家發達地也.踰嶺而北,入於德法之鄉,則其地多大原,如中國之北方.種人居此,生聚有餘,不相排擠.故日耳曼古無城堡,而市府國家,亦不多覯.夫如是之衆,使有大股之異族臨之,其勢必不能守.何者.無可據之形勢也.是故當亞洲匈奴之入歐也,所向無前.是時斯拉夫日耳曼兩種,悉棄故地,望風而西.又丹麥人之入英島也,其舊族避之,而趨西北,其不利於禦外仇如是.

顧社會之事,每有害居利中,亦卽有福隨禍後者.如此等種人,其成邦域國家,乃轉易於前者之市府.是故英倫國勢之立,卽在丹麥大入之時,阿爾伏烈起而號召之,從之者如歸市矣.而日耳曼之有邦域國家也,乃第五世紀,顯理率之,以禦匈奴,於第十世紀,鄂圖率之,以禦馬支爾.故日耳曼謂顯理曰城王.蓋自彼而後,有城郭之可守,沙格遜肇興於斯,而種人自稱曰德意志.此又可與前例相發明者也.

總觀前說,知五洲人群,旣出狉榛,而經宗法教會之後,其勢必成爲國家.而國家常不出於二形式.或形制小狹而團體之結合至堅.機關之部署甚密,此希羅之制,所以爲千古所低徊景慕者也,或形制雄大,然以其大團體之結合,常泛而不深.卽其政治機關亦久而難密,所謂器大則晚成,直至十九二十兩世紀,輔之以至高之民智,至烈之競爭,而後强盛,此眞古今得失之林也.

· · · · · · · · · · · · · · ·

7 상무본, "坐事", 남양본에 의거하여 수정한다.
8 상무본 '義大里' 남양본에 의거하여 수정한다.

諸公應記僕於第二會講義,已言政治之學,大半功夫,存於分別國家形式,故所講雖多,尚不離分別之事.適纔所論,乃市府邦域兩國家分殊.其所已言,乃土地廣狹與機關疏密二者.然其分殊,豈止此乎.脫其止此,則古之雅典,今之英倫,所分別者,不過一小一大而已.此說不待明者而知其疏.夫雅典爲希臘之都會,而倫敦亦爲英倫之都會.但歷史言二國家,一則指雅典不指希臘,一則指英倫而不指倫敦.故其言國民也,前曰雅典國民,後曰英吉利.且雅理斯多德以希臘之人而自言國政,乃其論政治完全機關也,則不稱國家,而直云市府.當是時,豈無馬基頓波斯諸大國土,爲雅里氏所親見者.顧彼之意,直不以是二者爲國家也,亦不以二大國之衆爲國民也.故其說曰,人類者,天生以爲國民者也.又曰,土地過大,遇國會國民之不能畢至者,非完全國家.又曰,於國家措置無所與聞者,其人非國民.凡茲數語,乃政治學之地義天經,而至今西人所猶奉之爲金科玉律者.諸公請謹記之,庶幾於此後所講者,不至枘鑿耳.

雖然,果如雅理氏言,則亦有難者,此易見也.夫國家最初之義,不過有治人治於人之倫理而已.一群之中,必有出令者,必有從令者.顧自最初言之,此二項人,必至相近,而口耳得以相接,使不相接,無此事也.然則,使所謂國家者,不必如中國之二十餘省而曁滿蒙,亦不必如俄國之跨有三洲,如英國之日無停照,但令幅員如古之齊晉,徑在數百千里以上,雅里氏之說,不可守矣.顧彼西人又必不肯棄雅里氏之成訓,然則一有國家,將必皆爲市府,而邦域國家不當有歟.乃物競之烈,又非邦域之制不可自存,此眞事之兩難者也.吾輩生於亞洲帝國之中,耳熟吾國聖賢人之舊說,積習成第二性,故於此等,漠不關懷.不知異族之中所自擊鮮[9]漁獵以來,社會洶洶,竭力盡氣,流血喪元,其見諸歷史之中者,只爲解此區區難題,居大半也.諸公有信吾言者乎.

夫使但求有以治之,則其事誠無難.何者.地雖廣大,固可分也.分省分州分府

9 남양본 "擊射".

分縣,而各置將帥守宰焉,吾事不旣辦矣乎.雖然辦矣,設不得其術,將所立皆敵也.顧所謂得其術者亦無難.不見吾中國歷代之所爲乎.中國如是,他國亦如是也.其形式萬殊,而其求所以治大者則一.則於是凡國,莫不有兩政府焉,一曰中央政府,一曰分治政府.分治政府者,卽地方自治也.蓋此廣土衆民,夫旣以爲一國矣,則事之利害,必有關於全體者.又以天時地利人情物產之各殊,必有繫於其分地者.繫其分地者,每最繁劇,而其事又中央之所不必問也.故法每予之以自治之權,使有事得自行其便,惟事涉全體,而宜爲一律者,則受令於中央之政府.

　夫如是言,則我中國之有地方自治,蓋已三千餘年,此非無慮之言也.蓋地方自治之制,廣土衆民之國,所不能無.雖然,邦域國家非一,其有地方自治則同.而其所以爲自治者,乃有無窮之異,不獨其對於中央政府,有泛切輕重之殊科,卽治權所出,亦不一也.有爲中央政府之所勅命者,有爲地方之衆所公舉者,有畫壤分茅,世相傳襲者,此治權所從受之異也.至其機關,則有出於一人之專制,有出於少數之貴族豪傑,有出於一方之議院,有合其二三而並用之者,其爲異如此.是故吾國居今而言地方自治,非以其所本無而求立新制,乃因舊制行用日久,時勢變遷,不足逮事,而求另立一部機關,於以補舊制之所闕.篤而論之,亦只是參用民權而已.地方之有鄉約工局,猶國家之有議院內閣.此吾輩所不可不瞭然於心者也.

　不佞目前所論,在區別各種國家,故於自治異制,尙未暇詳,而於自治權之殊異,亦所不計.所請諸公著眼者,在一大國中,必有此二項政府,而二項政府所職,一總一分.分者必了之於地方,總者必治之於首要,此乃不可泯滅之殊異.然各國立法,鑿然不同.如法蘭西,則地方自治之權最小,幾成中央政府之傀儡,事少自由,此謂趨重中央之政府,西語謂之centralized.而與此反對者,地方之權常多,雖法秉一尊,而自由之措置不少,此謂委任地方之政制,西語謂之decentralized.則如英國三島所行是已.委任地方之極點,則其勢常成於外重.前此波斯蒙古,所封節督,曰薩圖拉白,曰宜贊,其權力幾與國王無異.若夫內重之勢,彼西人所以治屬國者,大抵然也.

內重外重,達於極點之時,其政府常危險,而有革變之可憂,此邦域國家所有之現象也.獨至市府國家,以狹小之故,自治之制,可以不立.但觀雅里氏之說,彼謂國民不咸集決事者,非眞國家,可知無事於地方自治矣.是故市府邦域兩國家,其政制殊異之要點,在於一單一雙.單者何.獨此政府更無包孕.雙者何.以一大政府而包幾許之小政府,此小政府,往往其先皆獨立之市府也.

邦域國家,有一統合衆之分.一統,西文謂之Unitary.合衆,西文謂之Federation.二者皆聯合無數自治之地方,而總之以中央之政府,因之成一邦域.特聯合矣,而中央政府,權有輕重多少之分.使重而多,則成英法俄日諸國,使輕而少,則成北美合衆之局,其相差在度數,不在形制.夫北美合三十餘國,國如其旗之星數.而名之爲合衆者,無他,以其憲法中載明,何項政事,乃地方所得自主徑行,而某某等要政,非地方政府所得自由,必裁決受命於華盛頓政府耳.夫執此而論,卽英法之制,亦豈有殊,特倫敦巴黎政府所裁決者,大而且多而已.

故一統邦域國家,可以地方自治權之輕重而分爲兩等.卽合衆國家,亦可視其合之切泛而分爲兩等.其一爲合衆,如北美,如瑞士,如德意志,雖所合一一有自主自治之權.然以統於一尊,或爲合切密,尙不失爲獨立之團體,而名邦域國家.此如東周時之中國,雖天王僅爲守府,不可謂其非一朝,對於外族,尙可爲合衆之國.至於其次,則所爲合者愈輕,不能視爲獨立團體,不可更稱國家.此在歐洲中葉,有羅馬之神聖同盟.至於今無此物矣.德國學者,有特設極切當之二名詞.彼於前者,則謂之聯邦Bundesstaat,聯而可指爲一邦者也.於後則謂之邦聯Staatenbund,各自爲邦,特聯而已,不可以謂一邦也.

總前所論,此會講義,所發明者,乃市府邦域二國家之殊異,中及邦域國家之何由演成.有由市府而團結者,有不由市府而成立者.顧旣成爲邦域國家,則以幅員廣遠,人民衆多之故.勢不能復守市府政治之制,而中央政府地方自治之制,生於其間.中央地方二者之對待,又有泛切輕重之殊,於是有二形之可言,一爲一統,一爲合衆.而是二者以地方得權之多寡,又可遞分,有趨重中央之一統,有委任地方之一統.而合衆亦有聯邦邦聯之異.凡此一以貫之,實皆以地方自治權之有無多寡而見其等級者也.若夫民權之多寡有無,不在此論.市府之世,民權重矣,而獨治亦行於其間.一統之朝,君權尊矣,而英法皆民權之最盛.民權之事,請於後會及之,今未暇也.

國家分類之圖

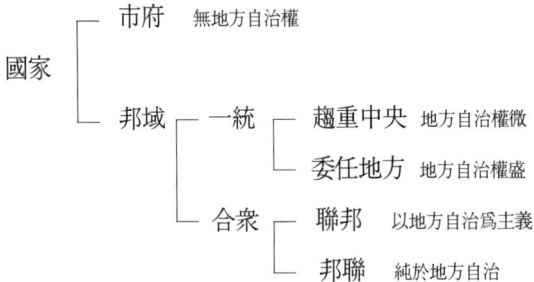

第五會

西國學堂,每講政治,淺學之人,多嫌沈悶,必待論及民權自由,聽者始有興會.
使西國如此,其於吾人可知.況近歲以來,士大夫喜聞新異之說,一若舊法無可
復陳,必其咸與維新,吾國庶幾有豸,則無怪其崇拜自由如此也.獨惜政治所明,
乃是管理之術.管理與自由,義本反對.自由者,惟箇人之所欲爲.管理者,箇人必
屈其所欲爲,以爲社會之公益,所謂舍己爲群是也.是故自由誠最高之幸福.但
人旣入群,而欲享幸福之實,所謂使最多數人民得最大幸福者,其物須與治理
並施.純乎治理而無自由,其社會無從發達,卽純自由而無治理,其社會且不得
安居.而斟酌二者之間,使相劑而不相妨者,此政治家之事業,而卽我輩今日之
問題也.

案政界自由之義,原爲我國所不談.卽自唐虞三代,至於今時,中國言治之書,
浩如煙海,亦未聞有持民得自由,卽爲治道之盛者.自不佞所知者言,只有揚雄
法言,周人多行,秦人多病語,行病對擧.所謂行者,當是自由之意.舍此而外,不
槪見也.且中國治世,多在綱擧目張.風同道一之時,而黃老清靜無擾之術,間一
用之,非其常道.最可異者,近世新學之士,一邊於西國自由之說,深表同情,一邊
於本國黃老之談,痛加詆毀,以矛陷盾,杳不自知.篤而論之,此等論家,於兩義均
無所知而已.

西人之言治也,謂政府初立,惟恐機關不靈,不靈則政不擧.及政擧而機關靈
矣,則又慮其權力之太大,侵奪箇人[1]自主之權,使一切皆聽命於政府.當此之
時,使暴君酷吏乘之,使民生不得喘息.此等現象,見於歐洲之十八世紀者最多.
故著論者,大聲疾呼,無往不持自由主義.或祀以爲神,或表爲徽幟.諸君試察墨

西哥洋錢,其一面爲飛鷹爪棘銜蛇,其一面狀若石塊,周圍有森森如劍戟者,卽係當時人所戴之自由帽.其作作有芒,乃以示榮華之意,非石塊劍戟也.其爲崇拜主義如此.然羅蘭夫人則云,自由自由,天下許多之事,假子之名而行矣.自西力東漸,政論日變,至於今日,其變愈亟.深恐此等名詞主義,後此傳諸口耳者,必日益多.夫其物之美惡,因果之利害,姑未暇言,但其字既爲常用若此,我輩既治此學,自不得不深考而微論之,觀其實意之所屬.故今夕僕與諸公所談,將舍自由而外無他物也.

言西政誠不可不深論自由,但欲言之得理,自不能不先言管轄.管轄者,政府之專職,而自由之反對也.政治之論政府,猶計學之論財,焉有不先政府,而先自由之理.故我輩於前數會,先將各式政府,略爲分晰,而後及此.且實告諸君,卽此考論自由,亦係區別國家,體驗政府性情之事,諸公入後,將自見之.

方民權之起也,社會之演說,草野之詩歌,奮厲激昂,噓唏感泣,幾無時不以自由爲主腦,而驚心動色於奴隸之不可爲.每當酣暢淋漓,往往皆歡抃雷動.故西人於此二字,其入於腦海甚深.顧卽以世俗常用之故,其名詞的義,漸卽模糊.凡是民生幸福,無非自由,甚至其事與自由全然不屬者,而亦以此稱之.夫字義本與時代推移,如今日吾國新學家所云經濟,其義豈爲古有.而使報章言論,數數用之,其義自然漸變.然則彼用自由名詞,必欲擴而充之,使於前指俗義,無所不包,是亦未嘗不可.但我輩所言政,乃是科學.既云科學,則其中所用字義,必須界線分明,不准絲毫含混.假其不然,則雖講至口㡡[2]舌撟,於聽者無幾微之益也.

是故欲論自由,自必先求此二字之的義.又此二字名詞,用於政治之中,非由我輩,乃自西人,自不得不考彼中用法之如何.今不佞試舉數條,期與諸公共評

· · · · · · · · · · · ·

1 남양본 '個人'. 남양본에는 '箇人'과 '個人'이 함께 사용되고 있다.
2 본문은 "㡡", 남양본은 繹.

而已.如法國革命軍之起也,自由之說最嘩.歌力芝者,英之名士,爲詩大贊之.有
謂平生見空中白雲,舒卷自如,輒心樂之,以爲自由之極致.是以今見法國革命,
民去煩苛,其感情與之相若.夫國之政法與天之風雲,豈可同一觀法.然此是詩
家賞會之事,不可以常理相繩,則置之不論可矣.乃荷臘斯金[3]者,亦英之名宿
也,獨起駁之.彼謂白雲舒卷,看似自由,其實不爾,有地吸力光熱諸公例.當其舒
卷變滅,實皆公例之行,爲所管攝,不得絲毫妄動等語.此其說精矣.但既如是言,
則當知一切世間,初無自由之事,豈獨風雲不得自由,即法民革命亦是衆因成
果,潛率陰驅,無一頃得以自由之理.乃不意荷[4]繼之又曰,雖白雲起滅,不得不
依自然公例,而法民則不然.何則.法民,人也.惟人能自造時世,逆挽氣運,故法
民之能自由者,法民之自求多福也.二家之說,自文人騷客觀之,皆若可喜,而律
以科學眼藏,眞成兒戲之談.此外尙有協黎者,亦名宿也.當一千八百二十年,英
國工人苦饑,則著論云,凡是自由國土,必無饑民,如今英者.夫如是言,則自由名
詞,義兼飽暖,其轉變之廣,吾又烏從而詰之.

　　或曰,是三者皆詩人.詩貴興象,論者不宜固執如此,所謂不以辭害意者也.則
試徵諸史家何如.羅馬有賀勒休,有黎恩尼達,皆以守城禦敵之勇,見稱自由干
城.羅馬有布魯達,英國有韓布登,皆以抗命霸朝,亦膺此號.夫其號同矣,而其事
則大異.夫以臣民而抗君上,與爲將帥而禦寇仇,此絕然兩事者也.抗暴君汚吏,
謂之保護自由可也.禦外國敵人,非保民之自由,乃爭國之獨立也.獨立,西語曰
independence,必不可與自由liberty混.又如愛國,西語曰patriotism,可以用之
於禦外國,不宜用之於抗暴君,而西人常語,亦不甚分別,故法國革命黨,皆稱愛
國人.又如前會所指之地方自治[5],亦有稱地方自由權者.夫地方自治與中央政
府,乃是兩政府對立,以大字小.他處之用自由,純是以民人對政府言,獨此處之

3　남양본은 "臘斯金".
4　남양본 "臘".
5　남양본 '地方分權'.

用自由,乃以小政府對大政府言.其稱自由則同,而效驗則由之大異.何則.使小政府而得自由,則治下之人民,從之而得奴隸可也.西國法典條約之中,因此名詞不正,實形無數葛藤.如日耳曼各小國聯邦,當羅馬及拿破侖時代,往往名爭自由,而其實乃爭專制.孔子云,名不正則民無所措其手足.旨哉斯言.旨哉斯言.

是故講政治學,則必用自由二字之名詞,云可以不用者,其言過也.但用之矣,必留神其字義有種種之繆轕,必須別析界劃清楚,且須認明係政界自由,而後可用.蓋政界自由,其義與倫學中個人自由不同.僕前譯穆勒群己權界論,卽係箇人對於社會之自由,非政界自由.政界自由,與管束爲反對.政治學所論者,一群人民,爲政府所管轄,惟管轄而過,於是反抗之自由主義生焉.若夫權界論所指,乃以箇人言行,而爲社會中衆口衆力所刦持.此其事甚巨,且亦有時關涉政府,然非直接正論,故可緩言也.

今欲問民有自由,政府以其應得法權所可行之,而置箇人之自由於不顧者,其界限立於何處.又各種國家,其權限大小出入何如.此其解答,亦惟自歷史中求之而已.考希臘辣丁時代,自由名辭與奴隸對.蓋其時,民有資格之殊.一等之民,有資格者,謂之自由平民,其無此者,則爲奴隸.此猶浙有墮民,閩有漁戶,粵有蜑家.故自由如此用者,非政治名詞,乃法典名詞.何以言之.因所著分別,非國民對於政府之分別,乃民與民之分別.其一有國民資格,其一無之.

後世言論,有訾政府壓力太重者,動云奴隸之民,其實此係喻詞,猶臣下之稱犬馬,有意取此相方,見不得自由,有似當時之奴虜,鋃鐺衣褡,以力作於貴族外廐田畝之中,非實境也.夫奴隸一物,自其實境言,則不獨爲歐洲今世之所無,卽在今之中國,舍女子作爲妾婢,及滿人旗僕,朝廷閹宦而外,亦無有也.且眞奴隸亦不必與困苦淩虐之事常並著而不可離,奴隸誠有被虐者,然而蒙被愛寵,有過平人,威福擅專,熱堪炙手者,常有之矣.特苦樂雖殊,而其人之爲奴隸自若,何者.其資格固然也.

由是言之,人動謂居於暴虐政府之下者,爲奴隸國民,一若政府暴虐,則國民卽無自由之事者,此於事實,亦未盡符.蓋使其民生逢仁愛國家,以父母斯民自任,然而耕則爲定播獲之時,商則爲制庸贏之率,工則與之以規矩,士則敎其所率由,其於民也,若繼負而繩牽之,毫末無所用其發己之志慮.嗟呼.此在中國或將奉其上以神明父母之稱,以其身所遭,爲千載一時之嘉遇.顧彼西民則以如是之政府,爲眞奪其自由,而己所居者,乃眞無殊於奴隸.故西語所謂父母政府者,非嘉號也.夫父母慈祥之政府,旣能奪其民之自由,則反是而觀,暴虐虎狼之政府,卽有不奪其民之自由者,此在歷史之中眞不止一二覯,而所見於亞者,尤多於歐也.諸公倘信之乎.

　則當元明間,俄國嘗見轄於蒙古,史言其慘虐不仁,殆古今所未曾有.顧其時俄民,則所享之自由獨多,往往耕鑿其中,不知政府爲何等物者.蒙古之衆,自擇都邑,居於廬幕之中,歲時或出而行掠奪,餘則若與相忘,但令莫斯科公爵與老高洛[6]市邑之衆,以時朝覲貢獻天可汗,爲不侵不叛之臣足矣.如此之政府,至不仁矣,而國民乃至自由.餘則突厥之帝國亦然,景敎諸部,隸其治者,甚自由矣,而暴虐又甚.至今乃知鼓腹含哺,帝力何有,不僅唐堯之世,乃有此也.

　至政府號慈仁,而國民則不自由之證,請擧百年前之南美洲.當時西班牙適通[7]其地未久,殖民之國,爲耶穌會天主敎士所管轄,此在孟德斯鳩法意嘗論及之.其地名巴拉奎,其政府爲政,無一不本於慈祥惠愛,眞所謂民之父母矣.然其於民也,作君作師,取其身心而並束之,云爲動作,無所往而許自由,卽至日用常行,皆爲立至纖至悉之法度.吾聞其國,雖男女飮食之事,他國所必任其民自主者,而敎會政府,旣自任以先覺先知之責,惟恐其民不愼容止而陷於邪,乃爲悉立章程,而有搖鈴撞鍾之號令,瑣細幽隱,一切整齊.夫政府之於民也,如保赤子如此,此以中國法家之言律之,可謂不溺天職者矣.顧使今有行其法於英法德奧間者,其必爲民之所深惡痛絕無疑也.且就令其政爲民所容納,將其效果,徒

6　남양본 "腦高路".
7　남양본 "新通".

使人民不得自奮天能,終爲弱國.總之,若謂自由之義,乃與暴虐不仁反對,則巴拉奎政府,宜稱自由.脫其不然,則與前俄之蒙兀[8]政府二者,合而證之,知民之自由與否,與政府之仁暴,乃絕然兩事者矣.

然則政界自由,粗而言之,乃與管束太深爲反對.夫謂奴隸爲無自由者,亦以奴隸之人,其頂踵身心,悉受無限之管束耳,在我輩常人,固不能無受人管束之時,然其事或由法律,或由契約,或由然諾.然諾者,無文字之契約也.近而譬之,卽如不佞旣許靑年會諸公,於每拜五夕,由八鍾起,來講政治,八次而止.旣諾之後,每逢此時刻,卽斷斷不得自由,倘猶自由,便乖人理,此文明之民,所以最重要約也.雖然,此皆有限制事.惟奴隸不然,終其身無自由之日,而必惟主命之承,其可哀在此.今假政府之於民也,惟所欲爲,凡百姓之日時,百姓之筋力,乃至百姓之財產妻孥,皆惟上之所命.欲求免此,舍逆命造反而外,無可據之法典,以與之爭.如是者,其政府謂之專制,其百姓謂之無自由,謂之奴隸.立憲者,立法也,非立所以治民之刑法也.何者.如是之法,卽未立憲,固已有之.立憲者,卽立此吾儕小人所一日可據以與君上爲爭之法典耳.其無此者,皆無所謂立憲,君上仁暴,非所關於毫末也.

政界自由,其義如此.假此名詞,依科學律令,不作他用,則吾輩今欲用之,但舉界說足矣.不幸字經俗用,最易流變,如前所舉似者,且若前之外,尙有取達他意.如今西人,問某國之民自由與否,其言外之意,乃問其國有同彼之上下議院否.考英國議院有權,亦不過我們國初之事.其時英民革命,曾殺一王,名察理第一者,其後君民難解,嗣君復辟,而議院之政權遂立,至於十八世紀,當吾國乾嘉間,大爲歐洲所仿效.法民革命而後,大陸各國,大抵有議院矣.故西人所稱之自由國,必其有議院以爲立法成賦之機關.政府行事,必對於此而有責任,凡其所爲,必受察於議院,設行事爲民心所不附,議院有權以易置之.其所謂自由國者,

8 남양본 "蒙古".

義蓋如此,此其所包,又廣於前數義矣.

諸公聞吾此言,必謂此爲自由的義宏旨,而無以易矣.雖然,且緩,只因欲得自由一名詞,以爲政治學之利用,故一路芟除荊棘,而得自由與管束相對爲義.自由者,不受管束之謂也,或受管束矣,而不至煩苛之謂也.乃今於沿用之中,又見自由之義,與議院相合.夫科學之一名詞,只涵一義,若其二義,則當問此二者果相合否.合固甚善,假使沖突不合,則取其一者,必棄其一,而後其名詞可行,不至犯文義違反之條禁.今請問不煩苛與有議院,二義果相合乎.如其不合,二義之中何去何從.諸公於不佞所講如是,得無嫌其瑣碎而無益.然此正是科學要緊事業,不如此者,無科學也.孔子曰,必也正名乎.未有名義含糊,而所講事理得明白者.諸公但守此戒,於科學所得,已不少矣.

自歷史事實言,則國有議院,與法不煩苛,此二義往往風馬牛不相及也.每有專制之朝,如前所言,其殘民以逞,固也,而於民事,轉無所干涉,聽其自生自減於兩間,所責取者,賦稅徭役而外,無所關也.而議院肇立,民權新用之秋,往往社會巨細,皆務爲之法,以督治之,而煩苛轉甚.欲求其證,但觀法國革命之事足矣.一千七百九十二年間,黜君權立國會,於此之時,問法之民,其身家事業所受約束於政府者,與前孰多.夫曰其權出於國會,固也.然國會非縱人人使自主也,乃取其身家事事而約束之.宗教則曰改良,而民靡自由之信向,軍政則曰徵兵,而人盡兵法所部勒.總之,有議院,非治權之縮小,乃治權之大張.治權大張,而箇人猶得惟所欲爲者,雖三尺童子,知不然矣.

且此其故甚易明也.專制之君,本無所利於干涉.干涉者,以其身爲民役也.夫專制之性情,李丞相督責書一篇盡之矣.其所以務嚴刑峻法者,蓋亦以不測之威,立懾於民,冀省事爲逸樂耳.不然彼之於民本無仇也.是以專制者,所以爲其不制也.吾國治世盛時,其上多宵衣旰食之君,而衰世亂時反是,職是故耳.至於議院民權,則覺事事皆切己之圖,而又無物焉無之限制[9],雖數百千人之耳目手足,有日不暇給之勢矣.國之子弟,不可不教育也,農商工賈,不可不改良也,邊防不可不固,主權不可不尊,其多所約束管治也者,其多所關切憂懼者也.

是故民權政府之易爲其過多,猶之君權政府之易爲其太少.以此驗之於歐洲諸國,則所見尤眞.自十八世紀以來,民權日以增長,其政界彌變,其法制彌多,其治民亦彌密.雖論者大聲疾呼,計哲諸家,力持放任主義.顧今日國家,其法制之繁,機關之緊,方之十八世紀,眞十倍不翅也,若定自由爲不受拘束之義,彼民所得自由於政界者,可謂極小者矣.

夫民權政府所事之過多,與專制政府所事之過少,二者爲利爲害,今且未暇深言.略而論之,則不佞於歐政府,當以清淨無爲爲箴,而於亞政府則以磅礴彌綸爲勗.往者法國大政家托克斐嘗論其革命以前之政府矣.其言曰,專制政府雖驕,實多膽怯,民權則不然.故專制之不事事,不獨因其無所利也.高高在上,與民情懸隔,將有所爲,又苦暗於情事,有似人夜行山澤間者.民權政府,旣悉其情形矣,而又常常有一衆之人爲之後盾,此所以心雄膽奮也.

通觀前說,諸公將見此自由名詞中所含二義,一爲政令寬簡,一爲有代表議院.是二義者,不但不能相合,實且幾於相減.相合云者,如國有議院,其政令卽當寬簡,或由政令寬簡,便可卜知其國之有議院也.乃今旣證不然,則雖常俗言語,於二物同稱自由,而吾黨政治學中此種字義,必不能用,將於二義,必有一留一去.今夫國有代表議院者,其效果無他,不過政府所行,必受察於國民之大衆耳.夫苟如此,則何必定用自由,稱其國衆爲自由之國衆乎.但云其國所建,乃有責任政府足矣.蓋政府無責云者,專制政府,惟所欲爲,卽至辱國累民,賠款割地,其高高在上,而安享富貴自若.卽有責任,亦對於更上之君權,或對於其國之鄰敵.其於百姓,以法制言,固無責也.一有議院,則議院之權,得以更置政府,故名有責政府也.夫此名旣立,則自由二字,合依最切之義,定爲與政令煩苛或管治太過對立之名詞.

從其常用字義言之,自由亦無安舒暢樂不苦諸意義.自由云者,不過云由我

9 원문은 "無物焉爲之限制". 남양본에 의거하여 수정한다.

作主, 爲所欲爲云爾. 其字, 與受管爲反對, 不與受虐爲反對. 虐政自有惡果, 然但云破壞自由, 實與美法仁政無稍區別. 虐政仁政皆政也. 吾旣受政矣, 則吾不得自由甚明, 故自由與受管爲反對. 受管者, 受政府之管也, 故自由與政府爲反對. 然則自由充類至盡, 不止與政令煩苛管治太過爲反對也, 實與政令管治爲反對. 是故人生無完全十足之自由, 假使有之, 是無政府, 卽無國家. 無政府無國家, 則無治人治於人之事, 是謂君臣倫毀. 且不止君臣倫毀, 將父子夫婦一切之五倫莫不毀. 此乃用名學之例, 逐層推勘, 萬萬無可解免者也.

故吾輩每言某國之民自由, 某國之民不自由者, 其本旨非指完全自由之事. 乃謂一人之身, 旣入國群之後, 其一生之動作云爲常分兩部, 其一受命於他人之心志, 其一自制於一己之心. 以各國政俗不齊, 是兩部者, 常爲消長, 有多受命於外志者, 有多自制於己志者. 後者謂之自由之民, 前者謂之不自由之民, 非言有無, 乃論多寡. 此如格物家呼某物爲寒, 非眞寒也, 特熱少耳, 物未有無熱者也.

故釋政界自由之義, 可云其最初義爲無拘束無管治. 其引申義, 爲拘束者少, 而管治不苛. 此第二引申義, 卽國民所實享之自由. 但考論各國所實享自由時, 不當問其法令之良窳, 亦不當問其國政爲操於議院民權, 抑操於專制君權. 蓋此等歧異, 雖所關至巨, 而實與自由無涉. 時人著論演說, 好取自由名詞, 感慨欲歔道之. 一若民旣自由, 則國無不强, 民無不富, 而公道大申也者. 習之旣久, 二意遂不可分離.

但諸公旣聞前言, 則知此非科學家事. 科學家於物, 皆有品量之分. 品者問其物之何如, 量者課其物之幾許. 民之自由與否, 其於法令也, 關乎其量, 不關其品也. 所問者民之行事, 有其干涉者乎. 得爲其所欲爲者乎. 抑旣干涉矣, 而法令之施, 是否一一由於不得已, 而一切可以予民者, 莫不予民也. 使其應曰然, 則其民自由. 雖有暴君, 雖有弊政, 其民之自由自若也. 使其應曰否, 則雖有堯舜之世, 其民不自由也.

吾欲諸公別義分明, 故特爲此危切之語氣. 頗慮諸公, 以吾言與所素聞者大異, 將起而詰曰, 信如吾子言, 則自由豈得爲幸福乎. 請應之曰, 以自由爲幸福者,有時而然,而自由爲災害者,亦有時而然.自其本體,無所謂幸福,亦無所謂災害,視用之者何如耳.使其用之過早,抑用之過當,其爲災害,殆可決也.獨至當爲災害之時,喜自由之說者將曰,此非自由,乃放肆耳.雖然,自不佞言,眞不識二者之深別也.嗟呼.惟歐民氣質之異於吾亞,故當深受壓力之際,輒復建自由之號,以收召群倫.夫旣建之以爲號矣,則不得不揚之於九天之上,一若其物爲無可疵瑕也.而其民緣此而實受其福者,誠史不絶書.夫國民非自由之爲難,爲其程度,使可享自由之福之爲難.吾未見程度旣至,而不享其福者也.

　今夕所言,大抵不逾自由之義,非箇人之自由,乃政界國民之自由.顧吾於開講之際,業已明告諸公,所爲言此,亦不外區別國家政體之用.奈今已久留諸公,大過時刻,當俟下期,再竟其說可耳.諸公聽講,毫無倦容,甚可感也.

第六會

以自由名詞,政界稱用之至多,因而有各種之訓義.不佞於前會特破一夕工夫,與諸君析此疑義,且欲芟刈葛藤之後,即以此類別國家.知常語所稱自由,其用法實與科學不合.若合科學,則自由充類至義,將與無政府同.而常語之稱自由,則與有議院等.故言其民自由,無異指其國之立憲.立憲政府,國民不附,即可更易,而立民情之所附者.又立憲國民,於政府所爲,皆可論議,著之報章,以爲國論,[1]政府常視之爲舉措,凡此皆俗所謂自由之國也.顧吾人之意,則謂如此而用自由,不過謂此等政府,對於國民,有其責任,不必混稱自由,不如留自由名詞,爲放任政體之專稱.

政治學所論者,政府之事也.政字中國六書,從攴[2]從正,謂有以防民,使必出於正也.然則政治,正是拘束管轄之事.而自由云者,乃惟民所欲而無所拘,然雖有嚴厲國家,必不能取民事一切而干涉之.於其所行,勢不能盡加約束,於其日力不能盡奪,於其財產不能盡羅,必留有餘,任民自適己事.凡所自適者,皆自由也.如往古國家,嘗取民之衣食而制節之,謂之生事律.乃今無此,是生事自由也.又如政府於進出口貨物,聽民轉運貿易,不立規則,如此是貿易自由.[3]但各國以天時地利人事之不齊,因之其所干涉放任者各異.故干涉多者,謂之無自由,而放任多者謂之自由,又此名詞之一用法也.

---

1 남양본에는 "西語曰 Public Opinion"이 추가되어 있다.
2 남양본 "文".
3 남양본에는 "謂之 Free Trade"이 추가되어 있다.

總而核之,見世俗稱用自由,大抵不出三義,一以國之獨立自主不受强大者牽掣干涉爲自由.此義傳之最古,於史傳詩歌中最多見.二以政府之對國民有責任者爲自由.在古有是,方今亦然.歐洲君民之爭,無非爲此.故曰自由如樹,必流血灌漑而後長成.三以限制政府之治權爲自由.此則散見於一切事之中,如云宗教自由,貿易自由,報章自由,婚姻自由,結會自由,皆此類矣.而此類自由,與第二類之自由,往往並見.然此皆俗義,雖關係至重,科學不能從之.因科學名詞,函義不容兩歧,更不容矛盾.前數義矛盾兩歧,前會已盡發之,故今定從第三類義,以政令簡省,爲政界自由.

雖然,政簡其民自由矣,而政簡者,其國不必皆治.故自由於民,其爲幸福與否,正自難言.自由達於極點,是無政府.夫無政府而治,雖有此理想,然其實境,不知何時可至.若論此時民德,則雖有極文明之國,其勢不能.觀諸傳記之中,人類美大事業,皆有道政府所建成者,是政府不可無也.然而有政府矣,其勢又易流於無責任.夫無責任云者,政府自由也.政府自由而無制,則國民顙首蹙額之日至矣.是故西籍之中,雖悲歌慷慨,夢想自由,而其實非求無政府無君,特求有君有政府,而其勢不得以國民爲魚肉耳.

前會曾設問題,問凡有國家,其權限宜立於何地.此無異言國家於何等事,宜聽其民自由,於何等事,則必不可.此是政治學中極大問題.而西國論政諸大家,亦往往有取而考論之者.其意蓋謂,政府之權,由不得已而後立.論其原理,固有限制.如斯賓塞諸公著述,多取群中事業而分別之,指何者爲政府所當干涉,何者爲政府所當放任云云.顧依吾黨所從途術,則雖欲立別未能.何以言之.蓋天演途術,視國家所爲,有非人所得主者,內因外緣,合而成局.人群各本自性,結合以求自存,非其能國家也,乃其不能不國家.諸公若問政府權力,宜以何爲限制,吾便答云,無有限制,但汝此時,須得多大權力政府者,其政府自具多大權力,不溢不欠,成於自然,非人力也.

蓋諸哲之論政府也,每分何者爲政府所應管,何者爲其所不應管,由此而政府之權限以立,特吾意不然.但以政府權界廣狹爲天演自然之事,視其國所處天時地勢民質何如.當其應廣,使爲之狹,其國不安,當其應狹,而爲之廣,其民將怨.必待政權廣狹,與其時世相得,而後不傾.此皆勢所必至,理有固然.試觀一人群之合,其外則有寇仇,其內則有奸宄,乃至旱潦雨暘,皆足爲患.自政府既立,此患乃輕,其衆因以不散.雖然,政府立矣,而物競天擇之行,常有以漸變其形式,治權廣狹,隨世不同.夫言治權廣狹,反觀之,卽無異言自由之多寡也.是故欲以自由多寡分別國家者,不必爭政府權限應立何處,但取事實已見者,言之足矣.

政府之行權,時置箇人之自由於不顧.此其權利,所合於公理者爲何,此至今猶爲聚訟之端,無從實指.然而以何因緣,而有政府,並以此因,程度有殊,而治權廣狹寬猛以分,則固有可論者.但論此之時,必取自然有機體之國家,而非自然無機體之國家,純用力征經營者,不可論也.自然有機體之國家,其初成國也,大抵由外力之逼拶,而後來之演進亦然.蓋因外患,而求合群並力,因合群並力,而立政府之機關.則由此可知政府權界廣狹,端視其國所當外來壓力之何如,而民衆自由,乃與此爲反比例.

譬如一國地土廣博膏腴,生事易足,又無外寇憑陵,則其民所享自由必大.若夫四封交警,或所處者爲四沖戰地,則其國之政令必密,而民之自由亦微,此公例也.公等由此可知,英德二民相比,英民所享自由獨多之故.何者.英島國,以海爲城,而德之所居,正歐洲四戰之地,故武備不得不修.武備既修,則其民卽有自由,所餘寡矣.卽在吾國,使後此果有盛強之日,吾恐政府之柄,方且日張,民有自由,降而益少.以政府之由於無責,而轉爲有責,殆亦勢所必至之事.何者.使其不然,便無盛強之日故也.

前例證以西史,可見者極多,英國而外,民之自由,莫如北美.彼族常以此自誇,謂盎格魯種性梟健,不受制壓之故.雖然,自我言之,此非眞實,實則二者皆地勢使然.美國雖處大陸,實則左右大洋夾輔,而南北無強鄰,雖居大陸,無異島也.是以二國之政,得皆以放任爲主義.若夫法德諸國不然.故當十七世紀間,英之民權日張,而法以路易十四爲王,其治乃日趨專制,卽普魯士伏烈大帝父子,亦是專制之尤.此其故何耶.蓋國於天地,必以求存爲先,求存則武備不得不修,武備修則治權不得不大,治權大者,所干涉多而放任少也.

若謂民之自由,根於種性,抑係宗教使然,則當日普魯士,豈非條頓之種乎.豈非路得新教所行之國乎.乃其政則專制,而異於英美如此.不知當十八世紀之初,普魯士地勢最爲難守,三方乖離,而不相通.伏烈大帝父子,其政法之專制固也,而國終賴此以不亡.北有察理第十二,東有大彼得,而西南則法與奧乘之,至今考其所更張,皆百戰親經之閱歷也.若夫波蘭之民,亦可謂放任者矣,故其名王巴陀利嘗謂其民曰,嗟乎,波蘭人.而國所至今未亡者,非以其法典也,以汝曹不遵奉故.非以其政府也,以汝曹不服從故.而國之不亡,以天幸耳.夫其國俗如此,可謂自由,然不百餘年,而波蘭分矣.

是故讀西史爲術,與讀中史不同.欲求治亂盛衰之故,或觀會通而立公例,必不可但觀內因,宜兼察外緣.大抵一國,求其如是,其受範於外者常多,至於其內之自力,亦不可動稱種性.譬如言希臘之民,何因開化獨早,則云以其種之獨優.盎格魯何因先有議院,則云其民最重自由.凡此皆最無價值之解說,知言者所不爲,而學者之所當深戒也.今所立公例係云,凡國成立,其外患深者,其內治密,其外患淺者,其內治疏.疏則其民自由,密者反是.雖然此是大例,至於他因爲用,而生變例,亦自有之.

前謂論釋自由,卽以爲類別國家之用.然則所以類別之者當如何.夫干涉放任,分爲兩部,而兩部之相爲消長,視其國所當境地之不同.故諦而論之,等差不齊,國國相異可也.則於何地劃此鴻溝乎.是故欲用自由立別,旣不得以有無言,亦不得以多寡判,衹可取國家所常辦之政事,與常有之機關,察其干涉放任之異而爲之.干涉者,立之法度,務爲齊一,而不許紛淆也.放任者,聽民自爲,許其競爭,不期一律也.放任多者,其自由多,放任少者,其自由少.而國家類別,乃從此而可言矣.

須知政府者,一國主權之所屬.使主權而誠完全無缺,其於一國之事,固無所不當問.而問之者爲一人,爲一衆,爲通國之人,所不論矣.近世政治家,爲恐治權太盛,因之而酷烈狹隘之政興也.則爲分別焉,曰某事某事,若宗教之皈依,若社會之言論, 無慮數十端, 皆政府之所不宜過問, 而務聽其民自便者. 又曰, 某事某事, 如兵如刑, 則政府之所必宜事, 而事之必甚力者, 但其爲數愈少愈佳. 其爲說如此.

然自吾術言, 則言此者, 將以適一社會一時代之用乎, 抑以爲至理定法, 各國之所宜共由耶. 苟如前言, 其說庶幾可用, 若如後義, 則大謬不可行也. 何者. 國於天地, 以所當時勢民材之不齊, 每有今所可任自由, 而百年以前, 乃政府之所必事者, 亦有在此國可任自由, 而彼國必爲政府所管理者, 等而論之, 斯大誤矣. 卽如宗敎皈依自由, 此至於今, 幾於五洲所同認, 咸謂政府於此, 必不可稍加抑勒沮禁者. 然此事雖在英國, 亦至額理查白之代, 乃發其端. 至於法意西班牙諸國, 則宗敎自由, 不及百餘年, 豈彼古人皆瞶瞶者. 夫爲國所求, 端在治安, 而以保護性命財産爲最急. 凡可以致此者, 政府固無所不用其權力. 今試問宗敎自由之說, 使行之於十字軍盛行之世, 將歐之社會, 爲安爲危, 爲治爲亂, 則古人所爲, 不必盡無說矣.

蓋國當古之世, 不僅同種同文之群, 而後可合也, 且其所事之神必同, 其所服膺之道理是非亦必同. 其不同者, 且不願與之同國, 强而同之, 則難作矣. 且此何必遠求證乎. 中國海禁開通以來, 所定條約, 大抵由外人作主, 此亦事勢之無可如何者也. 而其中之最不幸, 則莫若傳敎之一事. 夫傳敎非不幸也, 所不幸者, 出於兵力之餘. 而當治外法權未收之日, 此其事驗, 皆吾與諸公所親見者矣. 一敎案之起, 文明社會, 人人爲之悲傷. 然欲求此事之不再見, 不識遠在何時. 除非敎士相約, 不往內地, 或吾國於敎育普及四字, 實實辦到, 而二者又皆今不可必之事也. 西友宓克嘗云, 中國如一種沙石, 而西敎如水, 水注入石, 及冬而凍, 春來齏粉矣. 此眞吾國莫大之隱憂也. 然溯其禍始, 只坐外人傳敎一事, 吾國有保護之責, 而無准否之權. 民人信敎自由, 則誠自由矣, 而其禍乃如此, 不獨敎士被戕者之可哀也, 而其果之結於吾國者, 乃大哀已.

然此是旁論, 乃明政府當問之事, 相時爲之, 初無限制, 而民之自由亦以智德力三者程度爲高下, 初無可爲典要者. 但此時吾輩正經之事, 乃是區別國家. 而所以爲區別者,卽在政府所事不事之異同,然欲觀所事不事,須先察一切政府所共事之事.所共事之事,則所謂政府之天職是已.粗而擧之,則海陸之兵也.兵者何.以法部勒國民,使之共守國也,靜則爲守,動則爲攻.故定和戰者,其權必屬於政府.其次莫如刑,西國刑權獨立,此是最後之事,其初則政府主之,所以鋤強梗詰奸欺,以保民之身家者.刑法而外,則有民法.民法所以平爭訟,正質劑,責契約.此皆犖犖大端,政府所同事者.

天演之階級愈進,將政府之機關愈密,不但愈密,亦且愈靈.雖然,政府進矣,而民群亦進.民群進者,職業彌繁,而通功易事之局大也.產業降殊,力作亦異.譬如初級社會,其始皆農也,皆兵也,其產業大較皆田宅耳.時有百工,則祿以代耕,爲社會所共養者.浸假或速或遲,此局必變,於是實業繁興,其相待日益複雜.有製造有通商,而母財之積日多,產業不止田宅,一切可動之浮產亦興,圜法乃立,錢幣乃行,而又有以信用行,而代表錢幣者,則爲楮鈔,有美術有科學,文教大開,書籍侈富,教育之事興焉,而大小學堂林立.凡此皆民群演進之現象也.雖其事不必關於政令,而政治界之問題,往往因之而異.當一事之出也,有問者曰,此宜爲政府所放任而聽民自由乎.抑政府所宜干涉而爲之立法制耶.譬如通商,宜因之而立商部乎.假於文學,將因之立文部乎.凡此問題,其於各國也,有然有否.於是其政府之職業異,而政府之性情有時亦從以異.斯類別見矣.

德國學者之言政治,於此等處最爲精審.彼於政府,於兵而外無所問者,謂之兵政府War State,Der Kriegstaat,他若刑政府Law State, Der Rechstaat,商政府Trade State,Der Handelsstaat,警察政府Police state,Der Polizeistaat,凡此專於一事者也.若夫於國事無所不治者,則謂之教化政府Culture State,Der Kulturstaat.其爲繁稱如此.然自我視之,其所分政府不外二等,一專一總而已.今所問者,政府所治,將如科學家言,謂政府之智,不越常人,所當事者,但求封疆無警,境宇治安,居民無擾,卽爲至足,其餘一切,宜聽社會自謀,無取爲大匠斲乎.抑從宗教家言,謂國家之立,固有最高尙之目的,故不獨保民已也,乃至宗教行誼,科學美術,皆宜爲之乎.又約而言之,直問教化政府有當否耳.

諸公應記前言,政府權界,與所處之時地爲對待.然則不佞若云此等問題,不能答以十分死語,當不以我爲非.雖然,其見於歷史者,各國之公論云何,則固可得以歷指.自吾國言之,唐虞三代以還,至於今世,固無一非教化政府,元后作君作師,爲民父母,其權豈有界域.至於徵諸西國,則自明季十七世紀以來政論大起,當時人語,皆謂宗教政權,雖二實一.此說歷久而衰,而政家權界,宜有限制之言,繼之而出.逮英國威廉馬利雙立之代[4],宗教自由之義,經無數之流血而後行.此後歐洲,又有商業之爭,大抵主保商之說.由此而入十八世紀,當吾康雍之世,至於乾隆,而西士始群然以國家權界爲太寬.其願望過奢,轉無益於社會.盧梭政論,爲革命先聲,亦以政府所問過煩,人民受治太過爲說.當此之時,若宗教若教育若商政若政治,諸家之說,往往多同,於是群主因任自然無擾無爲之義.[5]蓋其意以爲倫有君臣,其事由不得已.受治本人道苦趣,而非可樂之端,故其權力,卽不能去,亦宜刪縮至於無可復減之地位.反言之,卽斯民宜令得享最大自由是已.夫此語爲是爲非,關於人道最巨,今不佞且不爲定論,但云至今其說尙爲歐洲多數之所持.而十九世紀前半,歐洲現象,大抵成於此說.且至於今,大有東漸之勢,而將於吾國社會大著果效者也.

所不敢云其語爲是爲非者,蓋鄙意以爲,政權乃對待之事.昨日之所是,可爲今日之所非,此際之所祈,可爲後來之所棄.國衆有大小之殊,民智有明暗之異,演進程度,國以不同,故於此中,不得立爲死法.卽如十八世紀無擾之說,至於近世,其所致之反動力亦多.故於一切政事之中,其說有全勝者,而亦有不全勝者.全勝,如宗教自由是已.乃至自由商法,則雖得亞丹斯密之大力,而所勝者僅在三島.若夫歐美二大陸間,至今商務,猶爲政府之所保護而維持,則衆目所共睹者.甚矣.政之不可以一端論也.

4 상무본 "獨立之代", 남양본에 의거하여 수정한다.
5 남양본 "幾在學人士人口耳間矣. Laissez-faire, Laissez Passer 幾在學人士人口耳間矣."가 추가되어 있다.

二十餘年以往,正鄙人遊學英國之時,當日政府風氣所趨,則大主干涉主義.如教育一事,向爲政府所不關者,至是乃大收其權,而有學部之設.不特初級教育,有强逼之政,務求通國無不識字之人民,卽高等教育,國學庠序之章則課程,亦由議院更定.乃至衛生檢疫,亦經部署,爲置專官.凡此皆向日政府所不過問者也.先之以德法,而英美亦接踵而爲之.

尤有異者,此之所指,不過見於行法一權而已,而議法之權,所擴充者,尤不勝計.使行法而過於干涉,民尚有執持自由,與爲抵抗之意,獨至議立新法,則人無異言.故十九世紀之後半,各國議立之法,殆過於舊典之所留存者.蓋前此律令法典,大抵奉行其舊,而政府以行法爲本業,以立法爲無干己事也者.主和戰徵賦稅恤災眚,一切皆政府所力行.獨至更張法制,則謙讓未遑,若以謂凡此先祖父之所貽留,吾輩舍率由遵守,無他事也.至十九世紀之季,乃大不然.行法之權,尚有裁省,至於議立法令,損益章程,則責無旁貸.立之可也,廢之可也,增之可也,損之可也,但使國民大衆,悉表同情,一時國論,有所專主,議院取而揚榷討論之,無幾時,新法立矣.故舊日政府,所汲汲者,議法事少,行法事多.而近世政府,所皇皇者,行法猶寡,立法至衆.德人有刑政府之目,刑政府所爲,不過守國法令,以保民權利已耳.若近世政府,則直可謂之立法政府,立法政府西名Legislation State也.

統五六兩會所言,使不佞發明義旨,尚非累晦,將諸公此後,於自由一名詞,無論見於何處,可無疑義.亦見以自由多寡,分別國家,苟從其量爲分,則難立別.蓋諸種國家,所干涉放任之事,國有不同,獨取其所最刻意干涉者,則其別可立,如德國學者所爲是已.雖然,若從其大槪爲論,取便言談,則國民原有自由不自由之異.故揚子雲法言,[6]周人多行,秦人多病.而論近世之國,如英人者,固可謂自由之民,而俄國者,不得稱自由之國也.大抵歷史中並兼國家,其民卽不爲眞奴

6 상무본 '揚雲得言', 남양본 '揚子雲得言' 중화서국본에 의거하여 수정한다.

隸,亦不可謂有自由.舍此而外,則民氣發舒與否,視鄰敵相逼何如.是知兵戰一事,乃自由之仇敵.一境戒嚴,軍律頒行,居民自由,一切掃地,此僕所親歷者,長祝諸君勿遇此境也.

第七會

　　五六兩會,大較皆講政界自由.吾意欲以國民所享自由多寡,因之區別國家.
今由所已言觀之,見歷史及世界諸所有國,所操政柄,劃然不同.甲國干涉者多,
放任者少,乙國干涉者少,放任者多,此自自由之量言之者也.若自自由之品言
之,則甲國干涉於丙,而放任於丁,乙國干涉於丁,而放任於丙,因而有各種政府
之異名.然則執自由一物以衡較國家,終之乃得二別,其一於政治機關之疏密
寬嚴見之,其二於政治機關所著眼輕重不同見之.若問以何因緣,而生此異.則
吾於前會,業於第一別立之公例,大旨謂一國之立,若封疆難守,寇仇孔多,欲求
自存,其政法不得不力爲遒緊.譬如臨陣砦堡,與平時城市之比,砦堡之中,處處
皆法令所部勒,而城市不然.其故無他,正坐寇仇近耳.國處沖散之地,隨時有見
襲之憂,其政令安得以不嚴密.外患如此,內憂亦然.閭閻紛爭,奸宄竊發,欲求社
會安穩,亦不能不減奪自由.此如申明門禁,夜行以燈諸令,皆我輩所親歷者,可
取以證吾例矣.

　　由是言之,政治寬嚴,自由多少,其等級可以國之險易,內患外憂之緩急爲分.
且各國風氣不齊,其所干涉放任之端,往往大異.譬如宗教學術,此今日歐西各
國,大抵放任者也,而古歐今亞,其干涉於此二事尤深.以其事之關於風俗根本,
是以自由政制,初無定程,而必以時地爲對待.夫刑律以自衛爲起點,而政令亦
以存國爲旨基.宗教豈不欲放任,然必國防既周,民智既進之時.不然,則卽取宗
教而干涉之,亦是國家天職.諸公倘以吾言爲疑,則請觀二百年來泰西之歷史,
雖有極放任政府,其於耶穌會一宗,其驅逐無不至嚴,無他,惡其權盛而已.乃至
鄙人客歲到法,猶聞其議院政教分立之爭.由此可知,以吾國現在之情形,而條

約任受西教諸宗流行內地,甚至神甫牧師,怙權袒護[1],以致地方屢起風潮,釀成交涉[2],殺官賠款,奪地占港,皆政界不公之事.以公道言,外人於此等事,必須受政府地方官約束者也.

宗教而外,則有軍旅.各國有徵兵募兵之不同.徵兵者,民莫非兵,德法是也.募兵者,兵民分業,英美是也.唯此亦系於國勢之不同,鄰敵之懸偪,歷史之中,所可取爲前例之證者,不一而足.今姑不盡舉,使用心學子,自行隅反可耳.以上所言,見政府舉措不同,民所自由亦異.所自由者,品量雜糅,一群之民,因志氣各有所向,至於既久,其人情國俗,遂至於不能相喻者有之.

吾黨以自由區別國家,其所爲者具如此.乃今更卽歷史中所用此名詞,以稱某國自由,某國不自由者,回觀所講,似覺尚有未盡之處.如史稱英民自由,萌芽森林之中,直至十七世紀國憲之成,而後自由言之有物.又云自法民革命而後,大陸各國,普享自由之實云云.凡此皆與吾人所定政法寬簡之義,不盡比附者也.將此謂自由,果前定之義訓所可賅,抑尚有他義,而爲吾等之所忽耶.此又不可不細勘明矣.

固知十七世紀以來,各國政家常論政界寬狹,而亦以此爲一大問題.顧自稱自由之頃,其意若不盡主政權之縮小,而常主政權施用之不同.是之不同,其事安在.今請取大較言之,則所指在議院法權,當無疑義.其稱自由也,其第一義固黜無謂之干涉,而其第二義則禁專制而防怙權之獨治也.

由此言之,則又須反本歸原,提及雅里氏成說,彼謂衆治少治者有自由,而獨治之政無自由矣.且近世以來,政家所謂自由乃專屬於衆治者,又以少治爲貴族體制,亦未聞以此名屬之.如英國議院,其中議員,雖不得云通國代表,顧其所代表者民數實多.乾隆嘉慶間,雖所代表,比今爲少,而比餘國,民權則爲甚大,此

---

1 남양본 "黨護".
2 남양본은 이 4글자가 없다.

所以群奉英民以自由之號.觀孟德斯鳩所言,大可見矣.但自由二字,雖於此用法不同,而其爲比較之名詞則一.何以言之.英國固用民權,然其議員所代表者,非通國之民也.女子固不必論,卽在男子,亦立無數之限制,必資格恰合者,而後有選舉之權利.自乾隆以來,該國經數番推廣,所收猶大,如進工農,然而至今,尚非通國皆舉.顧不得以此之故,遂謂其國人爲非自由之民.何則.比較故也.大抵一自由國之議院,其所代表民數必多,但不必盡若古世市府之事.市府者,奴隸而外,必合通國之民,而不用代表,而後稱自由之實也.

如此而用自由,雖與前立定義有異,顧其中有實事眞理,諸公若加考察,將見雖異實同.夫自由云者,作事由我之謂也.今聚群民而成國家,以國家而有政府,由政府而一切所以治吾身心之法令出焉,故曰政府與自由反對也.顧今使爲之法,而此一切所以治吾身心者,卽出於吾之所自立,抑其爲此之權力,必由吾與之而後有.然則吾雖受治,而吾之自由自若,此則政界中自治之說也.頗有政家,謂自治乃自相矛盾之名詞,以謂世間雖有其名,實無其事.人之行事,不出兩端,發於己志一也,從人之志二也.前曰自由,後曰受管.故一言治,便非自力,果由自力,卽不爲治.

此其說甚細.顧自我輩觀之,吾身所行之事,固有介於二說之間者,非由己欲,亦非從人,但以事係公益,彼此允諾,旣諾之後,卽與發起由吾無異.然則自治名詞,固自可立,而以實事明之,譬如一國之民,本係各不相爲,各恤己私,乃今以四郊多壘,有相率爲虜之憂,於是奮然共起,執戈偕行,以赴國難.此時雖有將帥號令,生殺威嚴,然不得謂國人爲受驅逼脅.何則.一切皆彼之自發心也.如此卽爲自治之一端.使此法可行,將政界之中,無禁制抑勒之事,雖令發中央樞紐,無異群下之所自趨,從此君民衝突之事,可以免矣.

是故政界之境詣,至於自治而極.利民安上,和衆阜財,乃至俗成刑措,比戶可封,皆舍此塗術其至無從.則無怪二百年西人,盡氣竭力,流血犧牲,以從事夫此.然其事尚須細論,而後有以見實行之難.蓋使民自治,則一民之身,將有兩節可論.一以箇人言,其心所懷之願望爲何等,二以分子言,其於社會所祈嚮者爲何等.使二者盡如其意,便是自治,便是雖受治而非强其所不欲爲.此事果可實施矣乎.

　或應之曰,此不但可以實施,實則各國政界,已有實施之者.如觀西國輿論報章,每云某事國民意見如何,而此意見,乃政府所不可不從諸語.是國家一政之行,固視國民之意爲向背.雖然,當知吾輩所稱爲政界極詣,乃指社會之中,人人各得分願而言.若有一人,其好惡與所施之政令背馳,則自治之言非實.

　夫苟如是,則今之各國推擧之權,尙非普及,而國中婦孺,豈非國民.奈何置之.然則名爲自治,而民之大半尙有受治於人者.且不但此,果人人受治而非强其所不欲爲,將議院定行一法之時,必人人贊成,人人許可而後可.顧今所實行,乃通用從衆之例.春秋欒武子之言曰,善鈞而後從衆.議員之知識,果相等乎.假其不然,則安知多數之果是,少數之必非.若言不以是非,而從多數者之欲,然則多數者,以行其所欲而自治,少數者以違其所欲而非自治,又以明矣.且卽以比較言,從多數矣,使十得八九,猶有說也,乃有時而所多者至微,以此强人,則又何說.譬如三十兆之中,有二十九兆九十萬人同者,以此謂之公好公惡可也.而英議院以七百員爲三十七兆人民之代表,其中三百七十人然,而三百三十人否者,烏得云公乎.是故知從衆而用多數之說,於公理是非,本無可言.無可言而不得不如此者,乃以術之窮,舍此別無他法之故.而所謂人人自治,人人非强其所不欲者,又非事實明矣.

　是故有謂近世現行有兩種政制,一爲獨治之專制,一爲自治之民主者.此其言非也.當[3]云有獨治之專制,有以衆治寡之立憲.以衆治寡之制,雖不足當政界極詣之自治,而立憲則舍此殆無他術,故爲今日最要政體.夫以衆治寡,實無公理可言.不幸韓昌黎公言私言,其說已誤.卽謂多人贊成之政,爲勝於少數贊成之政者,其說亦不盡然.所庶幾可言者,不過三占從二,其事易行,又數至極多之

3　상무본 "訾", 남양본에 의거하여 수정한다.

時,於公道爲稍近.治權本民所畏,得此則所畏者,可使極微.

又民之優劣,智德力三者,皆有可言.從衆雖於智德二者,不必皆優,而其力之勝,固若可恃.且此乃歷古以來,政界中一最有關係之新法.自其施行之後,人類受庇,平爭弭憤,所獲實多.其所可言,僅此而已.愼勿謂多數所從,斯爲合理優勝,亦勿謂民之多數,無異全體之公.苟爲此說,立成謬論.

吾輩以天演言治,深知政界中事,往往成於自然,而非由人力.獨此決策從衆,與尚有一事,亦爲政界所通用者,乃皆實出於人爲.其尚有一事爲何.代表之制是已.自是二者行,西洋政法,爲之大變,社會通詮言之悉矣.尤可異者,從衆之法,乃彼中古人所已用者.至於代表之制,則希臘羅馬兩民主,所未夢見.此其原因,蓋由二國皆市府國家.市府國家,幅員小狹,民數鮮少,每有公事,則聚通國之衆而議之.如希臘羅馬之國會,皆盡其中自由之民衆,無須以一人爲百人千人,或一方之民之代表也.卽羅馬政府,向有沁涅特,以聚通國之豪,然係選擧出類拔萃之才,使聽國事,無所謂代表者也.

取西人之古制,以與其今制相較,則吾黨見二大異焉,且由此可得其政界進步之實.夫獨治衆治,皆其古所有者.特所謂衆治,乃指一市府之民.今之國民,求通得選擧之權利而不能,古之國民,則人人皆議員也.問何能然.則以國民甚寡之故.此其事實,猶可考諸古代戲曲之中.如雅里斯托芬,所制阿加黏一,其開場係一市墟,當會議之頃,市之四周,用新染紅繩繞之,以防逸者.蓋會議爲國民義務,設繩所以闌衆,使入會幕之中,有或逃者,繩著其衣,染成紅色,是以行人避之耳.今世邦域國家,以數十兆之民,散處數十萬方彌盧之地,欲守古制,卽亦無從.故前者雅里斯多德有云,眞國家其地冪不宜過廣,民衆不宜過多.假使雅里騾得今日國家治之,恐其術且無從出.何者.其所論政體,固專爲市府之用也.

自代表行,而此節之難題解.所解者何.以至正大公之法制,可用之於邦域國家也.世間事往往旣行之餘,有若至易,而在當時,則幾經困難,而後得其術.又旣行之後,其發達神速,不可思議,則代表一事是已.使政界而無代表,西國演進必無如是之盛,殆可決言.須知後世思想設施,每爲古人所籠罩,守而不變,不獨東方爲然,卽西人亦復如是.有若一切盛德大業,凡人道所當爲所可爲,古人莫不爲者.此種拘墟,西國破之獨早,乃在有明中葉之時.其原因以海道大通,累得新地,由此而勘破古人,於世界事所不及知不及爲者尚夥.而古人所垂最盛之業,文章義理而外,治法是其一端,以不敢畔古,故歐洲守封建之局,終明之世,莫肯改者.直至後來,始覺此事,古人所爲,亦有可以改良之處.古人市府之良法美意,有可以施諸邦域大國之中者,要其關鍵,則在行用代表而已.

雖然,諸公勿忘,我輩所談,乃是自治之制.自治云者,吾所遵守之律令章程,乃吾所發心自定,而不由他人所壓制强逼之謂也.乃今返而觀之,以所立議院,有從衆代表之二制,其去自治.尚隔兩塵.何以言之.法出於衆,所謂衆者,吾之小己,不必卽在其中,一也,法定於代表人,是代表者,畢竟非我,二也.英國戶口,二十年前粗計三十七兆,而國會代表僅七百人.由是推之,一民之身,其所得與於政權者,亦至微小耳.今欲講之明白,請一一皆推廣之,至於極端.一,如英之舉權,本非通國所同有也,則姑以爲同有.二,如英之治權,不盡出於下議院也,亦姑以爲盡出於此.三,英之政令,其放任者多,乃今以爲無所放任,議院得一切而干涉之.夫國民政柄之張,至於如此,然試計英民箇人,其於國家政府,所實據而有者,爲權幾何.則不過於建立議員之時,所以定此一局政柄,當操之以何等人者,當此之時,約得其三千萬分之一耳,以云其微,則眞微耳.吾聞法國政家晏博論法國民權,其時乃六十年前,法國最講中央集權之日.其言曰,吾法人晨起攬鏡,顧影見二十七兆分一之霸主而自矜,忘其全身之爲奴隸.其言可謂冷雋,而矜言自由自治之民,可以悟矣.

民權民權,彼英法二邦,一民之權,不過如此.反而求之,至吾中國他時,以四萬萬之民而立憲,將一民之權,所得爲何.此諸君當能自爲心算,而無待吾贅言者.雖然,社會之事,有至微而必不可忽者,此類是也.故一民之政權,雖極微而不可棄,幾於失之則死,得之乃生.此如鄙人嘗論教育普及,其程度不必求高,但使二十年以後,吾國無不識字之人,其程度卽令極低,如能自署己名,略識方向數目之類,果能做到,民智教化,必然大有改觀,吾國之利,不可億計.此事非從其後徵之,聞者不肯信也.其理無他,普及之爲積大耳.

代表之制,歐人以行用日久,漸成自然,轉不知其關係之重,亦忘始用之難.考諸歷史,希臘市府,通集國人之事,其亡由於羅馬.而自其制廢,古民主之治,與之偕終,史謂其民之自由,亦不復見.由是並兼攻取,橫詫三洲,而羅馬遂爲帝國.如是歷數百年,治制改良,不一而足,而其古日民主之治,卒不可復.故歐洲中葉國家,舍專制而外,無餘式也.

苟求其故,則知古之所謂民主者,市府制也.幅員日廣,市府之制,必不可行.雖當時亦有聚集國民,推戴總統之事,然所集者,不過都邑之民.而羅馬之地,則南盡非洲,北以來因多腦兩河爲界.諸君若問沃古斯達何以不用代表之制,則無異怪當日之人,何以不用汽舟.夫邦域國家,且爲雅里氏思想中所無有者,而幅員既廣,猶用民權,眞當日之人,所百思而不得其術者.後人但言羅馬民權廢而專制興,不知只是市府之制不能用耳.須知代表之制,平易如此,而歐洲此法,必歷千餘年而後得之.英國始用,時當元世,其如何發現,請考社會通詮可也.

雖其制發現之遲如此,而至今日,則已成最要之機關.此在英國,當一千六百八十八年,其所代表,雖有缺漏不完,而民權則因之大立,此英國所以獨享自由之號也.至法民革命,大陸民權始興,而代表議院,至千八百四十八年而後立.至於今,若以選舉權利而論,德法民所有,且過於英.總之,自市府國家,不足自存,而民會廢,中經千年專制貴族之治,至有元之世,歐洲之民權復萌,其所以萌,由用代表.代表須所代者之推舉.推舉之衆,各國資格不同,享用此權,數有多寡,而政家遂以此覘各國自由程度焉.

第八會

前會所講,乃國民以衆治寡之制.今夕將以此制,暫行結束.但於結束之先,宜將其反對獨治之制,略爲宣究,庶幾諸公,於現行政制,得愈明白.夫獨治者,以一人而治億兆,非今日五洲通稱專制者耶.此自今人視之,有若人類之一厄,純由小役大,弱役强,而後有如是之一果.是從政界之中,一言自由民權,則無所往而非福.一及獨治專制,直無所遇而非殃.然而力征經營,奴用虜使,專制之治,固時有然.但我輩讀史論世,覺獨治之制,亦有不盡然者.諸公應記吾前會標一公例,謂國家治權輕重,因之自由多寡,常與國之外患內憂,比例而立.今言專制,此例又可見矣.蓋專制之立,必有其所以立者.究其原因,起於卵翼小民,不使爲强暴所魚肉.

如一國之中,强桀小侯林立,必天王專制於上,尊無與並,而後其民有一息之安.羅馬之凱撒,英吉利之圖德諸王,荷蘭之沃郎支,法蘭西之元世諸王,皆以彈壓群雄,爲國民所歸命,即因之而擅專制之柄.舊史具在,可復案也.即今俄國國民,方爭立憲,其國往者,固專制中最堅之形式,國民附於札爾[1]者最久.夷考其由,亦以非尊主權,無以制壓布哇爾諸酋之故.當日有女主,名安那者,以受布哇爾憲法,國民轉群起叛之,必待毀此,而後相安.何者.彼知使俄皇而不專制,但爲群下傀儡,將國民無喘息之時故也.即論今日之事,群下洶洶,篤而言之,亦非以尼古拉第二之專制也,乃緣此制既敝,大柄旁落,爲群臣藩鎮之所囚拘,侵剝下

<hr>

1 남양본 "沙皇 Tsar".

民, 敗壞國事. 諸公旣治此學, 遇此等處, 政宜細爲分別, 不可隨衆依人爲議論也.

往者吾論自由, 終乃揭言自由有不必爲福之時, 而今言專制, 又云專制有時, 且有庇民之實, 此與諸公平日所聞諸學生志士者, 無乃異歟. 雖然, 歷史事實, 不可盡誣, 而不佞亦非爲頑固者遊說. 但須知民權機關, 非經久之過渡時代, 民智稍高, 或因一時事勢會合未由成立. 而當其未立, 地廣民稠, 欲免於强豪之暴橫, 勢欲求治, 不得不集最大之威權, 以付諸一人之手, 使鎭撫之. 此其爲危制, 而非長治久安之局固也, 然在當時, 則亦不得已而思其次者矣.

更有進者, 欲知專制一名詞, 所以爲西人言治所深惡而痛絶者, 宜察其中尙有他說存焉. 蓋西人以治權之出, 有二本之不同, 而不佞則以爲一本而已. 請先明二本之說, 二本者, 彼謂治權之出, 有自上而達下者, 有自下而逮上者, 二者鳌然, 若旦夜之不可以合. 入繼大統, 纘承丕基, 以厭先祖父, 受命自天, 奄有此國. 故詔書稱制, 各國皆同, 而群下無敢越志.[2] 如此治權, 當民情極爲愛戴之時, 則曰民之父母, 名正言順, 此所謂自上達下者也. 顧今之議者, 則曰國民非王者之子女, 卽如前言, 亦亶聰明首出庶物, 而後作民父母. 乃生帷幕而長阿保者, 果亶聰明而首出庶物矣乎. 必不然矣. 是故其說不足存也.

曰自下逮上者, 彼人君之有權, 不過爲國權之所托付者耳. 元后者, 一國之公僕也. 國有兆民, 擧其分子雖甚賤, 而其全體則至尊. 小而譬之, 國之君王, 正如會邸公司之有經理領袖書記, 乃社衆畀之以權, 取達社衆之目的, 非其人本有權利, 而應爲一公司一會邸之長魁也. 假使其人行事, 與社衆之主義背馳, 乃至群情不合者過半, 斯其人義應告休, 否則逐之可也. 此等義法, 盧梭民約, 推勘最詳. 自其說興, 革命風潮, 因之大起, 此所謂國民無上之義是已. 故晚近歐洲, 以民主爲最正之治制. 乃至革命之世, 兵權旣盛, 頗不乏專制之夫. 如英之可侖謨爾, 法之拿破侖, 其侵奪黔首自由, 豈減察理第一路易十四. 而人不之攻者, 則以爲彼

. . . .

2 남양본 "各國皆稱奉天, 威令之行, 群下不敢越志."

之得權, 乃由民自樂與之, 彼之行權, 亦爲國民而後有事, 與舊君保其世及之權, 而自上達下者異耳.

使政界之中, 果有如是之分別, 則不獨前二語爲吾輩所當牢記, 而歷史中所有最多之治制, 如亞洲所今行, 乃至歐洲諸國二三百載以前之所有, 眞皆成一片黑暗世界. 其治民也, 舍奴使虜用, 純恃壓力而外, 無他術可由. 則言治之家, 深惡痛絕, 誰曰不宜. 而無如其非事實也. 何者. 其制不可行也. 雖欲行之, 斷斷無此權力故也.

言近古之霸主, 似當爲法之路易十四首屈一指. 請試思路易十四之事, 夫主之於奴, 若白種之畜黑奴, 至矣. 然亦未聞純用壓力至於極點者, 以其事非主人之利也. 故所謂壓力者, 不過以勢相臨, 謂主人有如是之壓力, 隨時可用耳. 凡爲主人者, 同利故相救, 正如剛毅所言, 寧利友朋, 不貲奴僕. 由此言之, 使路易而爲國民之所逼, 彼將引鄰敵之力, 以自壓其民乎. 而英倫布魯士, 亦將爲之出兵, 代平內亂乎. 顧歷史中並無此事, 而當時卽欲爲此, 恐亦勢所不能.

然則路易計將安出. 或曰路易所練之兵, 正於此時用耳. 雖然, 所練之兵, 非法民耶. 而如前之言, 法民皆奴僕也. 然則彼奴僕之中, 有其擐甲執兵, 敢死任戰者, 此在路易, 非危事耶. 曰彼皆黨於路易, 愛戴路易, 而爲路易之爪牙鷹犬者也. 然則路易之威權, 固待兵而後具. 兵, 民也, 民, 群下也, 是其治權, 非自上而達下, 亦自下而逮上耳. 雖機關相異, 而由國民附之, 而後有權則一. 近世政府, 爲民心所不附則傾, 而路易十四, 使其師徒叛之, 則亦搖手不得也. 然則彼盧梭諸公之政論, 分治權爲由上由下者, 無乃似實而實虛. 所謂霸主治民, 猶家君約束其童稚者, 亦無是處.

若云國民之中, 有少數人, 黨附霸朝, 以其部勒之密, 訓練之精, 因此而生勢力, 得以壓制多數之人, 此其言近信. 然欲得此少數人黨附, 亦須要結噢咻而後得之, 是其權力非無所待, 而對於此衆, 亦不得率意徑行, 是其人雖對餘民爲無責任, 而對於此衆有責任也. 且吾所尤不解者, 盧學每謂以力服人, 爲專制治法之所獨, 不知使眞專制, 其所具力, 理應最少. 雅理氏三制之中, 最不能全伙自力者,莫專制若.謂專制以道德才智服人,謂少治衆治,以力量制人,猶可說也.奈之何以專制之獨夫,而謂其有制服億兆之能力乎.且由此觀之,專制之君主,無不借助於人之理.旣借助矣,卽對於人,不得率意徑行.是故謂天下有無責任之貴族民主,於理可通,而云有無責任之專制者,古今眞無此物.

此理自我輩觀之,亦自明了.而古人之意,若有異者,則以天命之說深入腦海故也.讀班叔皮王命之論,則知漢人於宗教之迷信,而程伊川於商周之際,亦有天命未去之說.至蘇子瞻上神宗書,乃言人主所恃,人心而已.可知古人之於帝王,其得位行權,皆若天之所相,而又不言明其所以相之何如.果其靈異,存乎事實,抑不過衆人心裏,信以爲然.夫人君旣爲天之所立如此,是以東西宗教,莫不以尊君敬上,奉法懷刑,爲斯人[3]最重之名誼.政府得此,其勢益隆,其植益固.雖然,使陰騭之言而信,則昊天曰明,及爾出王,昊天曰旦,及爾遊衍,鑒觀有赫,所必由天眷而後存立者,初何必專制獨治之政府而後然.卽貴族庶建之治,倘非天相,烏能存乎.彼古人以天命屬專制者,以所見政府,類多專制故耳.若夫近世,則有謂非民主立憲之治,必無當於天心教旨者矣.此眞彼是各一是非之說也.

顧我輩於此,所當著眼者,在治權每得宗教之助而益張,與其所以爲助之理.夫舊謂專制獨治,止於以力服人[4],其說旣爲吾黨之所破矣.若謂至尊之勢,至重之威,天澤凜然,不可侵犯者,由於宗教爲之輔.然豈皇皇上帝,果以雷霆風雨,助行權歟.或曰,是不然,宗教之力,不在形跡,而在人心意念之間.明爲天命,尊爲天子,於其實力,無幾微增益也.而民之視之也,乃大有異,向無宗教,其不能得此無疑.路易十四,法人中之最爲尫羸瘠弱者也,而其民視之,若圓光被體也者,頂禮崇奉,惟恐後人,亦因教言不敬君王,爲天誅之所必及云耳.夫如是言,則專制之所以得宗教而益威者,其力正出於民心,雖不同於前者之以形,而其治權之

3 남양본 "生人".
4 남양본 "主於以力服人".

自下逮上,非自上達下,又以明矣.

或曰,此特專制之譎術而已.夫獨夫自力之無可言固也,然少數所以制多數者,以其部勒服習之不同,而一人之所以馭兆民者,亦以其法術機詐之不測.稱天而行,居之不疑,有命自天,王者不死.凡此皆所以起顓愚之迷信,用以欺世盜權者也.

雖然此等之事,必事勢相成,暫而行之,或可得志.若謂歷史中專制之主,悉由此術,則殊不然.試更以法之路易十四爲喻.夫謂彼之所以制禦國民,使人望之若天神而畏服者,此中宗教之作用甚多,此言信也.夫使事出於欺,而謂路易有欺其民之意,恐路易不任受也.何則.一是威儀典則,與夫稱托[5]之隆,凡所以成王者之貴者,路易固未嘗自爲,而有所受之者也.其義或萌蘖於數千載之前,得宗教國俗,相與醞釀抱伏之,至於路易之身,而承其利.然而發明此義之神甫師儒,雖爲路易所大利,而其人與路易之身,終爲二而非一.非一故可以離,離則雖持與前反對之說可也.

由此觀之,將路易權力之重輕,非其身所得主,且有待於他人,使彼而欲權盛力張,將必於如是之衆,微伺體察,常有以饜其情,而無失其意而後可.前謂路易之權,起於人心,今又見路易之權,起於持此人心者.是以史載路易十四之待教侶最優,而其國教侶,所以助其王亦最力.論者謂近古專制柄張,無有逾於路易者,而法民之尊王團結,亦無過於此時.直至其子路易十五之中葉,其民心乃一變.有是哉.路易之視教侶,無異拿破侖之視其兵也,而謂專制治權,由上達下可乎.

吾輩前路所發明,乃歷史中要理,而將以破專制人君之所恃[6]者.夫謂受命諸天,權發自上,此專制者之所喜聞也.雖孟子之論天命也,嘗謂天命卽徵諸民,而

5 남양본 "寄托".
6 상무본 "博", 남양본에 의거하여 수정한다.

或以爲其說但存於理想.顧吾輩求之東西歷史,見凡專制之君,未有不俟民心之歸衆情之戴而能立者.其所俟之多寡强弱不同,而卽以此判成敗.然則盧梭諸公,分政府爲二等,一謂權發諸上,一爲權發諸下者,其義荒矣.權未有不發諸下者也.

雖然,專制之純用壓力,而以其民爲奴虜者,固亦有之,是必見於兼弱攻昧取亂侮亡之時,卽前所指爲無機體國家者.顧當此時,其用壓力者,必不止一人,而常爲勝家之有衆.勝家之衆,常爲軍旅,而統之以一雄,此又有機體之專制也.有機體之專制,雖欲奮一夫私權,以暴虐群下,其勢不能,將必有其所俯順者.其好惡不可不同,其甘苦不可不問,否則敗矣.漢高非專制之尤者耶.然入關告諭,必得父老之心,而後天下可得.項氏失民,雖强終仆,可以證矣.若於西史求之,則英之圖德諸王,法之路易十四,德之維廉,俄之亞烈山達,至今日之尼古拉,皆如此矣.蓋其國家形式旣云有機,斯不能叛天演之公例.譬諸生理,脫有謂腦力獨奮,而無待於通體血液之灌輸補益者,諸公豈信之乎.

旣知一國治權,必本諸下而後有,則向所擧以爲獨治衆治之區別者,不可用矣.頗怪世俗論治,必謂衆治,乃有公益可言,一若獨治之君,則必以摧嚙下民爲快者,此其說之誤,不待論而可知.夫謂治權在手,不以公益爲心,而專以莫予違爲快者,專制本不盡然,卽在並兼之世,固亦有伐罪吊民之事.若夫英之圖德,法之路易,普之伏烈大帝等,其治權專制固也,而其號令擧措,則未有不云以公益爲目的者.特其爲此也,則云己之行事,獨對於天,乃有責任,其於國民,固無責也.此猶云其行事是非功罪,惟上帝乃足考察而賞罰之.至於國民,旣爲其所制矣,固不得而過問.雖然,論事當察名實,王者於國民無責,於名則然,而於實不爾.英之雅各第二,法之路易十四,皆自謂於國民無責者,然雅各則以始終誤認而敗,路易則以行與言反而全,可以見矣.

由前所言,而二公例可立.一,凡獨治之權,未有不賴群扶而克立者,此群扶之力,其士大夫可也,其豪傑可也,其民可也,其兵可也,甚至由於他國之衆亦可.如印度國家,其扶立之者,非印民也,乃英兵也.二,卽在有機體國家,亦常有專制之形式,此種國家,雖無議院,其有待於國民之扶立則同.但所謂國民,不必大衆.而在一部分之中.此一部分,大抵皆國民之秀,而有國家思想者.諸公聞此,回家時於故書中,試檢蘇子瞻志林戰國任俠一篇看之,將悟其說,與此有互相發明者.

諸公聞此將曰,此眞異聞.天下安有國民而扶立專制,甘爲奴隸者乎.使叩其民情,未有不欲得議院者也.吾應之曰,此在歷史,亦不盡然.蓋事勢不同,民有雖欲立議院而不可者.此如俄國安那皇后(康雍間卽位)當國時,欲立國會,舍貴族無可集爲議員者,民以爲與其受貴族魚肉,轉不如任至尊之專制,且約必大權不復旁落,而後戴之,此其證也.

乃至戰爭之世,其黜衆治,而用專制者尤多.蓋當此之時,以求存立爲先,一切國民利益,衆皆視爲後圖,而群附於戰勝攻取之能者.使其事暫,將所推戴之人亦暫.使其事常,如國處難守沖散之地,如普魯士,如路易十四以前之法國,皆必待邊線已立,國有四塞之固,而後可議其餘.不然,專制之治,不可以已.歷史中如路易,如伏烈大帝,如拿破侖,其得位行權,皆由此理.不過,當知此等專制一立之後,雖事勢變遷,其權無由解散.雖其始有救亡之用,而其終常爲殄民之資,此其制所以爲千古之詬厲耳.

但不佞所爲諸公辨晰者,固不止於黜舊說,乃在於進新知.舊說謂專制之權,由上及下,衆治之權,由下及上.吾所發明,乃謂專制之權,亦係由下而成,使不由下,不能成立.然則舊之界說,不可復用明矣.雖然,專制衆治,固自有別,而其異果安在耶.此是第八會結穴問題.所謂圖窮而匕首見者,不得不爲諸公鄭重出之.又近者吾國國家,方議立憲,立憲非他,卽是衆治.衆治則不得不用從衆代表一制,凡此皆相因而生,無由解免.故不佞繼此所欲爲諸公發明者,乃中國此後國家,與前此數千載國家之區別.不佞鄭重以言,諸公不可不鄭重以聽也.

則問立憲國家與專制國家,其最要分殊,在於何者.此誠不易解決之問題也.政治之爲科學,與他科學不同者,他科學如動植之類,吾輩之治之也,如堂上人聽堂下之曲直.而政治不然,吾人身與其利害,而衡鑒易淆,一也.況所治之物,自鳴各殊,而不必皆實,二也.今使動物學家,欲爲衆生別類,彼儒儒戢戢者,方引首爭鳴,吾爲何等何科,有機無機,彼治其學者,未必不以所聞,轉以茫然.今日世界國民,正復如是.

吾近於街頭,曾見憲法古義一書,意謂凡西人之憲法,皆吾古先所已有者.大抵吾人本其愛國之意,每見外人好處,總不肯說此爲吾國所無,而十三經二十七史,皆其傅會材料,名爲尊我,實則大惑.

又使諸公取前問題而叩之西人,彼亦將言人人異.彼將曰,立憲要點,其所以異於專制者,以下議院獨有財政賦稅之權,非國民所允諾,毫釐之利,不得橫取,此謂囊橐法權[7]云云.雖然,其說誤也.蓋使下議院之勢誠重,所操法權,且不止此,若其誠輕,將並此無之.夫既有國家,則辦事不能無費.西國上古王公,自有產業,山澤苑囿,遍於國中,無俟取於民而後足,此所謂水衡之錢是已.當此之時,雖有囊橐法權,不足窒政府也.且政府所爲多矣,今置他端不問,而獨禁其取財,亦未見其財之果可保也.不知此乃當時君民爭執之頃,彼民見此,爲其上之所急,得挾此以要之,取以達其最大之目的.後之論者,乃指術爲鵠,失之遠矣.

或又曰,立憲之與專制異者,在立法與行法,權界分明之要點.議院主於立法者也,國君宰相,下至百執事,行法者也.唐人有言,不經鳳閣鸞台,何名爲勅.而西人亦云,非經國會公允,不得稱制,著爲律令.十七世紀英國風潮,所爭卽此立法權獨立之事.此其爲說,較前稍優,然而亦未盡合.夫三權分立,孟德斯鳩法意論之詳矣.故法國初立議院,凡行政諸官,不得列坐其中.然而立政機關,因此大窒,此於事理至爲易明.假如將爲理財立法,而擯戶部,是戶部所歷甘苦,於議法時,毫無用處.又如將爲教育立法,而擯學務大臣,其所立章程,亦豈有當.夫前事不忘,後事之師,使此言而信,則此等權界,且不可立.總之,凡此等處,各國議院法制,各有不同,而民權所伸,亦以大異,中間可以諦論者極多,惜非此時,所能爲諸公推竟耳.

7 남양본 "囊法權 Right of Purse".

大抵欲知專制立憲之異,考諸舊說,不如觀見時之所實行.試舉英國宰相,其爲行法權固也.然以一官爲立法權之領袖,一切新法皆由宰相發起,而其身之進退,則視下議院之從違.使其議爲院中輿論所歸附贊成,言聽計從,則其權最大,設輿論與之出入依違,則其人爲處危疑之地,乃至院論與之顯然反對,則宰相惟有奉身而退,明日他人入代,而組織新政府之事見矣.宰相爲政府領袖,而其興廢,依於民情如此.

吾前者不云乎,一切政府,卽在專制,其權力之成,必由群下,不過廣狹殊耳.夫政府所建名號,千詭萬殊,或國君之視土地,猶私家之視田業,或云天之所立,作君作師,而有符瑞感生以爲天命之據.此其眞僞誣信,姑不具論,但名號建矣,而所感召誰乎.必有衆也.假有衆相與不承,彼又烏從而得力.故名號建於上者,其歸順擁戴者存乎下,凡政府皆然.獨至立憲政府,其歸順擁戴者,存乎通國太半之民,卽不然,亦必有國家思想之衆太半歸之.

然則專制立憲二者,其爲群下所擁戴旣同,而二者不同安在.應之曰,輿論者,擁戴之情之所由宣也.專制之政府,無以爲宣達測視輿論之機關,而立憲之政府有之.一令之行,一官之立,輿情之向背,不獨顯然可見也,而多寡之數,亦至著明.其向背與多寡,皆於議員之出占投票[8]而得之.此謂輿情向背多寡,有議院以爲宣達測視之機關者,卽無異言國民得此,而有其建立維持破壞政府之機關也.

此爲政治學最緊要之公例,恐諸公不能猝喻,不佞不妨反覆推言,期於必明而後已.今由前路所發明,諸公當曉然,無論何等國家,其中皆有此建立維持破壞政府之權力.建立者,由無而使有,維持者,由有而使存,破壞者,由存而使亡.此種權力必有所寄,在民在兵,在本國在外國,爲公爲私,爲善爲惡,無不可者.但此種權力,有得其機關,其力有以達者,亦有不得機關,其力散漫隱伏,無以達者.

• • • • • • • • • • • •

8 남양본 "出点".

雖然,散漫隱伏矣,而政府之立仆必視之.今假向日維持政府之權力,以有因緣,坐而中變,此卽言政府所倚其扶立擁戴以爲存者,乃今不願扶立擁戴之.然坐無機關,此變未由宣達,而居上之人,亦坐無此機關,未由測驗,懵然不知.諸君試思此時國家現象,要當何如.曰此如汽箱,外無汽表,早晚炸耳.炸者何.亂也.炸者何.革命也.此革命而亂者,皆坐無以爲宣達測驗輿情之機關耳,皆坐無國會議院耳.

往者俄羅斯,無國會議院之國也,其歷史所載,君若相死於非命者最多,此理有必至,勢有固然者也.彼俄君臣,未嘗不知也.是故不欲其民有國家思想,迷信之以宗教,困阨之以教育,而終則臨之以兵,然而其效可睹已.至於英國,則四百年無暗殺之事,此其中亦有天幸.而最足異者,則佐治第三,以風狂不惠之身,享國六十年,而庶政日興,國日强富.無他,有機關焉,以達此國民衆治之力故耳.

專制之國,國主當陽,而宰相輔治,宰相之黜陟由人主.立憲之國,人主仰成,宰相當國,而宰相之進退由國民.此英國至今,所以可決言其無革命之事也.雖然,謂英國無革命可,謂英國時時革命亦可.一政府之改立,皆革命也.專制之革命,必誅殺萬人,流血萬里,大亂數十餘年[9]而後定.英民革命,輕而易舉,不過在議院占數之從違.莊生有言,方死方不死.眞立憲制,政如是耳.此國家景命,所以靈長,而有萬世不傾之皇室也.

是故有無議院國會爲建立破壞政府之機關,專制立憲二政府不同在此.不佞於政治,本非專門,承諸公厚愛,爲此八夕討論.然此中多采近世西儒成說,而爲衆論所推服者,非敢臆造.所惜八會,爲時過促,於諸制尙不能詳.今請爲諸公總前所言,而立政治要例十二條如下.

一, 凡有政府,則有約束,約束必以壓力,無自由者.

二, 政府以專制爲常,以衆治爲變,如軍中惟一主將,法廷惟一士師.

9 상무본 "數十年十餘年". 남양본에 의거하여 수정한다.

三, 然以一身而禦衆人, 其力常不足者也, 故其勢不能無待於群扶.

四, 群扶之力, 必自靖自獻而後可, 至其爲此之義利公私, 乃所不論.

五, 故一國之中, 不僅治人治於人二方面而止, 而常有扶持政府者, 爲之居間, 成三方面, 治者扶治受治.

六, 旣能扶之, 斯能傾之, 亦能造之. 是故扶持政府之權力, 卽建造政府之權力, 亦卽破壞政府之權力也.

七, 但此種權力, 常無機關, 或有機關矣, 而未正名爲扶持政府者[10]. 如法之路易十四, 幾爲全國民心之所歸, 然無機關以達群扶之力. 英之可倫謨爾, 以兵衆自輔, 可謂有機關矣, 然其名則爲他用, 不曰扶持其所立政府[11]者也. 此等現象, 見於專制之國最多, 於吾中國, 正復如是.

八, 政界天演, 程度旣高, 則其國不獨有扶傾政府之權力, 而又有扶傾政府之機關, 以宣達扶傾政府之權力.

九, 機關未具, 則扶傾政府之權力, 其用事也, 常至於橫決. 此一治一亂之局之所以成, 而皇室無不終於傾覆之理. 機關旣具, 前之權力, 不但宣達有從, 又可測視, 得以及時, 爲之劑泄, 而亂無由作. 此立憲之國所以無革命, 而代表之皇室所以不傾.

十, 立憲之國會, 於國事無所不問[12]者也, 其實乃無所問, 要在建造扶持破壞其見行之政府, 以此爲其天職而已.

十一, 機關未具, 扶傾政府之權力, 每患不偏不公, 或見或隱. 其政府有獨治一國之外形, 不知其力之實起於下, 則轉以扶持者爲忠順, 破壞者爲叛逆, 且以其物爲天命之所授, 而一切矯誣符命之事起矣.

十二, 如此者, 謂之君主, 謂之專制, 而若前所言者, 謂之衆治, 謂之立憲.

. . . .

10 남양본 "未正名爲扶治政府之用者也".
11 남양본 "扶持克之政府".
12 상무본 "無所不聞", 남양본에 의해 수정한다.

찾아보기

지은이 옌푸 嚴復

푸젠성 출신으로 영국 그리니치 해군대학을 수료하고, 푸젠선정학당 교사,
북양수사학당 교장, 푸단공학 교장, 안징고등학교 교장, 베이징대학 초대 교장을 역임했다.
근대 중국을 대표하는 계몽 사상가이며 저작집으로서는
『엄복집』,『엄복집 보편』,『엄복합집』,『엄역명저총간』 등이 있다.

옮긴이 양일모 梁一模

서울대학교 철학과 및 동 대학원을 수료하고, 도쿄대학 대학원 인문사회계연구과
동아시아사상문화학 전공으로 박사학위를 취득하였다.
현재 한림대학교 인문대학 철학과 교수로 재직하고 있다.
저서로『옌푸: 중국의 근대성과 서양 사상』등이 있고,
번역으로『천연론』(공역),『중국 민족주의의 신화』(공역) 등이 있다.

정치학이란 무엇인가

1판 1쇄 인쇄 2009년 10월 20일
1판 1쇄 발행 2009년 10월 30일

지은이 | 옌푸
역 주 | 양일모
편집인 | 김동순(동아시아학술원)
　　　　성균관대학교 동아시아학술원 02-760-0781~4
펴낸이 | 서정돈
펴낸곳 | 성균관대학교 출판부 02) 760-1252~4
등 록 | 1975년 5월 21일 제1975-9호
주 소 | 110-745 서울특별시 종로구 명륜동 3가 53

ⓒ 2009, 성균관대학교 동아시아학술원

값 17,000원
ISBN 978-89-7986-835-7 94340
　　　 978-89-7986-833-3 (세트)

＊본 출판물은 2007년 정부(교육과학기술부)의 재원으로
　한국연구재단(구 학술진흥재단)의 지원을 받아 수행된 연구임
　(NRF-2007-361-AL0014)